조선의 여성, 가계부를 쓰다

- 종부의 치산과 가계경영 -

한국학
총 서 | 근대전환기의 국가와 민 02

조선의 여성, 가계부를 쓰다
- 종부의 치산과 가계경영 -

김현숙 지음

景仁文化社

책머리에

친정 집 다락방 오동나무 궤짝 속에 누렇게 빛바랜 문서들과 퀴퀴한 고서들이 방치되어 있다는 것을 알고 있었다. 수차례의 이사, 쥐들의 습격과 습기와의 투쟁에서 살아남은 문서들은 나의 눈길을 끌기에 충분했다. 그러나 초서체 문서들과 이기설 및 당쟁 관련 문집들은 근대사를 연구하는 나의 능력 밖이었다. 그래서 아버님이 탈초하신 선대의 『적소일기』도 해당 분야 연구자들의 몫으로 넘겨버렸다. 그 후 다락방 궤짝은 나의 기억에서 사라졌다.

5년 전 어느 겨울, 역사학을 직업으로 삼고 있는 딸보다 더 많은 저서를 출판하신 아버님이 쥐가 파먹은 흔적이 가득한 일기책 한권을 건네주셨다. 누런 한지에 단정한 필체로 쓴 여성의 언문일기였다. 5대조 할머니 것으로 추정되는데, 내용은 장시에 가서 물건 사는 것만 나오고, 별스럽지 않다는 말씀이었다. "여성 일기? 노비? 물건 구매?" 눈이 번쩍 떠졌다.

축문을 읽어 내려가는 할아버지의 음성이 들려 오는듯하다. "유세차… 기계유씨…." 기억 저 멀리서 『경술일기』의 주인공 기계유씨 할머니가 있었다. 그때 그 할머니였다. 어린 시절 1년에 3차례나 제사상에서 만났던 그 할머니에 대한 의무감이라고 할까, 난 야간의 망설임 끝에 『경술일기』를 연구테마로 잡기로 결정했다.

사적인 친분이 있는 대상을 연구할 때 무의식적으로 대상을 미화하거나 왜곡할 우려가 있기 때문이다. 난 가능한 대상을 객관화시키며, '실사구시'의 입장을 견지할 것을 다짐하였다. 마침 한국학중앙연구원 교양총서의 지원을 받아 '국가와 민'팀이 꾸려졌고, 난 '민'의 주요 구성원인 여성을 테마로 잡아 연구를 진행하기로 결정하였다.

한 인물을 연구하는 방법은 다양하다. 개인의 생애와 활동에 초점을 맞추어 분석·기술하는 방법이 가장 보편적이다. 이번에 다른 방법을 시도하기로 하였다. 국가와 사회, 생태환경, 그리고 시대적 상황 속에서 '만들어진' 인간을 확인해보고 싶었다. 특히 19세기 개항 이후의 근대 정치·경제를 연구하는 나로서는 개항 직전의 전통사회와 19세기의 성격을 둘러싼 문제는 늘 고민대상이었다. 그리하여 19세기 조선의 사회와 성리학적 담론을 통해 '만들어지는' 여성과 여성의 일기를 통해 확인되는 사회와 경제, 지역과 문화에 초점을 맞추어 분석하기로 하였다. 19세기를 알고 싶었고, 여성의 일상을 재현하고 싶었다.

이때부터 우리 부녀의 공동작업이 시작되었다. 아버님은 언문일기를 한글로 푸는 작업, 나는 그것을 분석하고 집필하는 작업이었다. 어렸을 때부터 조모의 소설책을 대독하고, 대필하면서 습득한 언문 실력, 충청도 사투리와 지역에 대한 기본 지식, 그리고 가학에 대해 뛰어난 기억력... 이런 유능하고 꼼꼼한 아버님의 도움 없이는 이 책은 나오지 못했을 것이다. 그래서 난 나의 사랑하는 아버님과 수십년 간 기계유씨 할머니 제사상을 정성스레 차리신 어머님께 이 책을 바친다.

은사이신 이배용 총장님께도 감사를 표한다. 총장님께서는 여성학자로서 한국여성사에 기여해야 한다는 사명감을 수시로 일깨워 주시고, 여성문제에 관심을 갖도록 인도해 주셨다. 본 책이 출간하는데 남편 이

원재 박사의 공을 떠 올리지 않을 수 없다. 홍성 갈산으로 길 떠나는 아내를 위해 수시로 운전대를 잡고, 오빠 김덕현 교수와 함께 기계유씨 할머니 산소를 찾느라 대나무 숲을 헤치며 귀중한 사진을 찍어 주었다. 또한 오빠 김덕현 교수가 제공한 귀중한 사진들과 지금은 저 세상에 계신고모 김미자님의 구술은 본 연구에 소금과 같은 역할을 하였다. 사랑하는 가족들의 전폭적인 격려와 도움 없이는 불가능한 일이었다.

『경술일기』를 분석하고 집필하는데 여러 선생님들의 도움을 수없이 받았다. 충남대학교 마을연구단에 재직하면서 지역연구와 토지문제를 다루어 본 경험이 있었지만, 나의 주 연구 분야는 근대 대외관계이다. 조선시대에 대해 문외한이었던 나는 주위 선생님들을 귀찮게 해드리며 묻고 또 물었다. 고려대 이헌창 선생님은 19세기를 경제와 지역을 바라보는 틀을 제공해주셨으며, 많은 가르침과 도움을 주셨다. 카이스트의 고동환 선생님은 호서지역의 상업과 장시, 물품 구매 등과 관련하여 끝없는 질문에 귀찮아하지 않고 답해주셨다.

특히 우리 '국가와 민' 팀의 이영호·김건태·손병규·배항섭·이승일·하지연 선생님은 구체적으로 나의 분석 오류를 바로 잡아 주시고 조선시대의 호적 문제, 노비, 19세기 사회상에 대해 많은 도움을 주시고 함께 고민해주셨다. 한국역사연구회 토지대장반의 여러 선생님들은 내가 논문을 하나씩 완성할 때마다 토론해주시고 가르침을 주셨다.

그 외에도 고려대의 송양섭 선생님, 이화여대의 남미혜 선생님, 안동대 정진영 선생님께서 고견을 주셨다. 한 분 한분의 이름을 다 밝힐 수 없지만, 많은 도움을 주신 분들께 이 자리를 빌려 감사를 드린다.

마지막으로 이 연구를 후원해주신 한국학중앙연구원 관계자분들과 어려운 출판 환경에도 기꺼이 출판해주신 한정희 사장님, 예쁘게 책을 꾸며주신 김환기 이사님과 한명진님께 진심으로 감사를 드린다.

2018년 4월

김 현 숙

차 례

책머리에

제1부

수한리의 사람들

제1장 19세기와 여성 읽기

1. 19세기와 지역, 그리고 여성

19세기 후반, 조선은 전통의 기반 위에서 새로운 서구 문물을 이식하는 과정을 거치게 되었다. 이 때 서구 문물과 제도는 일방적 강제와 도입이 아닌 '모방과 반발', '혼종과 변용' 그리고 '전통과 근대'의 역동적인 길항관계 속에서 다양한 경로를 거치면서 수용되었다. 전통에서 근대로의 이행은 일제의 이른바 '문명화 기획'에 의해 일방적으로 추진된 것이 아니라 500년 간 지배를 지속가능하게 했던 조선 고유의 사회·경제적 토대와의 화학적 반응을 통해 한국적인 근대사회와 빛깔이 형성된 것이다.

한국역사학계의 19세기 연구는 대체로 조선이 내재적으로 달성한 17·18세기 문화의 중흥과 상품경제의 발달과는 달리 19세기 세도정권 하에서 벌열정치의 파행과 삼정의 문란으로 인해 발전의 동력을 잃고 외부의 도전에 대해 효과적으로 대응하지 못해 해체의 국면 혹은 19세기 말의 정치·경제적 위기가 도래했다는 논지로 요약할 수 있다. 이 중 일부 연구자들은 조선의 발전 동력은 이후 서구 및 일본 제국주의의 침탈로 인해 상실되었다는 외부 요인을 강조하기도 한다. 한편 경제사학자들을 중심으로 한 일부 연구자들은 조선후기 사회를 국가가 주도하는 재분배 체제로 보고 있으며, 18세기에 들어서면서 국가재정과 시장이 통합된 경제체제가 성립된 것으로 보고 있다. 조선을 국가적 물류가 중추를 이룬 국가적 재분배의 도덕 경제로 파악하고 19세기 후반에서야 서구의 충격으로 인하여 시장경제로 진입했다는 것이다.

　이와 같이 19세기 연구는 '내재적 발전론', '소농사회론', '국가적 재분배체제'라는 관점을 가지고 재구성되었고, 19세기 사회·경제 해체기의 제 양상을 국가시스템의 이완과 해체, 수탈과 농민경제의 파탄, 신사조 등장과 민중봉기를 통해 설명하고 있다. 이 관점은 식민지기에 들어서면서 농민생활은 더욱 피폐해진다는 '수탈론'과 일제에 의해 근대 경제 체제가 수립되면서 근대화되고 있다는 '식민지 근대화론'으로 분기되었다.[1]

　이렇듯 기존의 역사연구는 물질적 발전관과 진보관에 기반을 두고, 근대화와 근대 담론에 초점을 맞추고 있기 때문에 19세기 조선 고유의 내적 운영원리와 사회통합의 기제, 즉 한국사 속에 오롯이 담겨져 있는 인간과 환경, 그리고 인간과 인간 간의 조화, 균형, 공생, 순환, 상호부조적인 측면들을 간과하였다. 갈등과 경쟁, 투쟁을 역사발전과 진화의 기

1) 최윤오, 「조선후기 토지개혁론과 토지공개념」 『역사비평』 66, 2004; 우대형, 「조선 전통사회의 경제적 유산」 『역사와 현실』 68, 2008; 이헌창, 「개항기 경제사를 보는 한 시각」 『역사비평』 겨울호, 2008; 이헌창, 「조선왕조의 경제통합체제와 그 변화에 관한 연구」 『조선시대사학보』 49, 2009; 이헌창, 「조선후기 자본주의 맹아론과 그 대안」 『한국사학사학보』 17, 2009; 박섭, 「근대경제에 대한 한국인의 적응 : 19세기 후반부터 20세기 전반까지」 『역사학보』 202, 2009; 정승진, 「김용섭의 원축론과 사회경제사학의 전개」 『한국사연구』 147, 2009; 왕현종, 「회고와 전망 : 한국 근대사의 전통·근대의 연계와 동아시아 관계사 모색」 『역사학보』 207, 2010; 배항섭, 「19세기를 바라보는 시각」 『역사비평』 101, 2012; 배항섭, 「동아시아 연구의 시각」 『역사비평』 109, 2014; 김용섭, 『증보판 조선후기농업사연구 II』, 일조각, 1989; 안병직·이영훈 편저, 『맛질의 농민들』, 일조각, 2001; 이영훈 편, 『수량 경제사로 다시 본 조선후기』, 서울대출판부, 2004; 카터 J 에커트, 『제국의 후예』, 푸른역사, 2008; 백영서 외, 『동아시아 근대 이행의 세 갈래』, 창비, 2009; 도면회·윤해동 엮음, 『역사학의 20세기』, 휴머니스트, 2009; 손병규·송양섭 편, 『통계로 보는 조선후기 국가경제』, 성균관대출판부, 2013.

본 동력으로 전제하고 있는 이런 관점은 한국역사 연구에 주효했던 것
은 틀림없다. 계급과 권력 수탈의 문제, 생산력 발전과 토지소유의 불균
형 문제, 봉건제의 해체와 농민층의 성장 문제, 자본주의 맹아의 검출과
국가적 재분배체제, 식민지 근대성과 근대화, 민족과 독립운동 문제 등
의 분야에 상당한 연구 성과와 역량을 축적하였고, 한국사의 다양한 제
측면들을 밝히는데 성공하였다.

　그러나 이러한 관점들은 다른 부작용을 낳기도 하였다. 자본주의의
양적 성장과 환경 파괴를 무비판적으로 수용하는 결과를 낳았고, 이성
중심주의와 이원론적 사유 체계는 인간의 자연 지배와 성별·지역 간·민
족 간 지배와 타자화 경향을 묵인하였다. 또한 역사란 "끊임없이 움직이
는 진보의 과정"이며, 역사의 시간은 "과거-현재-미래로 향하는 단선적
흐름"이라고 파악하는 기존의 근대적 진보관과 단선론적 역사관은 다양
한 문화와 복수의 역사 발전 경로의 가능성을 차단하고 있다. 이제 역사
연구는 그동안 간과했던 다른 측면에도 관심을 기울여야 할 것이다.

　조선사회는 서구의 경쟁·부·권력·무력·개인과는 달리 인본·도덕·공
존·분배·공동체를 주요 가치로 운영된 사회였다. 이러한 가치들은 조선
사회가 500년간 존속할 수 있었던 주요 요소였고, 조선의 문화·정치·사
회·경제를 구성하는 주요 원리들이었다. 실제로 역사상 협력·공존의 모
습은 조선만이 아닌 어느 시대·어느 지역을 막론하고 보편적으로 나타
나는 현상이며, 서양역사학계에도 협력과 공존을 강조하는 사가들이 무
수히 많다. 공존·호혜의 원리는 생존과 자연의 위기를 수시로 직면·극
복해야 했던 전통사회에서 두드러지며 지역공동체에서 쉽게 확인된다.
3~4년을 주기로 반복되는 자연재해나 인공적 위기(수탈, 전쟁), 수로·가
옥의 건축과 농지개간, 그리고 대규모의 노동력이 집중적으로 필요한

농사철에 대비하기 위해 주민들은 공동체 조직이나 지연·혈연적인 관계망을 통해 협력과 상호부조 관계를 형성하고 있다. 이러한 사회적 관계망과 사회적 자본은 개인이나 가족이 당면하는 생존의 위기나 재난에서 그들을 보호해 주는 보호막이다.

국가 차원에서도 위험 요소를 최소화 시키고 안정적인 지배를 지속시키기 위해 다양한 제도적·이념적 장치를 구현해 내었다. 그 중 하나가 조선시대의 공론과 왕도정치, 그리고 민산의 안정을 토대로 한 재분배 체제였다. 국왕의 자의적인 통치행위와 관료조직의 부정부패를 원천적으로 차단할 수 없었지만, 조선후기 공 담론은 권력의 자의성과 부의 편중을 견제하고 安民을 담보하던 중요한 기제였다. 물론 국가나 공동체 내부에서도 권력관계·갈등·빈부의 차가 존재한다. 지배 권력들은 인적·물적 자원에 대한 통제와 지배를 영속화하기 위해, 또한 부와 신분을 세습시키기 위해, 생산방식과 수단을 재조직하고 이를 합리화시킬 담론을 창출해내었다. 그렇지만, 이 모든 것들은 지배층의 권력 행사과정에서 일방적으로 진행되지 않는다. 지배의 현장인 지역 공동체 속으로 들어가서 '民'의 시각과 입장으로 조망해본다면 그동안 간과되었던 면들이 눈에 들어온다. 역사적으로 민들은 국가 자신들의 이해와 입장이 관철되지 않을 경우 지배 권력층과의 투쟁을 통해 타협을 이루어 내고, 공동체 내에서는 지역민 간의 상호 균형을 이루며, 갈등을 해소시키는 훌륭한 조직과 기제·규범들을 발전시키며 장기간 동안 삶을 유지해 왔다. 이런 측면들을 국가 중심·중앙 중심·남성 중심적인 기존의 연구에서 간과하고 있었다.

여성문제도 그러하다. 남성과 여성, 억압과 희생 등 이분법적으로 인간의 삶을 구획할 때는 많은 사실들을 놓치게 된다. 조선 양반의 삶은 도덕과 명분에 입각한 '겉으로의' 삶과 드러나지 않은 '안에서의' 사생활, 즉 이중적으로 구성되어 있었다. 여성 또한 순종적이며 희생적인 겉으로의 삶과 자신과 자식의 권리와 이익을 보호·추종하는 내밀한 사적인 영역으로 구성되어 있다. 그 중 여성의 사생활은 신분·계급·지역에 따라 다양한 편차를 갖고 있었다.

19세기 중반 충남 보령에 세거하고 있던 노론의 대표적 산림 중 하나였던 조병덕의 큰며느리는 시어머니를 쫓아낼 정도로 억센 여자였다. 둘째 며느리는 남편이 첩을 여럿 거느린 탓에 첩에게 안살림 주권을 빼앗기고 치여 살았다. 셋째 며느리는 착했으나 무능한 남편 때문에 친정살이를 하고 있었다.2) 누가 이러한 조선의 여성을 상상이나 했을까? 남성에 의해 '만들어진' 상을 살짝 걷어 내고 속살을 보면 아주 다른 상이 눈앞에 펼쳐질 것이다. 조선 여성 개개인은 성격과 능력에 따라, 친정과 시댁의 신분적 지위와 경제력에 따라 다양한 편차를 보이며 능동적으로 '유자의 나라' 조선사회를 살고 있었던 것이다. 가족 내에서 여성의 위상은 성별 차이 외에도 연령, 신분, 개인의 성품과 능력, 경제력과 생산활동에의 참여 여부, 가족관계와 문화, 가치관과 지배 이념 등 다양한 요소와 남녀 간의 권력관계와 타협에 의해 유동적으로 변화하기 마련이다.

조선시대 여성사 연구는 1990년대까지는 서구의 페미니즘 이론의 영향과 사료 부족 및 연구의 미 진척으로 인해 성리학적인 가치관과 부계가족 질서 속에서 소외당하고 종속된 타자로서 조선 여성을 이해했다. 이때 여성은 '남존여비', '칠거지악', '삼종지도'로 표현되는 피해자로서의 여성, 상속에서 배제되고 경제력이 없는 '불쌍한' 여성으로 그려져

---

2) 하영휘, 『양반의 사생활』, 푸른역사, 2008, 243쪽.

왔다. 2000년대에 들어서면서 젠더이론이 한국 여성사에 접목되면서 유교문화와 이념이 여성을 어떻게 구성하며 사회화시키는지에 초점이 맞추어졌다. 또한 여성은 피동적인 주체가 아니라 자발적으로 유교적 가치와 규범을 내면화시키는 주체적 인격체로도 재조명되었다. 이에 조선 여성들은 적어도 중기까지 당당한 재산 상속의 주체로서 사회·경제적 위상이 결코 낮지 않았음을 지적하는 연구가 진행되었다.3)

그렇지만 서구에서 도래한 페미니즘이나 젠더이론은 남성과 여성의 이항대립적 관계 설정을 그 이론적 기저에 깔고 있다. 가정과 사회의 분리, 성별 노동 분업, 남녀 양육방식의 차이, 성에 대한 이데올로기의 차이 등의 사례에서 볼 수 있다. 그러나 유교 문화권인 조선에서는 부계 혈통적 친족제도의 복합적인 위계구조 속에서 여성을 보아야 한다. 즉 여성은 家를 중심으로 한 관계적 범주에 들어 있었고, 가정 내에서 상당한 권력을 행사하고 있다는 것이며, 조선의 신분제와 유교의 장유유서와 같은 연령 중심의 위계질서는 젠더질서를 완화시키는데 기여하고 있다는 것이다.4) 이와 같이 남녀라는 이항대립적 구조로만 여성을 파악할 때는 실체를 호도할 수 있다.

아쉽게도 여성 연구는 여성이 아닌 남성 유학자들이 생산한 자료로

---

3) 박미선, 「젠더」『젠더이론』1, 1994; 이배용, 「여성사 서술에 대한 남북한 비교연구」『사학연구』53, 1997; 이배용, 「일제시기 신여성의 개념과 연구사적 검토」『역사문화연구』12, 2000; 배은경, 「사회 분석 범주로서의 '젠더' 개념과 페미니스트 문화 연구 : 개념사적 접근」『페미니즘 연구』4(1), 2004; 이순구, 「전근대 여성사 연구의 현황과 과제」『한국사연구 50년』, 혜안, 2005; 임이랑, 홍연주, 「조선후기 여성사 연구의 제문제」『한국문화연구』12, 2007; 정혜은, 「조선시대 여성사 연구 동향과 전망」『여성과 역사』19, 2013; 정혜은, 「조선시대 여성사 연구, 어디로 가고 있는가」『역사와 현실』91, 2014.
4) 정현백, 「'여성사 쓰기'에 대한 (재)성찰」『역사교육』102, 2007, 185쪽.

통해 대부분 재구성하기 때문에 엄밀한 사료 비판이 필요하다. 기존의 조선 여성상과 성에 대한 각종 규제나 친영제 등도 일정한 목적에 의해 성리학자들의 언설에서 강조된 것이지 현실과는 차이가 있다는 것이다. 최근의 연구를 보면, 다소 편차는 있었지만 조선 후기까지도 가부장적 규제에 대한 저항, 남귀여가제, 균분상속, 형망제급의 제사승계 전통 등은 오랫동안 남아 있었다고 한다.[5] 또 하나 주목할 만한 것은 다양한 영역에서 주체적인 삶을 영위하고 직업에 종사하던 여성의 실체가 조금이나마 밝혀지기 시작했다는 점이다. 특히 여성의 노동과 경제력에 대한 관심이 집중되면서 가정경영과 양잠업, 그리고 노동과 경제활동 등을 통해 여성이 국가 및 가계 경제의 중추를 책임지고 있었다는 측면이 강조되기 시작하였다. 아울러 가정을 여성의 사적 공간인 동시 공적인 노동 공간으로서 의미를 부여함으로서 여성의 노동과 경제력에 대해 새로운 이해를 구하자는 의견도 개진되고 있다.[6]

그러나 생산의 중추를 담당한다는 여성의 사회적 지위가 18·9세기 들어서면서 전체적으로 하락하는 현상을 어떻게 설명할 것인가의 문제, 조선후기 婢의 감소 추세와 지역에 등장한 여성 고공들의 문제, 여성 상품유통업자 및 수공업자들의 정확한 실체와 규모, 의복 뿐 아니라 화폐와 조세의 수단으로 사용되었던 면포 생산을 담당했던 여성 노동과 임

---

5) 장병인, 「조선시대 여성사 연구의 현황과 과제」 『여성과 역사』 6, 2007, 42쪽.
6) 최근 들어 조선시대 여성들의 경제활동에 대한 연구가 진행되어 여성들의 면포생산과 양잠 등이 가정 경제는 물론 국가 경제에서도 상당한 역할을 하였다는 점이 강조되고 있다. 이순구, 「조선초기 여성의 생산노동」 『국사관논총』 49, 1993; 이배용, 「한국사 속에서 여성의 공적영역과 사적영역」 『여성학논집』 12-15, 1995; 한효정, 「17세기 전후 양반가 부인의 경제생활 연구」, 성신여대 박사논문, 2007; 김경미, 「조선후기 여성의 노동과 경제활동」 『한국여성학』 28-4, 2012; 남미혜, 「조선후기 사대부가 여성의 치산과 경제활동」 『동양고전연구』 64, 2016.

금 추이 등 여성 노동과 경제력에 관련된 주요 이슈들과 실상은 선험적
으로만 논의될 뿐 사료의 미비와 연구 인력의 부족으로 실체를 확인하
기 힘들다. 본 연구 역시 많은 한계를 갖고 있지만 학계에 하나의 사례
를 소개한다는 입장에서 여성의 노동과 삶을 여성이 남긴 언문일기를
토대로 재구성하고자 한다.

2. '다양하고' '풍성하게' 읽어 내기

본 연구는 본 총서의 대주제인 '국가와 민' 중에서도 근대 담론에서
소외된 '지역'과 '여성'에 초점을 맞추어 연구를 진행하였다. '여성의 삶
과 경제생활'을 통해 근대 전환기 국가시스템이 민의 생활공간에 어떻
게 투영되고 규정하고 있는지, 그리고 19세기 들어서 민의 일상 공간에
어떠한 변화가 감지되고 있는지를 국가와 민의 상호 관계 속에서 한 여
성을 종합적으로, 다층적으로 살펴보는 것이다. 본 연구 목표를 구현하
기 위해 필자는 시기적으로는 연구가 상대적으로 미진한 1850년대 전후
를, 지역적으로는 중앙이 아닌 호서지역을, 신분적으로는 평민이 아닌
사족을, 성별로는 남성이 아닌 여성을 다루고자 한다. 아울러 다음과 같
은 층위별 분석을 통해 연구를 진행하고자 한다.

첫째, 근대 전환기 민에 투영되고 있는 국가의 규정력 양상과 변화를
지역(regional) 차원의 사회·경제 시스템에서 확인하고자 한다. 19세기 후
반 외부 충격에 의해 근대사회로의 변용이 시작되기 직전 조선사회는
어떠했을까? 조선사회 고유의 구조적 특질과 변화 양상이 지역의 '민'인
여성, 노비, 노동, 호적, 장시, 상품, 소비, 직물 생산, 고리대, 사회적 관
계, 문화 등을 통해 어떻게 나타나는지 확인하고자 한다. 국가와 중앙
차원에서 진행되고 있는 전환기 구조 변화 연구를 지역으로까지 외연을

확대하고 변화의 모습을 구체적으로 확인하기 위한 목적이다.

둘째, '마을(local)' 층위에서 표출되는 공존·호혜(reciprocity)의 제 양상을 확인하고자 한다. 즉, 조선사회가 500여 년간 지속가능할 수 있었던 원리와 조직은 무엇이며, '공존·호혜'의 원리는 마을과 가족 단위에서 어떻게 투영·작동하고 있었을까? 지연과 혈연적 네트워크를 통해 형성된 협력과 상호부조 관계망은 한 개인이나 가족이 당면하는 생존의 위기나 재난에서 그들을 보호해 주는 보호막이다. 이러한 장치는 조선시대의 공론과 왕도정치, 그리고 민산의 안정을 토대로 한 재분배체제와도 맥락이 닿아 있다. 민들의 사회적 네트워크는 가족, 예속민의 위기관리 및 재생산을 위해 어떻게 작동하고 있으며, 어떤 특징을 가지고 있는지 확인하고자 한다.

셋째, '사적 공간'인 가정에서 민의 실체이다. 그 중에서도 유교적 가부장 질서의 희생자이자 타자로 지목되었던 여성이 현실에서는 어떤 다양한 편차를 갖고 존재하고 있었는가? 기존 연구에서 지적한 바와 같이 조선 여성은 가부장적 질곡 하에서 억압당하는 피동적인 주체인가? 젠더 관점으로 간과하기 쉬운 '유교적 평등성'과 내외의 역할 구분이 '사적 공간'에서 여성의 역할을 어떻게 규정하고 있고, 여성은 자신의 위상을 확보하기 위해 어떤 방책을 강구하는가를 살펴보는 것이다. 이를 치산과 가계경영이라는 주제를 통해 확인하도록 한다. 이 연구는 국가, 구조, 사회, 경제 등 거대 담론에 초점이 맞추어져 있는 역사 연구의 외연을 확대하는데 기여할 것으로 기대한다.

이상과 같은 층위별 역사상을 분석하기 위한 방법으로 첫째로, 실증적·미시사적인 방법을 활용한다.[7] 본 연구의 한 축인 국가와 구조에 대

---

7) 안병직, 「일상의 역사란 무엇인가」『오늘의 역사학』, 한겨레신문사, 2002; 신동원,

한 파악과 더불어 민들의 생생한 삶과 일상 문화를 재현하기 위해 '아래
로부터의 관점'을 가지고 각종 사회적 불평등 구조 속에서 종종 소외되
고 침묵을 강요 당해온 타자들의 모습을 있는 그대로 드러내고자 한다.
미시사는 인간의 일상적인 경험과 주관적 내면세계를 재구성할 때는 매
우 유효한 방법이다. 본 연구에서 드러내고자 하는 것은 남성과 성리학
자의 시각에서 재단되고 정형화되었던 민과 여성의 삶이 아니라, 삶의
주체로서 자유의지를 가지고 삶을 적극적으로 꾸려간 일반 여성의 모습
이다. 아울러, 일탈행위, 일상화된 질병과 죽음, 다양한 음식들, 그리고
생존 전략으로서의 민간 신앙을 미시적으로 기술함으로써 역사의 대중
화를 꾀할 수 있는 것이다.

둘째로, 본 연구는 기존의 젠더적인[8] 여성사 방법론을 활용하면서,
그 외에도 여성 개인의 경험을 중시하고 삶을 개척해가는 행위자의 모
습을 부각시키고자 한다. 기왕의 페미니스트 방법론을 차용한 연구들이
조선의 여성들을 가부장적 질서의 희생타로 일괄 상정하고, 公私와 내
외를 구분시켰던 것을 반성하고자 한다. 이에 가족 내에서의 여성의 경
제활동과 치산 행위를 재구성하며, 피동적이며 수동적이었던 조선의 여
성들을 적극적인 위치로 복원하고자 한다.[9]

셋째로, 본 연구는 여성의 일기를 주 텍스트로 삼아 당대 시대상을 분

「미시사 연구의 방법과 실제」『의사학』24-2, 2015.

8) 젠더는 "성차의 인식에 근거한 사회적 관계의 구성적 요소이며 동시에 그 집단
성원의 권력관계를 설정하는 근본적 방식"으로 정리할 수 있다. 정혜은, 「조선시
대 여성사 연구 동향과 전망」『여성과 역사』19, 2013, 35쪽; 박미선, 「젠더」『여
성이론』1, 1999.

9) Haboush, Deuchler, *Culture and the State in Late Choson Korea*, Harvard Unv. Press,
2002; 정해은, 「조선시대 여성사연구, 어디로 가고 있는가」『역사와 현실』91,
2014.

석하기 때문에 생활사적인 분석이 유효할 것이라는 지적이 있을 수 있다. 생활사의 범주는 의식주생활, 가족·친족생활, 여가생활, 사회생활, 경제생활 등 매우 넓은 범주를 포괄할 수 있으나, 생활사 연구방법은 아직도 독자적인 방법론을 구성해내지 못하고 있다. 다만, 일상생활의 저변에 존재하는 구조나 패턴을 규명하고 국가 공적인 측면보다는 개인의 사적 측면에 초점을 두며, 이야기적 서술체를 활용하고 있는 특징을 갖고 있으며, 한 사회의 체제와 운영 원리 등 사회적 특성을 근거로 그 속에서 인간이 어떠한 삶의 방식을 보이는가에 대하여 탐구하는데 유효하다고 정리되고 있다.[10] 본 연구는 '국가와 민'이라는 두 개의 축으로 분석이 진행되므로 민의 생활을 대상으로 하고 있지만, 사회경제상의 구조적 변화를 추출하는데 초점이 맞추어지기 때문에, 생활사적 방법론을 적극 활용하지 못한다 하겠다. 물론 이 집안의 음식과 제례 등 일부 생활문화는 본 연구에서 다루고 있지만, 생활사로 이 연구를 전체적으로 재구성하는 것은 다음 과제로 미루고자 한다.

3. 텍스트 소개하기

본 연구의 주 텍스트는 필자가 최근 발굴한 여성의 언문일기로 호서지역 양반가의 유씨부인이 작성한 생활일기이다. 본 연구에서는 이 일

---

10) 이해준, 「한말 일제시기 '생활일기'를 통해 본 촌락사회상」 『정신문화연구』 19권 4호, 1996; 우인수, 「조선시대 생활사 연구의 현황과 과제」 『역사교육논집』 23·24, 1999; 이배용, 「조선시대 유교적 생활문화와 여성의 지위」 『민족과 문화』 9, 2000; 김경숙, 「고문서를 활용한 생활사 연구의 현황과 과제」 『영남학』 10, 2006; 정연식, 「한국생활사 연구의 현황과 과제」 『역사와 현실』 72, 2009; 김지영, 「한국사학계에서 생활사의 가능성과 한계」 『역사학보』 213, 2012; 곽차섭, 「2세대 미시사 : 사회에서 문화로」 『역사와 문화』 23, 2012.

[그림 1] 본 연구의 주 텍스트인 『경술일기』

기를 『경술일기』라 칭하기로 한다.11) 『경술일기』는 총 50쪽의 분량으로 20cm×31cm의 한지에 언문으로 씌어져 있다. 겉표지와 중간 분량이 일부 낙장되어 있으며, 뒷부분도 훼손되어 전해지지 않는다. 현재 남아 있는 일기는 1849(己酉)년 9월 29부터 1850(庚戌)년 11월25일, 1851(辛亥)년 7월 17일부터 9월 28일까지의 기록 분이다. 중간의 1851년 1월부터 6월까지의 일기는 저자의 병환으로 인해 기록되지 못한 것으로 보이며, 1851년 7월 이후의 것도 이전 것에 비해 소략한 편이다. 그러나 다행히 그 이전 년도 1년 치의 일기를 통해 이 가문에서 1년을 단위로 주기적으로 반복되는 농사와 제사, 일상생활 등을 가늠해 볼 수 있다.

일기의 저자는 기계유씨부인(1818~1875)으로 이 지역에 유력한 양반가로 세거하고 있는 안동김씨 선원파 金好根(1807~1858)의 부인이다. 김호근의 첫째 부인이 두 딸을 낳고 37세에 사망하자, 김호근은 1841년도 23세인 그녀와 결혼하여 2남 1녀를 낳았다. 본 일기는 그녀가 31세인 1849년부터 쓰기 시작한 것으로, 일상적인 일에 대한 개인의 소회를 적은 일반적인 일기 형태보다는 대가족의 살림을 맡아하는 안주인의 가계부로서의 성격이 강하게 나타난다. 즉, 이 일기의 목적은 집안살림의 수

---

11) 서울 관악구 서원동 김희동 가 소장, 『경술일기』

입과 지출, 상품판매 현황, 고리대 대출 내역, 노비들의 노동 종류, 양, 그리고 삯 지급 등 가정 경제를 책임지는 사대부 여성이 가계 운영과 회계 현황을 파악하기 위해 작성된 것으로 보이며, 형식상 당대 사대부 남성들의 언문 생활 일기류의 체제를 따르고 있다고 보여 진다.12) 따라서 생활일기보다는 가계부적인 색채가 강하다.

최근 조선시대에 생산된 생활일기가 최근 상당수 발굴되어 이를 분석한 연구가 진행되었다.13) 이에 일부 가정의 수입과 지출 규모 및 소비생활, 선물수수, 물가, 상행위, 화폐 유통량, 노비노동 등 일상에 관련된 다양한 모습들이 밝혀지고 있다. 그러나 대부분의 일기는 남성이 쓴 작성한 것으로 남성의 권한 하에 구매 내지 처분된 상품, 재화 등을 확인할 수 있었다. 반면, 여성이 쓴 일기는 다수 전해지나 가계부의 성격을 지닌 일기는 극히 드물다. 최근 南以雄의 부인이었던 남평조씨가 1636년부터 1640년까지 충청도 일대에서 기록한 한글 필사본 일기『병자일기』가 발굴되었는데, 이 또한 여성의 생활일기라는 측면에서 매우 의미가 있다.14) 그러나『병자일기』는 17세기 중반의 것이며, 가계부라는 성격이

---

12) 정구복,「조선조 일기의 자료적 성격」『정신문화연구』65, 1996; 정하영,「조선조 일기류 자료의 문학사적 의의」『정신문화연구』19권 4호(통권 65호), 1996; 염정섭,「조선시대 일기류 자료의 성격과 분류」『역사와 현실』24, 1997; 황위주,「일기류 국역 현황과 과제」『고전번역연구』1, 2010.
13) 전경목,「일기에 나타나는 조선시대 사대부의 일상생활-오희문의 쇄미록을 중심으로」『정신문화연구』65, 1996; 이성임,「조선중기 오희문가의 상행위와 그 성격」『조선시대사학보』8, 1999; 정수환,「18세기 이재 황윤석의 화폐경제생활」『고문서연구』20, 2002; 문숙자,「조선후기 양반의 일상과 가족내외의 남녀관계-노상추의 일기를 중심으로」『고문서연구』28, 2006; 전경목,『고문서를 통해본 우반동과 우반동 김씨의 역사』, 신아출판사, 2001.
14) 이순구,「조선후기 양반가 여성의 일상생활 일례,『병자일기』를 중심으로」『조선시대의 사회와 사상』, 조선사회연구회, 1998; 박근필,「병자일기 시기 남이웅가의

약하고 경제 활동 내역이 그 다지 자세하지 못하다.

반면 본 연구의 주 텍스트인 『경술일기』는 가계부적 특징을 갖고 있으며 생활상의 다양한 내용이 풍부하게 기록되어 있어, 19세기 중반 호서지역에 거주하던 한 양반가의 생활상과 시대상을 파악할 수 있는데 적합하다. 물론 개인 일기가 갖고 있는 사료적 한계가 있다. 기본적으로 일정 지역 내의 사건과 사회상만을 반영한다는 지역성과 개인의 체험이라는 주관성의 한계가 있다. 또한 일기를 자세히 분석해 보면 매일 매일 가계부를 착실히 작성한 것도 아니라는 점도 확인되며, 누락된 부분이 다수 눈에 띈다. 그럼에도 불구하고 일기에는 경제의 주체로서 여성이 장시에서 구매하는 물품과 가격, 하루의 수입과 지출, 여성들이 고리대를 활용하여 가외 수입을 올리는 내역들, 저고리와 귀금속의 판매 행위, 호서지역의 관혼상제와 접빈객 봉제사 현황, 접대하는 음식 목록과 준비 절차, 화폐경제 못지않게 중요한 부분을 차지하고 있는 선물경제의 잔영들, 서울 조대비전에서 보내오는 세찬과 공물들, 빈번하게 반복되는 죽음과 질병, 교통과 사회적 연망, 솔거노비와 고공들의 임금, 일 년을 단위로 순환되는 장 담그기, 양잠, 농사, 추수, 김장, 땔감 준비, 추석과 설 준비 등이 세세히 기록되어 1년간 이 집안에서 벌어지는 다양한 일상생활과 경제적 행위들이 우리 앞에 펼쳐진다.

양반가 남성들이 유교적 도덕과 명분을 추구하고, 접빈객·봉제사, 그리고 과거시험에 몰두하고 있을 때, 집안 경제와 살림을 실질적으로 책임지고 있는 여성에게 가족의 생존과 유지는 당면한 현실이었다. 유교문화에서 터부시되는 이재의 추구와 정확한 여성들의 셈법은 남성들의 허구적인 양반생활을 지탱하는 버팀목이었다. 본 일기에서 확인되는 균

———————

경제생활」 『동아시아 농업의 전통과 변화』, 한국농촌경제연구원, 2003.

열들과 여성들의 폭넓은 사회적 관계망, 그리고 경제활동은 우리가 흔히 폐쇄적이고 제한적인 삶을 영위했다고 여겨왔던 조선후기 양반가 여성들에 대한 편견을 시정할 수 있는 단서를 제공할 것이다. 아울러 언문으로 씌어진 여성들의 일기가 매우 희귀한 시점에서 본 일기는 여성사 연구의 자료로도 활용될 것으로 기대한다.

『경술일기』 외에도 본 연구에서는 김호근 가에서 생산된 다른 문서들과 아울러 이화여대 한국문화원에서 출간한 『여성생활사자료집』을 보조 텍스트로 활용하고자 한다. 이 자료집은 17세기, 18세기, 19·20세기 초 남성 성리학자와 문인들이 여성에 대해 쓴 글들을 모아 이화여대 한국문화원에서 번역한 사료들이다. 자료집 내용은 대부분 부인, 어머니, 고모 등에 대한 행장, 행록, 묘지명, 제문들로 구성되어 있으나, 여종과 첩을 위한 제문과 기생전 등 희귀한 자료도 수록되어 있다. 여성의 삶을 유교적 이념 틀로 정형화한 측면도 있지만, 글의 행간 속에서 그리고 유교적 가부장제의 균열 속에서 여성의 역사를 엿 볼 수 있는 귀중한 자료이다. 이 자료집 중에서 본고는 『18세기 여성생활사자료집』 1~8권과 『19세기 여성생활사자료집』 1~9권을 보조 텍스트로 활용하고 있음을 밝혀 두는 바이다. 그 밖에도 다양한 『미암일기』, 『오하문일기』, 『병자일기』 등 다양한 일기 자료와 『조선왕조실록』과 『승정원일기』 등 공문서를 활용하였다.

제2장 갈산에 둥지를 튼 안동김씨들

1. 홍성·갈산지역의 인문·지리적 배경

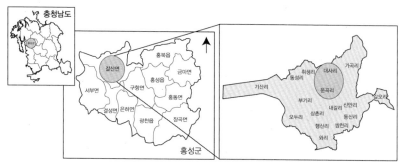

[그림 2] 충남 홍성군 갈산면의 위치　　　[그림 3] 갈산면 대사리, 운곡리

1) 갈산의 인문지리

본 연구의 공간인 홍성군 갈산면은 조선시대 내포 이서지역에 속하는 곳이다. 가야산 줄기인 연암산(441m)과 삼준산(490m), 그리고 봉화산(228m)이 동쪽에, 천수만은 서쪽 지역에 펼쳐져 있다. 과거 천수만에 면해 있던 습지와 갯벌은 서산 A지구 방조제 축조사업으로 인해 대규모 평야지대로 바뀌었다. 과거 홍성군의 평야지대는 홍성의 금마천 양안에 위치해 있으며, 이 지역은 해안가 옆에 크고 작은 산지들이 작은 분지와 골짜기를 이루고 있다는 지형적 특징을 나타내고 있다. 이곳에서 발원한 작은 하천들이 수계망을 형성하고 있는데, 이 중 와룡천이 가장 크다. 와룡천은 앵봉산에서 발원하여 동서로 흐르는데 간월호로 유입된다.

갈산면의 주요 농지는 바로 와룡천 양안, 동산리와 신안리, 그리고 면소재지가 위치한 상촌 지역이다. 이 지역의 인접지역이자 와룡천 양안인 구항면의 복당리, 내라리, 와라리, 대동리, 결성면 용호리도 홍성군의 주요 논농사 지역이다. 이를 기반으로 식민지 시대 갈산면에서는 삼천석꾼 등 대지주들이 배출되었다. 조선시대에는 농지를 보호하기 위해 밀물이나 사리 때의 조수 피해를 막기 위해 와룡천 양안에 제방을 쌓았다고 전해진다. 이 해안 제방은 1915년도 작성된 [지도 1] 하단의 동그라미에서 확인된다. 이 지도를 보면 지금과는 달리 갈산면 오두리, 기산리, 동성리까지 배가 드나들었다는 것을 알 수 있다. 이 지역의 포구는 [지도 1]에 붉은색 동그라미로 표시하였다.

19세기 충청도 지역, 특히 내포 지역은 해산물과 농산물의 교류가 활발하였고, 서울과의 교통이 편리했으므로 장시가 발달하였다. 1770년에 간행된『東國文獻備考』에 따르면, 전국적으로 월 12회 열리는 장시가 총 9기가 있는데, 그중에 충청도 해안가에 5기나 위치하였다고 한다.[1]『東國文獻備考』와『林園經濟志』에 기재된 이 지역 장시를 보면 홍주에 읍내(1·6), 대교(3·8 : 금마면 부평리), 백야(2·7 : 갈산면 상촌리), 감장(1·6; 청양군 화성면), 거산(2·5 : 당진군 신평면 거산리), 예전(4·9 : 당진군 신평면 상오리) 등 6군데가 있었고, 인근 해미군과 서산군에도 각각 6기의 장시가 존재한다. 이러한 지역의 장시들을 하나의 상권으로 연결시키는 것은 예덕상무사들이었다.

필자가 현지답사를 통하여 확인한 바에 따르면 이 지역 인근에 2개의 포구가 있었는데, 동성리에 있는 성포와 오두리에 있는 오두포가 그것

---

1) 이헌창,「조선후기 충청도지방의 장시망과 그 변동」『경제사학』18, 1994, 11쪽.

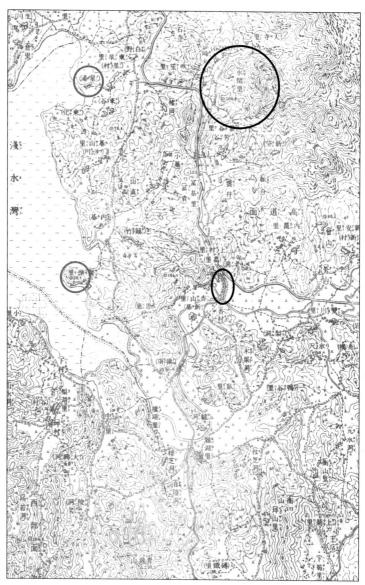

[지도 1] 1915년 지도 본 연구 마을 수한리는 북쪽의 검은 동그라미로 표시했다. 인근
         포구인 성포는 북쪽, 오두포는 남쪽의 붉은색 동그라미로 표시했으며, 타원
         형 동그라미는 제방이다.

이다. 현 서부면 궁리의 궁리포구는 규모 면에서 더 컸지만, 지역적으로 다소 떨어져 있으므로 수한리 주민들의 활용도가 낮은 것으로 보인다. 이들 포구에는 중선배[2]들이 사리 때 들어와 연평도 부근에서 잡은 조기나 갈치, 빈댕이 등을 판매하였다고 한다.[3] 이와 같이 이 지역의 성포와 오두포, 궁리포 등은 각각 3~4km를 사이에 두고 포구로 발달했던 곳으로 조선후기 해안가에 수많은 작은 포구들이 조밀하게 배치되어 있었음을 확인할 수 있었다.

이들 포구에서는 해상을 통한 원격지 유통이 발달하기 보다는 어부들이 잡은 싱싱한 해산물들을 포구 → 갈산장 → 홍주장 등으로 보내는 하역 및 판매 기능을 담당한 것으로 보인다. 배가 들어오는 날이면, 인근 지역 주민들과 상인들이 해산물을 구매하기 위해 몰려들었다는 주민들의 회고담이 아직도 구전되며, 본 연구에서 분석 대상으로 삼고 있는 유씨부인의 외부 발송 상품도 해산물이 주종을 이루고 있다. 이와 같이 이 지역은 농·수산물을 주로 생산·판매하는 유통경제가 발달한 선진지역으로 판단된다.

2) 지도에서 사라진 마을, 수한리

본 연구 대상인 유씨부인, 즉 김호근 가가 거주하는 수한리(水閑里)는 조선시대의 홍주목 고남면에 속한 마을로, 현재 충남 홍성군 갈산면 운곡리와 대사리 지역에 편입된 자연 마을이다.[4] 18세기 후반 홍주지역의

---

2) 전통적인 어선을 풍선이라고 칭하며, 중선배는 약 15명이 탑승하며 1달 가량 바다에서 조업을 할 수 있는 규모의 배이다.

3) 2014년 12월 24일 갈산면 오두리 경로당 마을 주민 증언.

4) 수한리는 조선시대 홍주목 고남면에 속해 있었다. 1895년 행정구역 개편으로 해미군 상도면과 하도면으로 바뀌었는데, 상도면과 하도면은 29번 국도를 기준으로

호구 수는 총 12,646호에 인구 52,761명, 농경지 중 밭은 6,812결, 논은
5,547결로 기록되어 있다.5) 『여지도서』에 의하면 수한리는 홍주목 관문
에서 서쪽으로 30리 거리에 위치해 있으며, 편호가 11호로 남자 29명과
여자 43명으로 구성되어 있는 작은 마을로 기재되어 있다.6)

  '수한리'라는 조선시대 행정명과 구역을 현대 행정지도에서 찾기 쉽
지 않았다. 현재 수한리는 지도에서 사라지고, 수한리의 '水'자가 '물한
이' 혹은 '물안리' 등의 명칭으로 남아있다. 주민들의 기억과 증언들도
각기 차이가 있었고, 이를 확인할 공문서도 없었다. 5차례의 현지답사와
고지도, 근대지도 등을 종합하여 확인해 본 결과, 1915년 발행한 지도를
기준으로 수한리 마을을 비정해 보았다.7)

동편은 상도면, 서편은 하도면이다. 1914년 행정구역 개편 당시 상도면 수한리 중
일부는 홍성군 고도면 운곡리와 대사리에 편입되었다. 1942년 고도면을 갈산면으
로 개칭하여 현재 갈산면 운곡리 일부가 되었다.

5) 서울대 규장각 편, 『호구총서』, 1996.

6) 김우철 역주, 『여지도서』 10, 충청도, 홍주, 方里, 고북면 수한리, 흐름, 2009, 327
  쪽. 여기 지명으로 지곡리, 오도곡리, 운정리, 대촌동리, 진죽리, 오두리, 언내리,
  나부촌리가 있다. 2014년 기준으로 운곡리에는 약 80호, 대사리에는 70호가 거주
  하고 있다.

7) 이 집안의 거주 지역을 비정하는데 애로점이 많았다. 종손의 증언에 따르면 해당
  집안의 택호가 도간댁이므로, 아마도 서산시 고북면 가구리 도간에 거주했을 것
  이라고 추정하고 있다. 이와 함께 김호근의 묘는 도간에서 직선거리로 3km 이내
  에 위치한 고북면 신송리 1구 산 17-2번지 寒淵洞에 있다. 도간은 고북면 가구리
  에 있는 자연 마을이며, 『여지도서』에 따르면 도간리는 관문 서쪽 40리에 위치해
  있으며, 편호 5호, 남 12, 여 18명으로 구성되어 있다고 한다. 그러나 본문에 언급
  했듯이 호구단자에 명기된 주소는 홍주군 고북면 수한리 1통 3호이다. 이 곳은 현
  재, 홍성군 갈산면 대사리 1구 수한(물안) 자연마을이다. 수한리는 가구리의 도간
  마을에서 직선거리로 약 5킬로 정도 떨어진 곳이며, 안동김씨들이 집단 세거한 갈
  산면 운곡리 바로 옆이다. 따라서 일단 이 집안의 거주지역을 고북면 수한리로 비
  정하고자 한다. 그 이유는, 호적단자에 명기된 주소라는 점과 안동김씨가 거주하

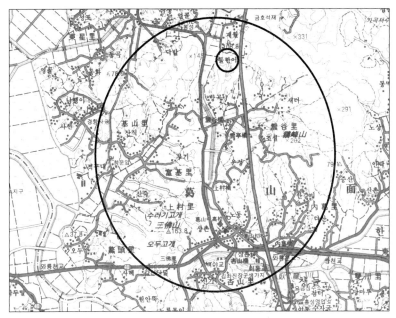

[지도 2] 갈산면 일대 지형도 원형 윗 부분에 보이는 물한이가 본 일기의 무대인 수한리이다.

필자가 비정한 수한리의 마을 영역은 다음과 같다. 현재 갈산면 면소
재지에서 29번 국도를 따라 1.5km 정도 북쪽으로 올라가면 오른편으로

고 있었다는 마을 주민의 증언이 있으며, 일기에 운곡리의 여러 자연마을들인 운
정, 방곡 등이 마치 옆에 있는 것처럼 그려지고 있기 때문이다.
　　그러나 이 집안의 거주 지역이 종손의 증언대로 고북면 가구리 도간일 수도 있
다. 즉, 호구단자가 오류일 가능성도 있다. 필자가 이 집안에서 발굴한 19세기 중
반 호구단자 2건을 분석해 본 결과, 호구 기록이 매우 부실하다는 것을 알 수 있
었다. 양반 주인 가족의 기록은 족보와 일치하였다. 그러나, 호구단자에 나타난 노
비 31명의 이름을 일기에 나타난 노비의 이름 43명을 비교해 본 결과 단 한명도
일치하지 않았다. 이에 필자는 이러한 현상을 19세기 호구단자의 형해화 현상으
로 학계에 보고하였다. 따라서 이 집안의 주소 또한 의도적으로 오기된 가능성도
있다고 하겠다. 그러한 사례가 다른 지역에서도 검출되고 있기 때문이다. 김현숙,
「19세기 중반 호구단자에 기재된 노비명의 검토」『향토서울』91, 2015.

운곡리(운정)라는 마을 표지석이 보이고, 마을로 들어가는 도로가 나온 다. 이 마을 도로를 기준으로 왼쪽 지역부터 북쪽으로 대사저수지까지 의 하천 양쪽 지역이 수한리의 행정구역으로 판단된다.[8] 바로 1915년 발 행된 지도[지도 2] 동그라미 안에 표기된 '수한리'가 주요 행정구역으로 비정하고자 한다. 이는 『여지도서』에 기술된 마을 정보와도 일치한다. 그러면 수한리의 공간 구역을 현재 대사리의 계월, 물한이(수한리의 현 재 명칭), 운정의 일부 지역으로 비정하고 논의를 계속하기로 한다.

수한리는 갈산면 면 소재지인 상촌에서 부터 불과 2km 이내에 위치해 있다. 물한이 하천이 마을 중심부를 흐르고, 해발 100m 정도의 야산들이 주위를 에워싸고 있다. 마을 북쪽에는 봉화를 밝혔던 봉화산(228m)과 삼 준산(490m)이 있다. 현재 북쪽에는 대사저수지가 축조되어 있지만, 조선 시대에는 바로 이 저수지 안과 물한이 하천 양안 지역이 마을의 주된 농 경지였음을 짐작케 한다. 현재 [그림 4]에서 보이는 전경이 바로 대사 저 수지와 하천 양안의 농경지이며, 대체로 남향을 하고 있으며, 물이 풍부 하여 논농사가 발달되어 있다.

수한리의 일부 지역이 편입된 마을이자 김호근의 친족들이 대거 세거

---

8) 마을 주민들이 증언하는 수한리의 행정구역은 매우 작다. 본문에서 언급한 운곡리 마을 도로 왼쪽 지역부터 대사리의 물한(수한)으로 통칭되는 자연마을까지이다. 이 공간은 매우 협소하므로 마을의 행정구역으로 보기에는 어렵다. 1914년 행정 구역 개편에 따르면 수한리의 일부가 운곡리와 대사리로 편입되었다고 하는데, 1915년 발간된 총독부 지도를 보면 '수한리'라는 명칭이 그대로 남아 있다. 그 구 역을 보면 대사리 1구 마을회관이 위치한 계월과 대사저수지를 포함하고 있다. 한 편 대사리는 대사리, 수한리와 가곡리, 방곡리 일부를 합친 마을이다. 조선시대 대 사동리를 보면 수한리보다 작은 마을로 편호 8호에 남 21구, 여 25구로 기입되는 마을이다. 따라서 대사동리는 현재 한자루로 표기되는 대사 2구 지역으로 보이며, 수한리는 계월과 물한이(물안리)를 포함한 지역으로 비정하는 것이 타당한 것으 로 보인다.

[그림 4] 수한리 전경 필자가 비정한 수한리 일대이다. 오른쪽 보이는 자연마을이 오늘날의 물한이(물안리)이다.

[그림 5] 운곡리 입구 전경 마을 중간에 서해안고속도로가 개통이 되어 마을 전경을 헤치고 있으나, 과거에는 배산임수의 아늑한 마을이었음을 보여주고 있다.

했던 운곡리는 사방이 200~300m 사이의 산으로 둘러싸인 아늑한 분지 마을이다. 2001년도 개통한 서해안 고속도로가 마을 안을 가로질러 개통되면서 마을 경관을 해치고 있지만, 과거에는 풍수지리학 상 길지로 꼽히는 마을로 사족이 세거하기에는 손색이 없는 전통 마을의 경관을 갖추고 있다. 이 마을의 주된 농경지대는 마을 가운데에 흐르는 하천과 그 양안 지역이며, 산자락 부근에는 밭농사가 발달되어 있다.

고남면 수한리가 위치한 홍주목 일대는 이 집안 일족들이 집단 거주하는 지역이다. 특히 갈산과 결성, 홍주, 예산, 덕산, 보령, 부여 등은 이 집안의 친족들이 거주했던 주 무대이자 본 일기의 지역적 공간이다. 특히 갈산지역은 예로부터 서울에 근거를 둔 양반 관료층의 가거지로 많이 언급되는 지역이다. 갈산지역[9]은 낮은 구릉들과 와룡천 주변으로 평야가 발달한 지역이다. 아울러 서울에서 도보로 6일이면 왕복할 수 있는 거리이자, 해안을 통해 수운이 발달하여 농업생산물을 신속하게 서울로 수송할 수 있는 지역이기도 했다. 따라서 이 지역을 포함한 내포지역은 경화사족들의 세거지로 주목받는 지역이 되었다. 왕실이나 벌열 가문들의 장토가 많이 설치되었고, 이른바 내포문화라는 독특한 문화를 이루었다.[10]

김호근 가가 거주했던 수한리는 바로 인근의 운곡리, 내갈리, 상촌과 인접한 지역으로 중앙 벌열가문과 연결된 안동김씨(金尙容 후손)들이

---

9) 갈산면의 면소재지는 상촌리이다. 동북부에는 490m의 산지가 발달해 있고, 서쪽은 해안가와 들판이 펼쳐져 있다. 서부의 평야는 과거에 천수만에 면해 있던 습지와 갯벌이었으나 방조제 축조로 인해 현재는 농경지가 조성되어 있다. 소속 법정리는 모두 16개로 상촌·내갈·신안·가곡·갈오·동산·쌍천·행산·와·오두·부기·기산·동성·취생·대사·운곡 등이 있다. 갈산면지편찬위원회, 『갈산면지』, 충남역사문화연구원, 2010.

10) 박찬승, 「연구의 목적과 방법론」 『근대이행기 지역엘리트연구』 1, 경인문화사, 2006, 10~15쪽.

장토를 설치하여 집중 세거했던 곳이다.[11] 충청좌도의 대표적인 양반
가문인 이들은 정순왕후의 척족인 서산의 경주김씨(일명 한다리 김씨)
와 예산의 한산이씨들과 함께 지역 엘리트로 성장하였다.[12] 조선후기
내포지역 안동김씨의 사마방목 입록자 수를 보면 총 54명으로 전주이씨
다음으로 입록자들을 배출하고 있으며,[13] 노론 - 시파세력들로 18세기
이후 중앙에서 계속 요직을 차지하고 있었다. 이들은 19세기 안동김씨
세도정권의 핵심세력인 김상헌 계를 측면 지원하고 필요한 친족 관료군
을 지속적으로 공급하는 집단으로 역할하였다.

따라서 이들은 지방에서의 세력 장악이나 향촌 지배에 대한 관심보다
는 중앙권력의 향배에 매우 민감했다.[14] 이들 집안들은 출사와 과거준
비를 위해 서울과 인근 지역에 주거지를 확보했을 뿐만 아니라, 가까운
친인척이 살고 있는 서울과 서울의 생활문화에 더 친연성을 나타낸다는
특징을 갖고 있다. 즉, 충청도의 世族大家로서 홍주의 안동김씨들은 半
京半鄕이라는 정체성을 갖고 있는 것으로 보인다.[15] 따라서 충청우도

---

11) 일제강점기 자료를 보면 1920년대 중반 경 이 지역에는 약 48개의 동족마을이 분
포한 것으로 알려져 있다.

12) 갈산의 안동김씨는 청산리 전투의 주역 김좌진 장군, 주비단 등 비밀지하운동에
관여했던 김동진 형제, 홍성노동조합과 신간회 홍성지회를 이끌며 사회운동을 주
도한 김연진을 배출하는 등 국내외 운동에서 중요한 역할을 담당하였다. 아울러
유교부식회에도 김은동, 김익한, 김노동 등이 적극 참여하였다 한다. 정내수, 「일
제강점기 홍성지방의 민족운동과 사회운동」『근대이행기 지역엘리트연구』 2, 경
인문화사, 2006, 566쪽.

13) 이연숙, 「조선후기 내포지역 사마방목 입록 추이와 지역엘리트」『근대이행기 지
역엘리트 연구』 I, 227쪽.

14) 이정우, 「조선후기 내포지역서원·사우의 건립과 운영의 성격」『근대이행기 지역
엘리트 연구』 I, 306~308쪽.

15) 중앙의 정치 변동은 이 지역 사족들에게 직접적으로 영향을 끼치고 있었다. 대부

회덕의 은진송씨(송시열 가문), 논산의 광산김씨(김장생 가문)와 논산의 파평윤씨(윤증 가문) 등의 가문이 해당 지역을 지배하고 장악하는 지역 세력으로 성장하는 특징을 보여주는 것과는 달리 이 지역의 안동김씨를 비롯하여 대표적인 가문인 경주김씨들은 문과급제 후 벼슬길에 오르면 서울에 거주하기 때문에 향촌에 대한 관심이 낮으며, 지배력 또한 약한 것이 특징이다.

　이 집안도 서울에 거주지가 있었던 것으로 보인다. 원래 이 집의 증조 부인 金若行은 서울 안국방에서 태어나 부친의 홍주 세거지를 왕래했던 것으로 보인다. 金好根의 조부인 金履廬(1739~1799)도 서울 안국방에서 태어나 마포 서강에서 살았던 것으로 전해진다.16) 이후 용산의 서빙고 (보광리)로 이사했는데, 본 일기에도 '경(서울) 주인(남편)집'으로 표기되 는 곳으로 물건과 음식이 오고 가고, 아들과 남편으로부터 용산에서 편 지가 왕래하는 것으로 보아 19세기 중반까지도 용산집을 소유하고 있는 것으로 보인다. 한편 김이우의 동생들, 履庠, 履序, 履廉 형제들이 보령 남포를 거쳐 일부는 부여로 이주하여 세거하였다.17)

　이와 같이 이들은 자신들이 거주하고 있는 지역보다 서울의 정치·문 화에 더 관심이 많았으므로, 지역민과의 관계에 집중하지 않았다. 따라 서 그만큼 이들의 평민층 장악력도 떨어지고 관계도 긴밀하지 않은 듯

───────────────

　분의 이들 가문들은 서울 등지에 가옥이 있거나 가까운 인척이 있었다. 서울과의 지역적 연고는 식민지기를 거쳐 현대에 들어서면서 서울로 집단 이주하게 한 요 소 중 하나였다. 따라서 현재 이 지역에는 안동김씨의 동족마을이나 집단 주거지 가 존재하지 않으며, 마을 주민 중 이들의 후손도 찾아보기 힘들다.

16) 본 일기의 조부 金履廬의 시문집을 보면 마포 서강에서 용산 서빙고로 이사하는 내용이 나온다. 金履廬, 김희동 편집, 「登西江後麓觀燈」, 「移家西氷庫次汝能 韻述懷」, 「移家」『僅交集』, 목민, 2011, 36·74·114쪽.

17) 김이우, 『僅交集』, 170쪽.

싶다. 이는 1894년 동학농민군의 습격으로 이 집안이 고초를 당한 사실에서도 반증된다. 아울러 이 지역은 이이 - 송시열 - 권상하 - 한원진으로 이어지는 기호학파 적통인 호서유림의 중심지이자, 18세기 최대 학술논쟁인 호락논쟁에서 호론을 주장한 진원지이며, 시파의 중심지라는 특징을 갖고 있다. 즉 조선후기 도학과 당쟁의 중심지이기도 했던 지역이다.

3) 지역 경관에 표상된 안동김씨 상징들

갈산면 대사리(수한리), 운곡리, 내갈리, 상촌, 행촌, 결성면 용호리 등은 안동김씨 일족이 세거했던 지역이다. 현재 이 지역을 답사해보면 안동김씨 일족은 찾아 볼 수 없지만, 지역 경관에 이들과 관련된 다양한 상징들을 확인할 수 있다. 상징물들은 입향조인 수북공 김광현이 병자호란 이후 이곳에 자리 잡고 안동김씨 종가가 위치해 있던 운곡리(운정과 조실)와 상촌을 중심으로 포진되어 있다. 먼저 입향조 수북공 기념비가 조실로 들어가는 입구에 조성되어 있는데, 비문에는 수북공의 관직과 활동이 자세히 묘사되어 있다. 또한 조선시대 양반의 필수 조형물이자 일족의 사회적 위상을 표상하는 효행 정려비각이 그 옆에 배치되어 있다. 아울러 상촌에는 김광현의 묘소와 신도비가 있는데 송시열이 찬술한 것으로 알려져 있다.

또 하나의 중요한 상징물로 지산 김복한 선생의 생가터와 비각이 있다. 안동김씨 수북공 자손의 대종손이자 승정원 승지였던 김복한은 을미사변 이후 홍주의병을 기병하고, 1919년 파리장서운동을 전개한 인물이다. 1973년에는 김복한을 기리기 위해 추양사가[18] 건립되었고, 홍성군수가 세운 '지산김선생기의비'와 '지산김복한선생항일사적비'가 있다.

---

18) 홍성군 서부면 이호리에 건립된 추양사는 김복한 선생이 홍주기병 이후 이 지역에서 후진을 양성했던 것을 기념한 것이다.

[그림 6] 수북공 유허비 운곡리에 위치한 갈미김씨의 입향조 수북공 김광현의 비. 그
옆에 김성우의 정려비가 배치되어 있다. 그의 후손들은 홍성지역 최대 지주
이자 지배세력으로 성장하였다.

또한 운곡리 조실에는 김복한 생가유지비와 터가 있다. 이와 같이 안동
김씨의 상징물은 가문 차원의 추모·상징화 작업이 아닌 지역문화재 및
역사 복원사업으로 확대되어 진행 중에 있다.

안동김씨의 상징적인 인물 중 또 한명은 바로 독립운동가 김좌진 장
군이다. 김좌진은 대한제국기에 안동김씨 갈살면 최대 지주이자 99칸의
기와집을 소유하고 있던 안동김씨 김병완의 가옥에서 이 지역 최초의
근대학교인 호명학교를 세웠다. 호명학교는 이후 갈산중고등학교로 개
편되었다.[19] 그와 관련된 신화와 전설은 다양하게 생산되어 유통되고
있다.[20] 그의 생가와 묘, 그리고 기념비는 인근 갈산면 행산리에 있으며
사당인 백야사도 위용을 자랑하고 있다. 김좌진의 상징물들은 국가적

---

19) 갈산면지편찬위원회, 『갈산면지』, 2010, 150~168쪽.
20) 「김좌진을 깨우친 삼준산 산신령」 『갈산면지』, 414~5쪽.

[그림 7] 지산 김복한선생 생가유지
조실마을

[그림 8] 생가의 건축년대를 명기한 것으로 서기 1695년으
로 기록되어 있다.

[그림 9] 생가는 2015년까지 있었으나 2017
년 9월 필자가 방문했을 당시 해체
되었다.

[그림 10] 2017년도 9월 생가 전경

차원에서 만들어졌는데, 이 집안의 가격을 높이는데 일조하고 있다.

한편 이 가문에서는 갑신정변의 주역이었던 김옥균 비롯하여 여러 인
사들을 배출하였다. 구한말 농상공부대신이었던 김가진은 대동단을 창
설하였고 상해임시정부 고문으로 활약하였다. 김병익·김병수·김병학·
김선규 등은 기호흥학회를 세워 신문화운동에 새로운 전기를 마련하였
고, 김동진은 주비단 등 비밀지하운동에 관여했다. 김좌진의 종제인 김연
진은 사회운동을 주도했고, 김종진은 아나키즘운동을 전개했다. 그 외에

도, 1910년 자결한 김석진은 항일운동, 김완규는 기미독립선언 33인 중 한 명이며 김문규, 김항규는 3.1운동에 참여하였다.

이상과 같이 안동김씨들의 활동과 조성된 상징물은 척화의리의 상징인 김상용과 근대개혁운동, 의병전쟁 및 독립운동에 선두에 섰던 김옥균, 김복한, 김좌진 등의 활동에 힘입어 이 집안을 지역의 양반가문에서 국가적인 애국집안의 반열로 올려놓는데 기여하고 있다. 이 집안에서는 이를 십분 활용하고 있다.

한편 이 집안은 사회적인 위상 외에도 이 지역 경제권을 장악하였는데, 홍성지역의 수천석 갑부로 알려진 김병학과 김동규가 있다.21) 이 지역 경관에는 이들이 남긴 고택들이 아직도 여러 채 남아 있다. 갈산면 면소재지에 현재 남아 있는 김우열가옥, 전용일가옥, 김관진가옥 및 그 옆에 있는 기와집들이 모두 과거에 안동김씨들이 살고 있었던 가옥들이

[그림 11] 호명학교는 지역 갑부로 유명한 김병완(상촌댁) 소유
가옥에 안동김씨들이 세운 근대학교이다.
학교벽에 '호명학사'라는 이름이 새겨져 있다.

---

21) 한국농촌경제연구원, 『농지개혁시 피분배지주 및 일제하 대지주 명부』, 1985, 152~3쪽. 이 지역 대지주로는 143정보를 소유한 김병학과 117정보를 소유한 김동규가 있다.

[그림 12] 수동 김홍진의 가옥으로 현재 그의 아들 김우열가옥으로 명명되어 있다.

다. 또한 인근 동성리와 고북면 가구리에도 안동김씨 대지주가 거주하였었다고 전해진다.22) 마지막으로 안동김씨 일족이 남긴 상징물로 묘지가 있다. 이들 일족의 묘지들은 운곡리 내의 방곡, 조실, 지곡, 내갈리의 안갈미 등 여러 곳에 분포해 있다.23)

2. 유씨부인의 신분과 가족관계

1) 친정 기계유씨 가문

본 연구의 주인공인 유씨부인과 부군 김호근의 가계와 사회적 지위에

---

22) 2013년 3월 2일 갈산면 동성리, 고북면 초록리 주민 증언.
23) 안동김씨들이 이 지역에 세거하면서 기존의 세력과 갈등을 빚었던 것으로 판단된다. 안김이 세거한 상촌의 노은산 근처에 한양조씨가 묘를 쓴 명당터가 있었는데, 세도정권기 이 지역 안김이 이 묘소를 빼앗고 그 아래 인공으로 천여평의 연못(여술방죽)을 축조했다고 전해진다. 이 곳에 안김의 입향조인 수북공 김광현의 묘소가 있다. 『갈산면지』, 353, 368쪽. 갈산면 신안리에는 예조판서 김성근이 천여평의 연못을 파고 '연화동천'이라는 각자를 새기고 느티나무를 심었다는 연화동이 있다. 『갈산면지』, 375쪽.

대해 추적해 보기로 하자. 아쉽게도 그녀와 그녀의 친정에 대한 이야기는 후손에게 전해진 바가 없다. 그녀의 부친 성명이 杞溪兪氏 兪璋煥이라는 점이 유일하게 알려진 사실이다.24) 아마도 그녀의 친정 후손들과 왕래가 소원해진 때문으로 추정된다.

杞溪兪氏 족보를 살펴보면 그녀의 가계는 진사공 諱派로 成美－晋卿－汝諧－得瑄－僐－承柱－成福－轉－起昌－汝霖－繽－涵－大儀－後會－橚－命擇－伯基－彦摯－漢直－宗柱－璋煥－유씨부인으로 이어지고 있다. 그녀의 부친 璋煥은1784년에 태어나 1847년에 사망한 것으로 나타나며 어머니는 금천강씨로 1833년에 돌아가신 것으로 기재 되어 있다. 슬하에 2남2녀를 두었는데, 큰아들 致鳳(1802~1845), 둘째아들 致駿(1805~?), 청주한씨에게 시집을 간 큰언니가 있다. 흥미롭게도 둘째 오빠 치준의 부인은 안동김씨로, 그녀의 부친은 金疇淳이다. 김주순은 유씨부인의 남편 김호근과 동일한 갈미김씨로 壽賓-盛益-時逸-默行-履矩-疇淳으로 이어지는 가계에 속한다. 즉, 유치준의 부인과 김호근과는 동고조 하의 재당숙질(7촌)지간인 셈이다. 아마도 유씨부인의 둘째 올캐가 중매를 서지 않았는가 추정되며, 이러한 유형의 혼사는 조선후기에 흔히 나타난다.

부인의 부친인 兪璋煥은 과거급제나 관직에 진출하지 않은 것으로 보이나, 그의 증조부 彦摯만이 무과에 급제한 후 홍주목사를 역임한 것으로 기록되어 있다.25) 따라서 신분적으로 양반가임이 확실하나 일기에 나타나는 내용으로 보아 친정의 가격이나 관직 진출은 시가인 김호근 가에 비해 그다지 활발하지 못했던 것으로 보이며, 이러한 점은 기계유

---

24) 김희동가 소장, 『戊午式(1858) 호적단자』, 『辛酉式(1861) 호적단자』.
25) 杞溪兪氏大同譜編纂委員會, 『杞溪兪氏』 5편, 권14, 회상사, 1991, 64쪽, 728쪽.

씨 족보에서도 확인된다. 즉, 부인의 10촌 이내의 친인척 중 관직에 진출
한 자는 거의 눈에 띄지 않는다.

2) 시댁 갈미김씨들

유씨부인의 남편, 金好根의 가계는 19세기 그 유명한 안동김씨 서울
경파[26] 계열 중 하나이다. 이 집안은 병자호란 때 강화도에서 순절한 우
의정 金尙容(문과 : 1561~1637)을 派祖로 하며, 김상용의 세째 아들인 水
北公 金光炫(문과급제. 이조참판, 호조참판 : 1584~1647)[27]이 병자호란
당시 홍주 오두촌(현 갈산면 오두리)에 은거하면서 이 지역과 인연을 맺
게 되었다. 김광현이 이곳을 세거지로 낙점한 것은 동생 金尙宓(1573~
1652)이 홍주목사로 있었던 인연과 광현의 셋째 아들 壽賓이 당진 면천
군수를 지낸 후 홍주 갈산 상촌리에 터를 잡고 솔가하게 되면서 아버지
수북공을 모시고 왔다고 전해진다.[28] 이후 김광현의 후손들은 이 일대
에 세거하면서 스스로 안동김씨 '수북공파'로 칭하며 일체감과 정체성
을 유지하였다. 한편 이들은 갈산 지역을 중심으로 세거했기 때문에 일
명 '갈미(갈뫼)김씨'라고도 부른다.

김광현에게는 壽仁(음직 : 防禦使), 壽民(진사 : 현감), 壽賓(진사 : 군
수)이라는 세 아들이 있는데, 이들 가계에서 18세기부터 과거제가 폐지
되는 1894년 갑오년까지 무려 43명의 문과급제자와 21명의 판서(실직)와
1명의 정승이 배출되었다.[29] 그 중 수인(1608~1660)의 자손 중에서 총 15

---

26) 안동김씨 경파는 김상용의 선원파와 감상헌의 청음파, 형조참판을 지낸 金尙憲
    (1561~1635)의 휴암파로 나뉘고 이들을 신안동파 혹은 장동파라고도 불리 운다.
27) 국립도서관 소장, 『水北文集』, 『年譜』 3책.
28) 『安東金氏世譜』 卷首, 권6, 遺稿; 권7, 先考養齊府君行狀.
29) 이 숫자는 안동김씨세보에 나오는 문과급제자와 판서의 수(실직)를 합산한 것이다.

명의 문과급제자와 6명의 판서가 배출되었고, 유명한 인물은 東農 金嘉
鎭과 志山 金福漢이 있다. 수민(1623~1672)의 후손 중에는 13명의 문과급
제자와 9명의 판서, 1명의 우의정이 배출되었다. 그 중 가장 유명한 인물
은 김옥균이다. 한편 수빈(1626~1676)의 자손에서는 총 15명의 문과급제
자와 6명의 판서가 나왔다. 유명한 인물로는 김좌진을 들 수 있다.30) 이
들은 서울 김상헌 계의 청음 자손들과 함께 안동김씨 세도정권의 한 축
을 담당하고 세도기반을 공고히 하였다.

　본 일기의 주인공인 유씨부인의 남편인 김호근(1807~1858)은 김광현
의 셋째 아들 수빈의 자손이다. 수빈은 진사시에 합격한 후 예산 현감,
사헌부 감찰, 공조좌랑, 면천군수를 역임하였고 이조참의에 추증되었다.
수빈은 슬하에 盛益과 盛節이라는 두 아들을 두었는데, 김호근은 盛益-
時逸-若行-履廣-華淳-好根로 이어지는 가계에 속한다. 김성익은 음직으
로 世子翊衛司副率을 역임했고, 시일은 노론사대신 金昌集의 賜死로 인
해 연좌죄에 연루되어 10여년 간 유배생활로 끝을 맺었다. 시일의 아들
약행은 본 일기의 주인공의 남편, 김호근의 증조부가 된다.

　金若行은 양재공 金時逸(1698~1742)의 큰 아들로 태어나, 종형인 敎行
과 김수항의 손자 信謙으로부터 훈도를 받았고, 남당 한원진으로부터
사사를 받았다. 문과급제 후 정조의 스승이 되었고 암행어사, 승정원 승
지와 순천부사 등을 역임하였다. 김약행은 중화의 유일한 계승자인 조
선을 황제국으로 격상시켜야 한다는 상소를 올림으로써 유배를 간 인물
로 기록되어 있다. 또한 소론 및 벽파와의 연이은 당쟁으로 인해 수차례
유배를 갔다. 치열한 당파싸움과 부친과 자신의 연이은 유배생활로 인
해 후손들에게 출사하지 말라는 유언을 남기고 유배지에서 생을 마감하

---

30) 김희동, 『나의 뿌리를 찾아서』, 2007, 목민, 449~457쪽.

였다.[31)]

김호근의 조부 김이우는 부친의 유언과 家禍의 피해의식 때문에 과거
시험에 응시하거나 출사를 하지 않았다고 한다. 1789년 정조(13년)는 자
신의 스승인 김약행 자손에 대한 특별 배려로 忠良應製科를 개최하고
큰 아들인 김이우에게 응시하도록 명을 내렸으나,[32)] 선친의 유언대로
출사를 사양하고 향리로 돌아왔다. 한편, 김이우는 후사가 없어 조카 金
華淳을 양자로 들여 대를 이었으나 김화순 역시 일찍 사망하여 자손이
없었다. 이에 사촌 金箕淳의 아들 金好根을 양자로 맞이하게 되었다.[33)]
이로써 김호근이 김약행 가계의 대를 잇게 되었다.

3) 갈미김씨들의 가격은?

조선후기 집안의 가격을 평가할 때 관직과 혈연, 경제력 외에도 명분
과 절의가 필수 항목으로 거론된다. 앞서 언급했듯이 김호근의 증조부

---

31) 김약행의 적소일기는 그동안 많은 연구자들에 의해 다방면으로 연구되었다. 이옥
   희, 「조선후기 유배인과 유배지의 실상, 김약행의 적소일기 연구」『국학연구논총』
   7, 2011; 최성환, 「유배인 김약행의 유배일기를 통해본 조선후기 대흑산도」『한국
   민족문화』 36, 2010.
32) 정조는 이우를 특별히 入侍시켜 이르시길, "네 아비의 일을 생각하니 과인이 그
   때 너무 한쪽의 힘있는 말만 듣고 일한 처리가 크게 잘못되었음을 알았도다. 이제
   너를 독대하여 만나니 네 아비의 일이 더욱 齷齪한 일이었노라."라 하시며 진심
   으로 후회하는 하교가 계셨다. 『僅存集』, 173쪽.
33) 金羲東家 소장, 『경술일기』1850. 9. 11. 이하 연월일만 기재함. "룡암 싱부친 회
   갑으로 손이 모혀 슈한 진스님 여긔와 주무시고 국쥭과 아츰 운졍 손님과 ㄱ치
   잡습고 물화 모 아츰먹다."라고 룡암 생부친 회갑이라는 이야기가 나오는데, 바로
   김호근의 생부인 金箕淳이 아닌가 싶다. 그러나 족보를 확인한 결과 김기순은 이
   미 1834년에 사망한 것으로 나온다. 따라서 여기서 생부친이 누구를 의미하는지
   확실하지 않다.

인 김약행은 문과급제 후 승지 및 순천부사 등 당상관직에 올랐고, 그의
동생 金鶴根(1826~1895)은 문과에 급제하여 이조참판을 역임한 자이다.
김호근 자신도 진사시 이후 문과 초시까지 합격한 인물이며, 그의 10촌
이내 수많은 친족들은 안동김씨 세도기에 판서 및 정승을 지낸 자들로
유씨부인이 시집을 온 이 집안은 양반 신분에 속한다.

　가격의 또 하나의 조건으로는 명분과 절의이다. 갈미김씨의 파조 金
尙容은 병자호란 때 빈궁과 원손을 수행하고 강화도에 피난을 갔다가
성이 함락되자 순절했던 인물이다. 정조대에 불천위제사로 지정받은 그
는 동생 金尙憲과 함께 조선 후기 척화와 의리를 상징하는 인물이 되었
고, 안동김씨 정신의 본류를 형성하게 되었다. 존주의리가 당대 시대정
신으로 풍미하게 되자, 안동김문은 김상용과 김상헌 형제의 척화 의리
의 이미지를 적극 활용하여 조선후기 주요 가문으로 성장하게 된다.

　그 중 김호근의 6대조 할아버지인 김상용을 배향하는 서원이 전국 곳

[그림 13] 겸재 정선의 석실서원 그림 중간의 기와집들이 석실서원이고, 그 옆 초가들은
서원에 고용되어 있던 모군이나 제직들이 사는 서원말이다.

곳에 건립된다. 김상용은 凜然祠(1708), 순절한 장소인 강화도 선원리 충
렬사, 안동김씨 가문의 세거지인 석실서원(1656), 경기도 양주의 석보서
원(1656), 정주목사를 지냈다는 연고로 인해 평안도 정주의 鳳鳴서원
(1661), 안변부사를 역임한 연고로 인해 평안도 안변군의 玉洞서원(1702),
경기도 상주 화동서원(1713), 그리고 평안도 정평의 慕賢祠에 배향되는
등 배향서원은 전국적 분포도를 보이고 있다. 이는 가문의 위상을 전국적
으로 확대하는데 유용하게 활용되었다.[34] 즉, 절의를 지킨 顯節臣의 후손
이라는 점이 이 집안의 가격과 향촌지배에 프리미엄으로 작용하고 있다.

김호근의 증조부인 김약행은 척화와 절의라는 가문의 이미지를 강화
시키고자 하였다. 그는 명이 멸망한 이후 조선만이 유일한 중화의 계승
자이므로, 조선의 국왕도 청국의 황제와 같이 郊締의 禮를 행하고 종묘
에 九獻과 八佾舞를 올릴 것을 주장하는 상소를 올려 유배에 처해진 인

[그림 14] 경기도 미금시 수석동에 있었던 석실서원 김상용과 김상헌을 추모하기 위해
건립한 서원이다.

---

34) 이경구, 『조선후기 안동 김문 연구』, 2007, [표 8], 74쪽.

물이다.35) 청의 속국인 조선을 황제국으로 격상시키자는 주장은 근대적
인 주권의식이나 독립의식에서 비롯된 것이 아니라 춘추절의와 척화의
식에서 비롯된 것이다. 즉, 가문의 이미지인 춘추절의와 성리학적 명분
론을 극대화함으로써 당쟁에서 유리한 고지를 차지하고자 한 의도로 보
여 진다. 청과의 마찰을 우려한 영조가 그를 흑산도로 유배시켰고, 이후
진도 유배지에서 생을 마감하였다. 그의 사당이 신안군 대흑산도에 있
었으나 1864년 서원철폐령에 의해 폐쇄되었다고 전해진다.36)

조선후기 유력 가문으로 인정받기 위해서는 문장과 청렴함도 갖추어
야 했다. 이 집안은 조상으로부터 내려오는 가르침을 강조하고 있다. 파
조격인 김상용과 김상헌의 부친인 김극효는 평소 검소함, 관직에 연연
하지 않는 출사, 이단과 잡기의 배제, 공리에 연연하지 않는 자세 등을
강조하였다 한다. 이후 김상용은 삼강오륜의 덕목을 언문으로 된「五倫
歌五章」「訓戒子孫歌九章」으로 만들어 교육시켰고,37)『주자가례』를 원
칙으로 조상들로부터 전해온 규약을 참작하여 가문의 祭禮儀式을 재정
리하였다. 동생인 김상헌도 가문의 규범과 가훈을 정리하였고,38) 선조들
의 가르침을 전수하면서, 먼저 청렴함과 제사를 대하는 태도, 형식만 쫓
지 않는 상례, 합리성과 정성을 강조하는 자세 및 신주 보관의 중요성
등을 강조하였다. 18세기에도 이러한 전통은 계속되었다. 김양행(1715~
1779)은「거가의절」을 집필하여 가정에서 지켜야 할 세부 의례를 후손
들에게 전하였다. 이러한 가르침은 김양행의 "출사를 삼가라"는 유훈으로
이어지며, 일기 곳곳에 나오는 봉제사의 엄격한 시행으로 드러나고 있다.

---

35)『영조실록』44년 5월 11일,『영조실록』44년 6월 14일.

36) 김희동 편,『선화자 김약행 선생의 꿈과 생애』, 목민, 2002, 62쪽.

37) 金尙容,『仙源遺稿』, 續稿「五倫歌五章」, 續稿「訓戒子孫歌九章」.

38) 이경구, 앞의 책, 46쪽;『淸陰集』26권 8장.

대부분의 안동김문은 성리학의 명분론에 있어서는 송시열의 북벌론을 계승하였고, 학문적으로는 낙론의 종장인 김창협·김창흡의 낙학을 가학으로 계승하고 있다. 김호근 가도 송시열-권상하-한원진으로 이어지는 기호학파에 속하며, 김약행은 종형인 金敎行과 김수항의 손자 金信謙으로부터 훈도를 받았다. 또한 정순왕후의 오라비 김귀주, 김한록 등과 함께 남당 한원진으로부터 사사를 받으면서 친분이 깊었으나, 1765년 천장암 시강회에서 사도세자의 죽음을 둘러싼 논쟁이 시작되었고, 이들 벽파와의 언쟁 끝에 사이가 벌어졌다고 전해진다.[39] 이에 김약행은 벽파와 소론 측의 견제로 인해 유배에서 풀려나오지 못한 것으로 판단된다.

이 집안은 문장 방면에서의 성취가 가격의 상승과 유지에 필수적임을 인식하고 있었다. 이에 아들들을 당대 유명한 학자나 서울로 보내 학문을 닦게 하는 한편, 대대로 문집과 시문집을 간행하기도 하였다. 파조인 김상용의 『仙源文集』[40], 김호근의 7대조 수북공 김광현의 『水北文集』, 6대조 壽賓의 『白峰集』[41], 5대조인 盛益의 『白峰集』, 4대조인 時逸『遺稿』, 증조부 若行의 『仙華文集』, 할아버지 履廐의 『僅翁集』[42] 등 직계 조상들의 문집을 갖추고 있었다. 일례로 若行의 『仙華文集』은 총 14권으로 「이기설」과 「회니시말」이 포함되는 등 도학과 문장 방면에서의 지식이 필수적임을 알 수 있다.

결론적으로 이 집안은 19세기 초반, 호서지방의 유력가문으로 중앙과의 정치·혈연적인 네트워크, 3대 이내의 문과급제자와 당상관 입격자의

---

39) 김호근이 1847년에 집필한 「箚記」에 김한록·김귀주 집안과의 결별 과정이 상세히 기술되어 있다.

40) 국립도서관 소장, 『仙源文集』, 『續稿』, 『年譜』 5책.

41) 연세대 소장, 『白峰集』, 『白峰先生遺稿』

42) 양아버지 華淳은 일찍 사망하여 문집이 없다.

존재, 성리학적 명분론과 顯節臣 후손으로서의 입지, 학문과 문집의 간행 및 서원에 배향되는 조상의 존재, 경제력 등 당대의 유력가문으로서의 기본적인 조건을 갖추고 있었다. 즉, 전형적인 19세기 지역의 상층 양반 신분으로 판단된다.

4) 수한리 가족 구성

1841년 유씨부인은 23세의 나이로 상처한 34세의 김호근과 결혼하였

[그림 15] 심재 이도재 유씨부인의 사위이다.

다. 앞서 언급했듯이 남편 김호근은 이 집안에 양자로 들어와 정실부인 슬하에 2남 3녀를 두었다. 첫째부인 연안이씨(1804~1840)로부터 2녀, 둘째부인이자 본 연구의 주인공인 기계유씨(1818~1875)로부터 큰아들 병대(1842~1914), 둘째 아들 병두(1847~1924),[43] 그리고 셋째 딸을 두었다. 또한 측실에 1남1녀를 두었는데, 서자 병원(1851~?)은 무과에 급제하였고 서녀는 尹聖義(漆原윤씨)에게 출가하였다.

본 일기가 작성된 1850년경에는 시부모는 모두 사망한 시점이며, 첫째 부인 소생의 두 딸도 모두 20대로 추정되므로 이미 시집을 간 것으로

---

43) 김호근은 큰 아들 炳大와 둘째 아들 炳斗를 낳았는데, 병두는 시눌의 종윤인 命根의 후사로 출계하였다. 이후 병두의 둘째아들 哲圭가 다시 친형 炳大의 후사를 잇게 되었다.

[그림 16] 유씨부인의 산소 본 사진은 고북면 신송리에 있는 부인과 김호근
   의 산소 전경이다.

보인다. 큰 딸은 은진송씨의 宋泰洙, 둘째 딸은 연안이씨의 李祖性과 혼
인을 했다. 한편 유씨부인 소생인 큰 아들 병대와 둘째 아들 병두는 각
각 8살과 3살이었는데, 큰아들 병대는 수한리에 거주하지 않고 서울에
서 수학하고 있는 듯싶다. 그것은 일기에 가끔 어린아이 생각하며 눈물
짓는 부인의 이야기가 나오기 때문이다. 반면 연안이씨의 李道宰(1848~
1909)[44)에게 시집을 간 셋째 딸은 몇 살인지 알 수 없다. 따라서 수한리
에 실제로 거주한 가족은 부부와 2명의 어린이었던 것으로 보인다.
   남편 김호근의 학력과 직책을 살펴보면, 1840년 헌종 6년(34세)에 진

---

44) 이도재(李道宰 : 1848~1909)는 대한제국의 문신이다. 본관은 연안이며 姜瑋의 문
   하에서 수학을 하였다. 1882년 문과 급제하여 암행어사, 동부승지, 참의군국사무,
   이조참의, 성균관 대사성을 역임했다. 1886년 고금도로 귀향갔다가 1894년 갑오
   개혁 당시 복직되었다. 동학농민운동 당시 전라도 관찰사로 가서 전봉준을 생포
   하는 공을 세웠고, 이후 군부대신, 학부대신을 역임하였다. 단발령이 내려지자 상
   소를 올리고 관직에서 물러났고, 이후 다시 학부대신과 내부대신을 역임하였다.
   1904년 일본의 황무지개척에 반대하였고, 1907년 고종 퇴위 후 고종의 양위를 결

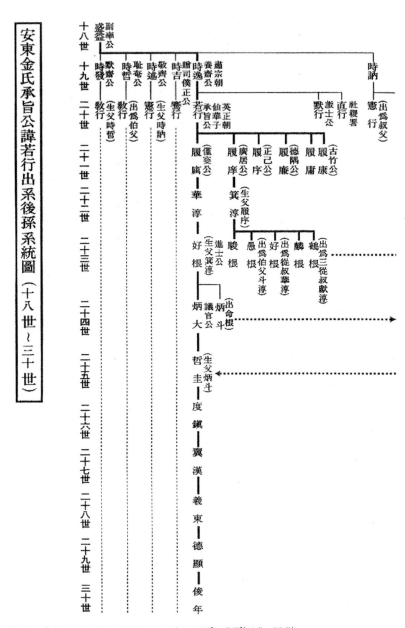

[그림 17] 安東金氏 養齊公 諱時逸 出系後孫 系譜[壬戌譜](19世~29世)

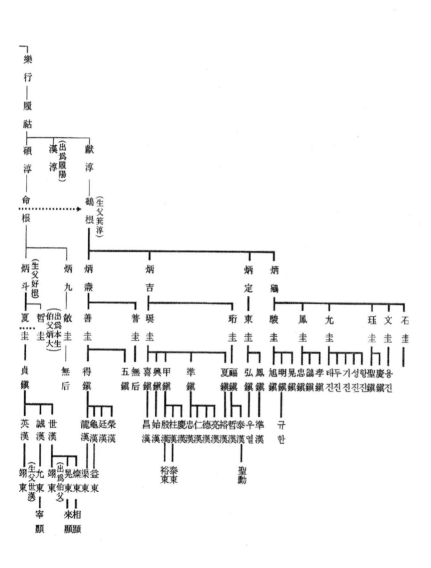

사시에 2등으로 급제하고,[45] 대과에 수차례 도전하여 1850년도 일기에 따르면 대과 초시에 합격한 것으로 나타난다. 이후 莊陵參奉과 東倉의 낭청을 역임한 듯 보인다.[46] 김호근의 친동생 金鶴根(1826~1895)은 문과에 급제하여 이조참판을 역임하였고, 아들 炳大는 東部都事,[47] 홍산현감[48]을 거쳐 대한제국기에 4품직과[49] 대한제국기 중추원 의관직을 역임한 것으로 기록되어 있다. 둘째 아들 炳斗는 정릉참봉과[50] 義禁府都事를 지냈다. 한편 부인의 셋째 사위 이도재는 19세기말 군부대신과 학부대신을 역임하였다. 이 집안의 가계도는 [그림 17]과 같다.

이 집안의 혼맥을 보면 왕실과 당대 유력가문이었던 전주이씨, 한산이씨, 연안이씨, 은진송씨, 덕수이씨, 기계유씨, 풍양조씨, 여흥민씨, 해주최씨, 경주김씨 등과 가연을 맺고 있다.[51] 이렇듯 이 집안은 17세기 중반부터 홍주에 세거하면서, 문과 급제를 통해 중앙의 당상관직에 다

정한 신하들을 모두 암살하는 계획을 세웠으나 사전에 발각되어 체포되었다. 건국훈장 애족장이 추서되었다.

45) 한국역대인물종합정보시스템. http://people.aks.ac.kr/front/tabCon/exm/exmView.aks?exmId=EXM_SA_6JOc_1840_031287&curSetPos=0&curSPos=0&isEQ=true&kristalSearchArea=P

46) 『국역 만기요람』 1, 재용편, 641쪽. 일기에는 대과 초시 합격 후 동창에서 근무하는 것으로 보이나, 족보에는 장릉참봉만 기재되어 있다. 동창은 이현(동대문)에 위치한 선혜청의 창고로 종6품 郎廳이 책임자로 있는 곳이다. 한편 莊陵은 강원도 영월군 영월면 영흥 4리에 있는 조선 제6대왕 단종의 능이다. 비록 능참봉이지만 장릉참봉은 상당한 명예직이었다 한다.

47) 『승정원일기』 고종 26년 4월 29일.

48) 『승정원일기』 고종 31년 2월 27일.

49) 『승정원일기』 고종 39년 3월 28일.

50) 『승정원일기』 고종 27년 8월 10일.

51) 이 집안의 혼맥을 보면, 김상용의 외손녀가 효종비, 순조(온명공주)의 부마, 민영환 부인, 이민용(대원군 이재면의 아들)부인, 윤덕영 부인 등이 있다.

수 진출하였다. 아울러 가깝게는 직계 증조부와 동생이 문과에 급제한 후 당상관직을 역임하였으므로 양반으로서의 가격을 유지하는 동시 중앙 정계와 정치·혈연적으로 매우 밀접한 네트워크를 갖고 있었다. 그리고 수한리 본가의 가족 구성원으로는 유씨부인과 남편 김호근, 그리고 본인의 소생 2남 1녀 중 2명 및 이들의 시중을 드는 43명의 노비들이 수한리에 거주했던 것으로 보인다.

3) 김호근 가의 수입구조와 재산규모

마지막으로 김호근 가의 경제력을 가늠해 보기로 하자. 아쉽게도 이 집안과 일기에는 수입현황을 파악할 수 있는 정보나 추수기가 전해지지 않는다. 따라서 일기와 식민지기 작성된 집안의 토지장부를 통해 전해지는 파편들과 후손의 증언을 통해 가늠할 따름이다.

먼저 본 연구의 주 사료인『경술일기』는 여성이 저술한 것으로, 부인의 수입과 지출 내역만을 기재하고 있다. 따라서 남편의 재무 상태를 알 수 없으며, 간혹 보이는 기사를 통해 부부의 독자적인 수입·지출구조를 확인할 수 있다. "면화 밭 김매기에 (남편이) 일꾼들의 품삯을 한냥어치 사서 매어 주시니,"52) 라는 기사를 통해 이들은 각자 독자적인 수입·지출 구조를 갖고 있었던 것으로 추정된다. 또한 유씨부인이 자신의 돈 15냥으로 논 15두락을 구입한 후 가을에 추수하면서 "내 논벼 두 섬 두말씩 하다."라고 기재한 것을 보아 내외의 재산도 따로 구분된 것으로 보인다.53) 이러한 사례는 기존 연구에서도 보고된 바가 있다. 19세기 중반 충남 보령에 거주했던 조병덕이 아들에게 농지 현황을 이야기할 때 "너

---

52)『경술일기』1850. 6. 30.
53)『경술일기』1850. 1. 12; 1850. 9. 26.

희 어머니가 개인적으로 산 돈"이라고 구분하고 있음을 보아 부부 간의 재산 구분이 있었다. 또한 19세기 예전 박씨가 일기에서도 부인과 모친의 지출·대차 행위는 가장의 것과는 구별되어 별도로 기재되었다.[54) 이와 같은 사례는 상당수 추적되는데, 19세기 지역에는 부부별산제 및 여성의 재산 처분권에 대한 전통적인 관행이 지속되고 있었음을 알 수 있다.

한편 김호근의 증조부인 김약행의 『적소일기』를 보면,[55) 귀양살이의 경제적 어려움을 호소하고 있는 대목이 종종 등장한다. 본인과 부친이 신임사화로 수차례 귀양살이를 하면서 가계 경제가 힘들었던 것으로 판단된다. 그러나 『경술일기』에는 경제적인 어려움을 피력하는 기사가 없는 것으로 보아 김호근 대에 이르러서는 경제 상황이 양호했던 것으로 추론된다. 아래 기사를 보자.

지월 제스 약쥬 밋 닷되 가옷 ᄒ다. <u>판졀 용졍 흰 ᄡᆞᆯ 두말 구즌ᄡᆞᆯ 칠두</u> 뉴승 밧다. 쳔만 <u>구즌ᄡᆞᆯ 닷말 여ᄃᆞᆲ되</u> 밧고 나ᄆᆞ군 술 ᄡᆞᆯ 셔말의 굴지 엿되 쳐도 또 엿ᄂᆞ나 축 된다. 일군 삼십ᄉᆞ명 어더 졈심 먹인 후 비오니 나ᄆᆞ 다 못 드리다.(1849. 10. 21)

위의 사료는 음력으로 10월 말경, '구즌쌀'을 정미하는 내용이다. 여기서 '구즌쌀'이란 묵은쌀을 의미하는 것으로 추수가 끝난 후에도 묵은쌀이 있다는 것은 식량이 넉넉하다는 뜻이다. 이 시기 500석 규모의 재산을 지주가 흉년시에는 끼니에 애로를 겪을 정도라는 기존의 연구를 감안할 때,[56) 농가에 지난 해 식량이 남아 있다는 것은 평균적인 지주가

---

54) 이헌창, 「가계출납부『日用』의 내용과 성격」『맛질의 농민들』, 일조각, 2001, 99쪽; 하영휘, 『양반의 사생활』, 푸른역사, 2008, 122쪽.
55) 김약행의 『적소일기』는 이 집안(김희동가)에서 전해 내려오는 언문으로 된 남성 유배일기이다.

보다 나은 상황이라 하겠다. 묵은쌀은 대부분 술 제조와 일군들 식사로 활용되고 있다.

일기에 비처지는 이 집안의 지출 규모는 상당한 것으로 보인다. 우선 빈번하게 행해지는 봉제사, 접빈객, 선물 송출, 서울로의 여행 경비와 서울 집 생활비 외에도, 1회에 30~40냥 가량 소요된다는 과거시험, 부조금, 첩의 존재 등 남성이 단독으로 지출하는 규모도 큰 것으로 나타난다. 일기에는 대규모 농업 경영에 대한 정보는 없으며, 유씨부인의 관할 하 직영되는 가내 소비용 농사에 대한 이야기만 기재되어 있다. 그러나 일기 곳곳에 나타나는 쌀의 소비량을 보면, 외부 소작지에서 대량 공급받는 것으로 보인다.

다행히 김호근의 증손 대 작성된 토지장부가 있어 후대이지만 이 집안의 재산 규모를 확인해 볼 수 있었다. 본 토지장부는 일제강점기에 작성된 것으로 필자는 토지장부를 DB화하여 소유 토지 규모를 확인해 보았다.[57]

이 집안이 1911년 수한리에서 결성면 용호리로 이사 간 후 집은 와가 27칸과 부속 건물 4칸으로 기록되어 있다. 종손의 증언에 따르면 이후 주택의 규모는 50여칸으로 증축되었다 한다. 식민지기 이 집안이 소유한 농지 규모는 전답과 대지를 합쳐 56,480평이고, 임야는 108,310평으로

---

56) 기존 연구에 의하면 500석 정도의 지주면 군내에서 중지주, 전국적으로 상위 0.1~0.5%선에 속하나, 흉년시에는 식생활에 애로를 겪을 수 있는 그룹에 속한다고 보았다. 이헌창, 「18세기 황윤석가의 경제생활」『이재난고로 보는 조선 지식인의 생활사』, 한국학중앙연구원, 2007, 345~6쪽.

57) 『토지장부』 김희동 가에서 소유한 토지를 작성한 장부로 1930년대 말 혹은 1940년대 초경, 김호근의 5대손인 김익한에 의해 작성된 것으로 보여 진다. '金原善雄'이라는 김익한의 창씨개명된 이름이 적혀져 있으며, 필체는 김희동의 부친인 김익한의 것이다.

[표 1] 식민지기 김호근가의 토지 소유 규모   (단위 : 평)

	평수
대지	910
전	18,589
답	36,981
임야	108,310

합산된다. 임야는 주로 조상 묘를 모신 선산이고, 상당 규모의 전답은 위토로 보인다. 전의 규모는 18,589평으로 약 93마지기이며, 답의 규모는 36,981평으로 약 185마지기이다. 식민지기 이 지역의 생산량을 논이 1마지기당 1.5석, 밭은 1석 정도의 생산량(일제기 평균 생산량)으로 계산한다면 324.5석이다. 종손의 증언에 의하면 식민지기 이 집안의 농지 규모는 약 300석 규모라 하니 대략 맞는 것으로 보인다.

　19세기 중반기의 농지 규모는 알 수 없고, 물론 300석 규모는 분명 아닐 것이다. 종손과 후손의 증언에 의하면[58] 이 집안은 대원군기까지는 잘 살았다고 한다. 즉, 김호근과 아들 병대 대까지의 가정 경제는 양호했다는 뜻이다. 그러나 병대가 사망하고 양자로 들어 온 哲圭는 대한제국기 외부주사로 근무하다가 낙향하였고,[59] 경제활동에 큰 관심이 없었던 것으로 전해진다. 이에 철규의 아들 度鎭은 가산을 다시 일으키기 위해 식민지기 지주 경영에 몰두했고, 홍성군 일대 구황리, 와리, 오두리, 안갈미, 주교리, 교황리, 성곡리, 뒤지동, 무량리 까지 전답을 매입했다고 한다. 따라서 위의 300석은 식민지기의 재산 규모이고, 김호근 대에는 어느 정도인지 알 수 없다. 다만, "대원군기 까지는 잘 살았다."라는 증언을 통해 양호한 경제 상황을 짐작할 따름이다.

---

58) 김희동, 김미자(김익한 막내딸) 증언. 2015. 2. 1. 이태원 홀리차우.
59) 『승정원일기』 고종 40년 1월 23일.

그러나 조선시대 500석 규모의 재산도 흉년시 끼니조차 어려울 수 있
다는 기존의 연구를 감안할 때, 지주가에서는 평균 3년에 한번씩 닥쳐오
는 재난과 흉년을 대비하여 수입 구조를 다변화하는 등 방책을 강구했
을 것으로 판단된다. 그 방책 중 하나는 '봉제사'를 위한 후손들의 祭需
錢 납부이다. 관직에 나간 후손들이 제수비용을 대고 있는데, 일기에도
가을 추수 무렵 황해도 해주, 황주, 전라도 임실 및 각처의 봉물과 제태
전이 추정했던 것 보다 적게 들어와 서울에 있는 남편으로 하여금 확인
할 것을 부탁하는 내용이 있다.60) 즉, 소작료 외에 전국 각지에서 들어
오는 제태전과 공물 수입이 있다는 것을 알 수 있다.

다음은 부업을 통한 수입이 있다. 조선시대 여성들의 부업으로 길쌈,
방적, 양잠, 바느질 등이 있는데 양반여성도 흔히 종사하는 업종이다. 이
는 남성들에 의해 장려된 사항이기도 하여 묘지명이나 행장에는 모친이
나 아내의 길쌈, 양잠, 바느질을 통한 살림 영위 내용이 많이 기록되고
있다.61) 유씨부인도 노비들을 이용하여 양잠과 면사를 생산하고 있다.
그러나 그녀는 한 걸음 더 나아가 주변 노동력을 이용하여 의복을 제작
하여 판매하고 있다. 일기에 따르면, 그녀는 여성용 치마와 저고리 등을
14차례나 제작하여 판매하고 있으며, 방적과 양잠을 상업적으로 행하는
모습이 발견된다. 뿐만 아니라 그녀는 약 1년 반 동안 가락지 등 귀금속
류를 18차례 판매하고 2차례 구입했으며, 안경을 3차례나 판매하고 있
다. 여기서의 가락지와 비녀, 안경의 판매는 빈궁하여 자신의 물품을 처

---

60) 『경술일기』 1849. 11. 2. "히쥬 제퇴전 드러와 각쳐 봉물 덜 가져와 경 쥬인 집으
   로 ○○○○○ 가질나 가노라기 나으리긔 편지 붓치다."
61) 김경미, 「조선후기 여성의 노동과 경제활동」 『한국여성학』 28권 4호, 101~105쪽;
   김성희, 「조선시대 여성의 가내 외에서의 일상생활」 『대한가정학회지』 제42권 7
   호, 2004, 43쪽.

분하는 것이 아닌 이윤을 목적으로 한 상행위로 추정된다. 이렇게 형성된 종자돈은 곧바로 고리대로 대부되어 증식되고 있다.

유씨부인은 여러 곳에서 들어오는 수입 및 자신이 상품 판매와 고리대로 창출한 수익을 가게 경상비로 지출하고 있다. 전반적으로 볼 때 김호근 가의 수입은 다양하게 구조화되어 있으며, 경제적 상황은 매우 양호한 것으로 판단된다.

제2부

가정의 실권자, 종부의 가계관리와 치산

제1장 경영의 대상과 수단, 19세기 노비와 예속민

유씨부인의 일기에는 수많은 노비들이 등장한다. 총 43명으로 추산된다. 그들은 고작 3명, 많을 때는 5명에 불과한 주인댁 식구를[1] 위해 이른 새벽부터 밤늦게까지 가사노동과 가작지 농업, 물자 구매와 수송 등 각종 심부름을 전담하고 있었다. 그런데 19세기 중반, 호서지역 한 평범한 양반가에서 노비를 43명이나 부리고 있었다? 지금까지의 학계 정설과 일기에 그려지는 모습은 상반된 그림이다. 기존의 연구에서는 16세기 노비제는 극성기를 거치다가 17세기 후반부터 서서히 쇠퇴기에 접어들었고, 18세기 노비종모법에 따라 그 수는 격감하다가, 1801년 공노비 해방, 1886년 노비세습제 폐지, 1894년 노비제 폐지로 이어지는 것으로 보고 있다. 일례로 19세기 중반 단성호적의 경우 1호당 노비수는 1구 정도이며, 다른 지역에서도 5구 정도를 크게 넘지 않는다고 보고 있다.[2] 물론 이에 대한 반론도 제기되었다. 宮嶋博史는 오히려 19세기 중엽에 이르러 노비의 수가 증가하고 있다고 주장한 바 있다.[3] 최근 연구에 의하면 宮嶋博史의 주장은 호적대장에 기재된 호구에 근거한 것이며, 노비수 변화는 호정에 따른 호적 기재 양식의 변화에 따른 것임을 밝혀냈다.[4]

---

1) 『안동김씨세보』 족보에서 확인되는 1849~51년 김호근가의 식구는 다음과 같다. 이 무렵 김호근의 자녀 3남 4녀(서자 1명, 서녀 1명 포함) 중 첫째 부인 소생 2명의 딸은 시집을 간 것으로 보여 지고 장남은 한양에서 수학하고 있는 것으로 판단된다. 김호근은 주로 한양에 기거하고 있으므로, 수한리에는 부인 소생의 어린 자녀 2명만 있는 것으로 보여 진다.

2) 김건태, 「조선후기 호적대장의 인구기재 양상」, 『역사와 현실』 45, 2002; 송양섭, 「19세기 유학호의 구조와 성격」, 『대동문화연구』 47, 2004.

3) 宮嶋博史, 『兩班』, 中公新書, 1995, 196쪽.

이렇듯, 노비제 연구는 조선사회의 성격문제 및 신분제 해체와 맞물려 주목받아 왔다. 최근 들어 많은 고문서가 수집·정리되고, 노비제 연구의 기초가 되는 호구자료가 발굴·전산화되면서 개별 가문 단위 및 군현 단위에서의 연구가 활발히 진행되고 있다. 이에 국가의 노비 파악 방식과 용어문제, 노비들의 국가 및 노비주에 대한 의무, 노비의 세습과 매매가격, 결혼과 가족구성 등 노비제 전반에 대한 이해가 상당히 진전되었다.[5] 그렇지만 노비의 존재양태는 시기와 지역에 따라, 노비주에 따라, 또한 그것을 기록한 문서에 따라 해석의 차이가 난다. 그러나 기왕의 노비연구는 주로 17·18세기 경상도·전라도 지역의 사노비에 집중되어 있다. 노비제의 실태는 매우 복잡하고 다양하므로, 구체적인 사례연

4) 손병규, 「17·18세기 호적대장의 사노비 기재 실태」, 『고문서연구』 24, 2004.
5) 이해준, 「조선후기 호서지방 한 양반가의 노비소유실태」, 『호서사학』 8·9합집, 1980; 이수환, 「조선후기 서원노비 신공에 관한 연구」, 『민족문화논총』 10, 1989; 이성임, 「조선중기 어느 양반가문의 농지경영과 노비사환」, 『진단학보』 80, 1995; 전형택, 「조선후기 한 양반가의 호적자료를 통해 본 사노비의 존재양태」, 『조선시대사학보』 15, 2000; 전형택, 「조선후기 고문서에 나타난 앙역노비의 성격」, 『전남사학』 17호, 2001; 정진영, 「조선후기 호적의 '戶'의 편제와 성격」, 『대동문화연구』 40, 2002; 정진영, 「조선후기 호적자료의 노비기재와 그 존재 양상」, 『고문서연구』 25, 2004; 김건태, 「조선후기 사노비 파악방식」, 『역사학보』 181, 2004; 정진영, 「조선후기 호적자료를 통해 본 사노비의 존재양태」, 『지방사와 지방문화』 11권1호, 2008; 문숙자, 「18~19세기 재령이씨가 호구단자를 통해 본 노비 가계」, 『규장각』 21, 2009; 이정수·김희호, 「17~18세기 고공의 노동성격에 대한 재해석」, 『경제사학』 12, 2009; 이정수·김희호, 「조선후기 협호의 존재 형태와 노동 특성」, 『역사와 경제』 83, 2012; 김건태, 「18세기 중엽 사노비의 사회·경제적 성격」, 『대동문화연구』 75집, 2011; 이우연·차명수, 「조선후기 노비 가격의 구조와 수준, 1678~1889」, 『경제학연구』 58호 4호, 2010; 정성미, 「조선시대 사노비의 사역영역과 사적영역」, 『전북사학』 38, 2011; 전경목, 「양반가에서의 노비 역할」, 『지방사와 지방문화』 15권 1호, 2012; 김현숙, 「19세기 중반 양반가 일기에 나타난 노비와 노비노동-호서지역 김호근 가를 중심으로」, 『조선시대사학보』 67, 2013.

구를 집적시켜 정확한 실체를 규명해야 할 것이다.

다행이 본 일기에는 19세기 호서지역의 노비와 예속민들의 하루 작업과 임금, 병과 휴가, 출산과 사망 등이 낱낱이 기재되어 있다. 생생하게 그려지는 노비들의 일상을 통해 우리는 19세기 중반 노비들의 존재양태의 단면을 엿볼 수 있으며, 노비에 대한 국가의 규정력 변화를 감지할 수 있을 것이다.[6] 즉, 개항기 시장경제체제를 도입하기 직전, 노비의 실태와 노비 노동의 성격, 노비와 노비주 간의 관계 등을 규명하는 작업은 개항 전 근대화를 진전시킬 수 있는 선행조건이 어느 정도 충족되었으며, 조선의 사회경제구조가 근대 변혁에 얼마나 잘 적응할 수 있는지를 보여주는 척도가 될 수 있다. 본 장에서는 김호근 가의 노비를 통해 19세기 국가차원에서 변화하는 노비의 존재 양태와 노비 노동, 그리고 여성의 노비 경영 실태에 대해 확인해 보고자 한다.

1. 가계관리와 노비 경영

19세기 중반 김호근 가에는 '공적인 공간'에서의 가장 일과 '사적인 공간'에서의 부인 일이 정확하게 구분되고 있다. 가장인 남편은 과거 준비와 가례 수행, 소작지 관리 및 기타 대외적 업무 등을 담당하고 있었다. 한편 부인은 '안'의 업무를 관장하는데, 일기에 나타난 총 43명의 노비들을 경영하면서 3명의 자녀를 키우고 있다. 또한 내방한 133명의 손님 접대, 일년 30여 차례의 봉제사 준비, 외부로의 수많은 선물 송부, 가족 및 개인의 사회적 네트워크 등을 관리하였다.

---

6) 전경목, 「일기에 나타나는 조선시대 사대부의 일상생활」 『정신문화연구』 19권 4호, 1996.

부인은 이른바 '사적인 영역'으로 인정받고 있는 안살림, 즉 가계경영에 대해서는 가장이나 다른 누구의 간섭·지시를 받지 않고 전권을 행사하고 있었다. 여기서의 전권이란 가사에 필요한 재화의 처분권, 노비 인사권, 노동력 배분권, 그리고 가사 운영권을 의미한다. 가계 구조상 그녀는 사회적으로 지위와 권위를 인정받는 종부이자, 직접적으로 시집살이를 시킬 수 있는 시부모는 사망한 상태이다. 남편 또한 상당 기간 동안 서울에 체류하면서 과거 준비에 몰두거나 출타 중이므로 간섭거나 영향력을 행사할 여유가 없다. 또한 당대 널리 유통되던 "남자는 집안의 일을 말하지 않고 여자는 밖의 일을 말하지 않는다."라는 「내외법」의 논리가 그녀로 하여금 가정 운영과 자녀 양육에서 전권을 행사할 수 있는 명분을 제공하였다. 조선의 종부들은 비록 밖에서는 구별 당하고 차별받았지만, 안에서는 독자적인 영역을 인정받은 것은 것으로 판단된다.

먼저 가계 운영 구조를 파악해보자. 유씨부인은 총결정자이자 감독관이며, 그 아래 首奴인 막돌이가 집사로서 부인의 명을 집행하는 집행자 및 부감독, 그리고 그 밑에는 직접 업무를 담당하는 43명의 노와 비로 구성되어 있다. 그밖에 필요할 때마다 고용되는 고공들, 그 외 정주댁, 정화, 물화 어멈 등이 그녀의 명을 받아 업무에 종사하고 있었다. 부인은 실질적인 인사권을 갖고 업무를 부여했다.

유씨부인의 작업 배분은 일정한 기준과 계획 하에 이루어지는 것으로 보인다. 그것은 매일매일 용정(정미) 업무를 수행하는 노비명, 배분된 벼의 양, 그리고 수납되는 쌀의 양을 정확히 일기에 기록하는 것에서도 확인된다. 그녀는 심지어 노비들의 휴가 일수를 비롯하여 먹는 끼니의 수와 양까지 기재하고 있다. 노동력을 많이 요하는 메주작업도 용정작업과 마찬가지로 행랑채 13집에 골고루 배분되고 있다. 이 작업은 메주콩

삶기 → 콩 으깨어 메주 만들기 → 메주 띄우기 등 장기간의 노동력이 필요한 것으로, 작업의 양과 배분도 일정한 작업 기준과 노동력의 배분 원칙에 따라 행해지고 있음을 감지할 수 있다. 즉, 그녀의 작업 분배 방식은 다음과 같은 특징이 있는 듯 보인다.

첫째, 부인은 노비들이 수행하는 다른 가사노동과의 양을 고려하여 용정의 양과 빈도를 분배하고 있다는 점이 눈에 띈다. 둘째, 노동이 행해지는 장소가 주인집이 아닌 노비집이라는 점이 특이하다. 노비들은 주인가에 거처하면서 주인가에서 공동으로 작업을 하는 것인 일반적인 행태이다. 그러나 부인은 용정(정미)이나 메주 제작의 경우 작업량을 배분하고 각자 집에서 작업을 끝낸 뒤 생산물을 납품하는 방법을 사용하고 있다. 이때 동일한 업무를 수행할 때 확보해야 할 작업장과 작업도구들이 필요 없게 되어 경제적이며, 작업 과정을 감독할 필요 없이 결과물만 확인하는 매우 효율적인 방법이다. 바로 노비 노동이 시간제가 아니라 성과제로 운영된다는 뜻이다. 물론 이 같은 것은 작업 대상에 따라 차이가 있을 수 있다. 즉, 김장이나 요리 등은 주인가에서 수행되지만, 결과물이 예측 가능한 용정이나, 메주, 가래떡 제작 등은 각 행랑처에 배분하여 노동을 수행하게 했다는 점에서 유씨부인의 효율적인 노비 경영을 엿보게 한다. 마지막으로 제사나 기타 행사 등 예측 가능한 업무는 미리 계획을 하여 재화나 재물을 준비하는 것으로 나타나고 있다. 이렇듯 부인의 가계 경영은 나름 구조화되어 있어 보이며, 계획 하에 운영되는 것으로 보인다.

2. 수한리 노비의 일상과 업무

1) 등장 노비들과 거주지

일기에는 수많은 노비 이름들이 등장한다. 약 43명으로 추정된다. 동일 시기 호구단자에는 31명의 노비가 기재되어 있다. 이들 노비 명에는 일종의 법칙이 눈에 띈다. 즉 돌림자로 보이는 字가 있다. 예를 들면, 사득·상득, 천금·천만, 판손·판길·판금·판절, 개금·개덕, 금례·금열·금섬 등이다. 이들 중 일부는 혈연관계로 추정되며, 상전가에 차출된 것으로 보인다. 한편, 인근 친척 소유의 종인 판업이나 금매는 동일한 '판'자와 '금'자 돌림의 이름을 갖고 있는 것으로 보아 아마도 선대의 노비 분재 과정에서 친족들 간에 분재된 것으로 추론해 볼 수 있다.

일기에는 예속민 혹은 외거 노비로 추정되는 사람들의 이름도 등장한다. 대체로 성이 없는 사람들로 차복, 원섬, 귀점, 옥복이, 춘매, 춘금, 늦네, 검손 어미, 조잘이 어미 등의 이름으로 총 13명 가량이 기재되었다. 이들은 한두 차례 일기에 등장하는데, 대부분 갈치나 계란 등을 들고 유씨부인에게 문안을 올리며 청탁을 하거나 돈을 빌려가는 사람들이다.

노비들은 어디에 살고 있었을까? 일반적으로 앙역노비(솔거노비)들은 주인가에서 거주하며 생활하고 있다고 알려져 있다. 주인가에는 약 다섯명 가량의 주인 가족이 살고 있는데, 과연 43명의 앙역노비들이 주인 집에 기거하고 있었을까? 일기에는 "메주콩 석섬 닷말을 '낭하'의 열세 집에 나눠주었다."[7]는 기록이 나온다. 여기서의 낭하는 행랑이라는 의미를 지니고 있다. 그러나 낭하를 건물로 해석할 경우, 김호근가에는 본

---

7) 『경술일기』 1849. 10. 25.

채 외에도 13채의 행랑채가 있었다는 뜻이 되고, 낭하를 예속인으로 해
석할 경우 앙역을 담당하는 예속인들 13가구에 업무를 나누어 주었다는
의미가 된다.

　일기를 자세히 읽어 보면, 많은 노비들이 주인가의 부속건물인 행랑
채에 살고 있는 것으로 보인다. 아래 사료를 보기로 하자.

　　① 옥복이 <u>집의 가</u> 보리 흔말 쑤어 믹미 너되 격두 서되 가옷 빅미 구
　　　승 진디ᄒ여 천신하다.(1850. 5. 15)
　　② 시월 제서방 대샹 디닉기 나흘만 <u>드러오다</u>.(1850. 3. 8)
　　③ 판졀 산졈으로 <u>나가다</u>.(1851. 9. 22)
　　④ 기금 초ᄉ일 알하 오늘 <u>드러오다</u>.(1850. 1. 9)
　　⑤ 비금 시월 <u>제일 ᄒ다</u>.(1850. 5. 3)
　　⑥ 비금 사흘 말미 <u>나가다</u>.(1851. 9. 22)
　　⑦ <u>뎡쥬 집이 천만 집 샤오니</u> 쇄소ᄒᄂ 것들 다슷 졈심…(1850. 11. 24)

　①의 사료는 옥복이가 자신의 집에 가는데 햇보리 한말을 꾸어 고사
를 지내는 내용이다. 즉, 옥복이가 자기의 집이 있다는 것과 ②의 시월
이가 남편 대상 지내기 위해 (집에) 나갔다가 들어왔다는 것, ③의 판점
이나 출산을 위해 집에 갔다는 것, ④의 개금이가 병으로 앓다가 오늘
(상전가로) 들어왔다는 것은 바로 노비들이 독립가옥에 거주하고 있는
데 그 중 일부 가족 구성원이 앙역노비로 차출되어 행랑채에 살고있었
다는 것을 의미한다.8) 또한 수시로 왕래하는 그들의 모습에서 그들의
가옥은 동일 마을에 위치했을 것으로 추측된다. 사료 ⑤와 ⑥은 비금이

---

8) 전형택, 「조선후기 고문서에 나타난 앙역노비의 성격」, 『전남사학』17, 120쪽; 전
　형택, 「조선후기 한 양반가의 호적자료를 통해본 사노비의 존재양태」, 『조선시대
　사학보』15; 김건태, 「조선후기 사노비 파악방식」, 『역사학보』181.

와 시월이가 농사를 지으러 집으로 갔다는 것이다. 한편 사료 ⑦은 양반 신분인 정주댁이 천만이의 집을 사서 이사 오는 내용으로 노비인 천만이가 집을 사적으로 소유하고 있었다는 사실을 뜻한다.

이와 같이 노비들은 일정기간 상전가에서 일하며 행랑채에 임시 거주하다가 상전의 허락을 받고 자신의 농토를 경작하거나, 남편의 제사를 지내러 나가기도 하고, 출산을 위해 수시로 자신의 집으로 돌아가고 있다. 아울러 이들은 호젓집이라 하여 상전가 인근의 독립된 가옥에서 거처하면서 상전가의 사역에 응한 것으로 보인다. 즉, 이들의 본 거주지는 상전가에서 멀리 떨어지지 않은 곳에 위치했다는 뜻이다.

[지도 3]을 보기로 하자. 현지답사를 통해 확인된 바로는 지도의 타원형 안에 보이는 지역이 이 논문의 무대인 수한리이다.[9] 제1부에서 언급했지만, 1914년 행정구역 개편에 의해 수한리의 일부는 운곡리에, 다른 일부는 대사리에 편입되었다. 현재 마을에서 자연마을로 지칭되는 수한의 구역은 매우 적은 공간에 불과하지만, 아래 1915년 행정 지도를 보면 수한리로 표기된 지역은 현재의 대사리2구의 행정구역으로 추정되는 지역이다. 수한리 중간에는 큰 물줄기가 흐르고, 양쪽 천변에는 논과 밭들이 펼쳐져 있다. [지도 3]에 가곡으로 표시된 지역은 대사저수지가 준공된 이후 수몰된 곳이다. 따라서 대사저수지 안쪽과 현재의 물줄기를 중심으로 주요 경작지들이 분포되었을 것으로 판단된다.

수한리의 주요 주거지는 현재 대사 2구의 마을에 해당되며, [지도 3]에 주거지로 표시된 작은 원형구역으로 판단된다. 지도에 보이는 여러

---

9) 대사리에 있는 자연마을 수한리(일명 물한이 혹은 물안리)에는 현재 9가구 밖에 살고 있지 않으며, 200여년 넘게 살은 홍주이씨 1가구, 그밖에 밀양박씨, 강릉유씨 등이 살고 있다.

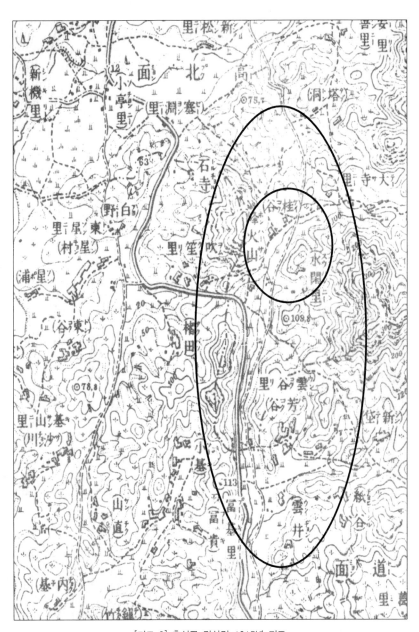

[지도 3] 홍성군 갈산면 1915년 지도

골짜기 내에는 지금도 자연 마을이 위치해 있으며 주민들이 거주하고
있다.10) 김호근 가는 기와집으로 봉화산 자락에 위치해 있었을 것으로
보인다. 따라서 이 집에서 앙역하는 노비들은 봉화산 자락 주인가의 행
랑채에 거주했을 것으로 보이며, 그 외 노비들이나 작인들은 건너편 야
산 밑자락이나 오른쪽 봉화산 밑에 거주했을 것으로 추정된다.

[표 2] 일기에 기재된 노비명과 담당 업무

이름	성별	대표 업무 및 일기에 기재된 업무
관손	남	서울·황해도 물자 수송 및 연락책, 교군 업무
광점	남	소주 제조
막돌	남	집사격 종, 고리대 심부름, 상품구매
명천	남	서울 물자 수송 및 연락책
사득	남	용정 업무
상득	남	남편 연락책
석용	남	청양·서울 물자 수송 및 연락책, 교군업무
완복	남	서울 물자 수송 및 연락책
완돌	남	김매기 등 농사업무
응술	남	금섬(죽은 여종)이 아들. 외거노비로 추정
천금	남	장시 심부름
천만	남	용정, 서울 물자 수송 및 연락책, 장시 물품 구매
청록	남	용정, 청양·서울 물자 수송 및 연락책, 교군업무
판손	남	황해도 물자 수송, 오곡댁 심부름
판길	남	용정
중천	남	서울 물자 수송
춘강	남	행랑에 거주하는 종(?), 세육 주 공급자, 메주 제작

---

10) 안동김씨들은 수한리와 운곡리에 한 가구도 남아 있지 않다. 마을 주민의 증언에
   의하면 자연마을 수한에 큰 와가가 있었다고 증언하는데, 이 와가는 김호근가가
   아니라 일기에 나오는 수한댁에 아닐까 추정된다. 대사리 현지 답사. 정정모 구
   술, 2015년 1월 13일.

이름	성별	대표 업무 및 일기에 기재된 업무
탱운	남	세육 주 공급자, 메주 제작
충선	남	남편 시중 하인(?), 서울 물자 수송
경화	여	60넘은 종(시집 올 때 데리고 온 종?)
개금	여	아들 낳음. 용정, 가사노동, 농사업무, 오곡댁 심부름
개덕	여	집에 있는 어린 종. 인근 심부름
금례	여	서울 심부름
금열	여	면화 탐
금섬	여	아이 낳다가 죽음.(딸 이름 금분, 아들은 웅술)
복매	여	심부름
붓금	여	가끔 들어 와 죽을 쑴.(외거 노비?)
비금	여	자주 등장. 용정. 3일의 휴가 얻어감. 메주 제작
비금 모녀	여	비금 딸?
사점	여	가사노동, 심부름, 딸 낳음
순매	여	흰떡 만들기. 월계댁 심부름
순매 며느리	여	목화 탐.(외거 노비?)
순이	여	동창 심부름
시월	여	용정, 밭 농사, 빨래, 가사노동
안개년	여	면화 탐
영점	여	면화 탐
옥복	여	고사 준비
윤점	여	밭 농사
점례	여	오곡댁 심부름
정분	여	막돌과 결혼, 면화 탐
판금	여	아들 낳음, 뽕잎 채취, 가사노동, 용정, 빨래, 밭 농사
판금이 형제	여	가락지를 맡김(큰 판금이라는 용어 나옴, 아마 언니?)
판절	여	딸 낳음. 젖 먹임, 술을 빚음, 용정, 가사노동
		여 24, 남19. 총 43명

2) 노비의 담당 업무

유씨부인이 노비들에게 부여한 업무를 살펴보기로 한다. 먼저 奴의 경우를 살펴보자. 일기에 등장하는 약 19명의 奴는 농사일보다는 물품구매와 장거리 선물 및 편지교환, 가내 사환, 교군 업무에 수시로, 동시에 다수가 동원되고 있다.([표 2] 참조) 이 중 9명의 노들은 서울과 황해도로의 편지 및 물자 수송에 교대로·수시로 동원되는 사람들이다. 즉, 奴의 반수가 물자수송 업무에 배정된 것은 이 집안의 사회적 지위와 연망이 전국적으로 확대되었기 때문으로 보인다. 또한 남편과 아들이 서울에서 수학을 하고 있기 때문에 이들과의 통신 및 물자 수송은 중요한 부분을 차지하고 있다.

일기가 작성된 기간 동안에 관손이가 서울을 2회, 금례, 중천, 청록, 충선이 서울을 각 1회씩, 운천과 청록이 청양에 각 1회씩, 그 밖에 이름이 기재되어 있지 않은 종이 서울에 4회, 황해도에는 2회를 왕래하고 있다. 또한 남편이 서울에서 수한리로 귀가할 때는 교군 3~4명이 수행하고 있음을 알 수 있다. 물론 이 수치는 상대편에서 보낸 종의 수와 인근 지역에 보낸 종의 수는 제외한 것이다. 이처럼 이 집안은 물자 및 편지 수송에 많은 인력을 투입했다는 특징이 있다. 이는 양반가에서 사회적 연망을 유지·확대하기 위해 노력하고 있음을 반증하며, 조선시대의 거리와 공간 개념은 생각보다 가까웠을 것이라는 추측을 하게 한다.[11]

한편 16세기 양반인 吳希文 가에서는 노비를 이용하여 상업활동에 종사하고 있다.[12] 일기의 주인공인 유씨부인도 여성복과 장신구 등을 제

---

11) 『경술일기』 1850. 2. 27. 천만이는 서울과 갈산을 6일 만에 왕복하고 있다.
12) 이성임, 「조선중기 오희문가의 상행위와 그 성격」 『조선시대사학보』 8.

작·판매하여 현금을 확보한 후 이를 이용하여 고리대를 하는 모습이 포착된다. 이때 부인은 충복인 막돌이를 통해 돈을 대출하거나 회수하고 있다. 그 외 다른 노들은 집안에서 심부름, 물품구매, 소규모 제초, 운경, 씨뿌리기, 밤 수확, 땔감 장만 등의 작업에 종사하기도 한다. 이 외에 지붕과 울타리 등의 집 보수 작업도 중요한 업무 중 하나이다. 그러나, 외부에서 농사를 위해 대규모 노동력이 동원되는 경우 이들에게는 감독역이 주어진다. 노동 조직은 대체로 노 1명에 외부 노동력 15명 내지 30명씩으로 편제되어 있으며, 함께 노동과 식사를 하는 것으로 보여 진다.

이 집의 奴 중에서 탱운과 춘강은 제사에 쓰이는 세육(고기)을 주로 담당하여 공급하고 있다. 이들이 백정일 수도 있다는 가정 하에 일기를 살펴보았으나, 양인은 메주 제작과 용정 업무도 배당되기 때문에 백정으로 보기는 힘들다. 막돌 또한 세육을 준비했던 적이 있으므로, 노의 업무 중 하나는 歲肉 담당도 있었던 듯하나, 이 부분에 대해서는 별도의 세밀한 분석이 필요하다. 유씨부인의 노는 주인가의 업무만 담당한 것은 아니었다. 奴인 응술이는 고을 관아에 상직의 의무를 수행하기 위해 차출되는 것이 일기에 기재되고 있다.[13] 19세기 남노들이 국가의 부름을 받아 군역의 일부를 지는 모습이 일기에 그려지는 것이다.

부인은 여자 婢들에게 다양한 업무를 담당시켰다. 비들은 식사나 빨래, 청소, 제수준비, 용정(정미작업), 김장, 참기름 짜기 등 가사 일이 주업무이나 밤 수확, 농번기 제초 작업 및 수확 등 농사일에도 동원되었다. 또한 바느질, 양잠, 목화 및 면포 작업도 주요한 업무 중 하나이다. 그 외에도 근거리 잔심부름이나 주인 대신 대리 문병 혹은 조문도 다닐 뿐더러 인근 친족들에게 편지나 세찬 등을 갖다 드리는 사환역도 겸하

---

13) 『경술일기』 1850. 2. 21.

고 있다. 특히 새해에 남편이 인근 친족 어른들에게 새해 인사를 다녀왔음에도 불구하고 유씨부인 대신에 판절이를 방곡댁에, 복매를 노호댁에, 점래를 오곡댁에, 판업을 야계댁에 보내어 새해인사를 여쭙고 있다. 물론 그 반대로 지곡댁 종과 오곡댁 종이 이 집에 다녀간 것이 기록되고 있다. 아마도 그것은 본 일기의 주인공이 여성이기 때문에 노비를 대리로 보내 새해 인사를 하는 현상으로 보인다.

이 집안에 소속된 婢는 주인의 집 외에도 상전의 친척집 일에 동원되기도 하였다.[14) 큰댁의 메주 쑤기나, 김장, 혼·상례 업무 등 대규모 노동력이 일시에 필요할 경우 이 집에서도 노비 등을 보내 일을 돕도록 하였다. 물론 반대급부도 예상할 수 있다. 후일 이 집에서 일손이 부족할 경우 친지의 노비들이 노동력을 제공하는 것이었다. 일종의 품앗이 형태라 볼 수 있다.[15) 일기에 가장 많이 등장하는 업무로는 단연코 용정, 즉 방아 찧기이다. 곡식의 정미와 제분 작업에 사람들의 품과 시간이 많이 소요되는 시대였으므로, 유씨부인은 13개의 행랑채에 주기적으로 벼를 보내 방아를 찧게 하고 있다. 식구 외에 수시로 드나드는 손님들과 일군들, 각종 제사 및 차례에 소요되는 떡과 제주를 준비하기 위해 많은 양의 쌀과 쌀가루가 소요되는데, 이 모든 것이 기계가 아닌 사람들의 손을 이용하기 때문에 용정업무가 중요하게 취급되고 있다.

3) 노비와 노비주 간의 관계

기근과 재난이 수시로 도래했던 전근대 사회에서 노비와 노비주 간의

---

14) 『경술일기』 1849. 11. 5. "시월 되 며즈 쑤라 냥일 나아가다."
15) 남평조씨, 전형대 역주, 『丙子日記』, 예전사, 1991, 1638. 5. 18; 1638. 5. 19; 1638. 5. 21. 『병자일기』에도 노비가 주인 대신 남의 집에서 품앗이 하는 내용이 기재되어 있다.

관계는 일면 후원자-의존자의 성격이 내재해 있다. 인신적인 예속에 따른 노동력 제공 대신에 노비가 살면서 부딪히게 되는 다양한 사회·경제적 문제와 신체적 위험은 일차적으로 노비주가 해결·보장해주어야 하는 부분이었다. 그것은 장기간 안정적인 노동력을 공급받기 위해서 불가피하게 지불해야 할 대가이자, 유교적 도덕윤리를 근간으로 하는 신분사회에서 지역 유지로 인정받기 위해 강요된 측면이기도 했다. 양자 간의 정교한 보호 - 예속의 장치는 생존 위협에 대처하는 일종의 사회적 보장이었다. 본 일기에도 이러한 메커니즘이 곳곳에 포착된다. 물론 노비주의 입장에서 기술된 것이므로 일정한 한계가 있다는 것을 감안하고 읽어야 할 것이다.

일기에는 많은 여성 노비들의 병과 출산이야기가 나타난다. 일기가 기록되는 약 2년의 기간 중에 총 5명의 비들이 아들과 딸을 낳았다. 그중 4명이 여자아이고, 1명이 남자아이다. 婢들은 출산 당일까지 뽕잎을 따는 등 노동에 시달리다가 저녁에 출산하였다.[16] 이들에게 출산휴가가 주어지는데 대체로 보름 동안의 출산휴가를 받았다. 많은 비들은 고된 노동과 출산, 열악한 식생활과 위생문제 등으로 인해 수시로 병에 시달렸다. 유씨부인은 이들에게 주로 2일에서 5일 사이의 병가를 주는 것으로 기록되는데, 병과 관련된 기사의 빈도수는 매우 높게 나타난다. 열악한 의료시설과 노동으로 인해 사망하는 노비도 등장한다. 하나의 사례로 노비인 금섬이를 보기로 하자.

금섬이는 출산 후 사망하는데, 그녀 집에서 갓난아이를 보살필 상황이 아니어서인지 유씨부인은 아이의 젖 값을 금섬이의 동료 婢인 판절에게 지불하고 상전가에서 키울 것을 명하였다. 그녀는 아기를 약 40여

---

16) 『경술일기』 1850. 3. 4; 1850. 4. 22.

일 간 데리고 있다가 아기가 100일을 맞이하자 돌려보내었다. 이후에도 갓난아이를 위해 젖 값으로 벼 한말과 돈 6푼을 추가로 지불하였다.[17] 아이의 생모가 죽은 날과 아이를 비금이 등에 업혀 제집으로 보내는 날, 갓난아이를 남겨 놓고 죽은 어머니에 대한 애처로움도 기술되고 있다. 유씨부인의 이러한 행위는 온정주의, 측은지심이라는 개인적인 측면으로만 볼 수 있지만 사회적 측면, 즉 노비주의 노비에 대한 책임과 생존에 대한 의무가 복합적으로 작동한 것으로 해석할 수 있다. 해당 노비가 위기를 극복하고 생존해야 노동력을 제공하고 노비들을 지속적으로 재생산할 수 있기 때문이다. 아울러 그것은 유교적 인본주의와 도덕을 근본으로 삼았던 당대 가치관을 반영한 것이기도 하다.

이에 대해 노비 측에서는 어떻게 반응하고 있을까? 금섬이의 아들 웅술이는 어린 동생에 대한 부인의 시혜에 대해 고마움을 표하고, 고을 관아에 상직하러 들어가기 전 인사차 오기도 하였다.[18] 이렇듯 奴인 웅술이는 후원자인 유씨부인에게 자신의 상황을 告하고, 감사를 표함으로써 후원자 - 의존자 관계는 지속되는 것이다.[19]

한편 노비들은 집단 휴가나 개인 휴가를 받았던 것으로 보인다. 추수기와 농번기 등 상전가의 업무가 끝나면 한 해 동안 애쓴 노비들에게 휴

17) 『경술일기』 1850. 1. 17; 1850. 2. 21; 1850. 2. 28.
18) 『경술일기』 1850. 2. 21.
19) 노비와 노비주 간의 이러한 사례는 조선시대 역사상 수없이 많이 나타나며, 외부 관찰자였던 카톨릭 선교사들의 증언에도 나온다. 즉, 대다수의 양반들은 노비에게 매우 인간적으로 대하였으며, 고용노동자보다 더 나쁘게 대하지 않았다는 것이다. 또한 양반들이 노비를 잔혹하게 대하는 경우에는 재판을 받아야만 했다고 전하고 있는데, 이러한 평은 개화기 향촌사회를 방문했던 많은 외국인들이 동일하게 지적하는 현상이기도 하다. 미하일 알렉사드로비치 포지오, 이재혼 옮김, 『러시아 외교관이 바라본 근대 한국』, 동북아역사재단, 2010, 193쪽.

가를 일괄 보내기도 하였다.[20] 또한 각기 필요에 따라 단기 휴가도 얻었
는데,[21] 주로 자신의 농지에서 농사를 짓거나 수확하기 위해 봄 가을철
로 휴가(말미)를 얻고 있다. 시월의 경우 남편의 3년 상을 치루기 위해
4일 동안 휴가를 받기도 하였다.[22] 그 밖에도 김장이나 고된 노동이 끝
난 후 상전의 배려에 의해 임시 휴가도 얻었다.

　주인은 설이나 추석, 호미씻이, 단오 등에는 흰떡 3말을 하여 노비들
에게 2가래씩 나누어 주거나,[23] 일년에 수차례 해자밥을 하여 한턱내기
도 하였다. 일기에는 총 5차례의 해자밥 기사가 나온다. 대개 설과 추석
명절 준비로 노비들이 강도 높은 노동을 행하는 기간이나 11월 추수가
끝난 후에 집중 분포되어 있다. 또한 유씨부인은 노비들의 환갑 등 특별
한 날에는 갈비 한짝을 보내거나 선물을 보내기도 하였다.[24] 그 외 노비
가정에 제사가 있을 때에는 제수품도 잊지 않았다.[25] 일련의 이러한 행
위는 노비들의 복지에 해당하는 것으로 양질의 충성스러운 노동력을 확
보하고 불만을 잠재우기 위한 조치로 보여 진다.

　노비들의 결혼에 주인이 영향력을 행사하는 것으로 보인다. 유씨부인
의 심복인 막돌이와 정분이의 결혼에 본인들의 의사가 얼마나 반영되었
는지는 모르지만, "정분을 막돌이가 얻어 나가다."[26]라는 표현으로 보아
주인의 허락 하에 결혼이 성사되는 것으로 보인다. 어쩌면 남노가 양인
여자와 결혼하는 것을 막기 위해, 즉 자신의 비와 막돌이를 결혼시킴으

20) 『경술일기』 1849. 10. 6. '종들 말미 주다.'
21) 『경술일기』 1849. 10. 6; 1850. 5. 1; 1850. 5. 2; 1850. 5. 3.
22) 『경술일기』 1850. 3. 8.
23) 『경술일기』 1849. 12. 30.
24) 『경술일기』 1849. 10. 24.
25) 『경술일기』 1850. 3. 8.
26) 『경술일기』 1850. 2. 5.

로써 奴婢從母法에 따른 노비 재생산을 목적으로 하는 것이 아닌가 싶다. 아울러 노비의 혼인은 양반가와는 달리 근거리 통혼, 나아가 가내혼과 동네혼이 일반적이라는 기존 연구와 맥을 같이 하고 있다.27)

한편 많은 노비들과 예속민들은 도미 두 마리나 갈치 한 마리, 밤, 감, 떡 꾸러미를 들고 수시로 유씨부인을 방문하였다. 표면적인 목적은 상전에 대한 안부인사이겠지만, 급전 대출이라는 목전의 이유가 더 컸던 것으로 보인다.28) 아울러 상전가와의 관계 지속 내지 친분 유지를 통해 후원자 - 의존자 관계를 유지하고자 하는 목적도 내재해 있었다. 유씨부인은 이들이 가지고 온 상품의 종류와 양을 꼼꼼하게 기록하고 있는데, 기록한다는 것은 받은 사실을 잊지 않겠다는 것이며, 후일 상품의 제공 내지 보호 - 의존의 관계망 지속이라는 의지를 보여주는 것이라 하겠다.

노비와 노비주와의 관계는 우호적인 관계만 유지되는 것은 아니었다. 양자 간에는 갈등과 불만도 나타났다. 특히 노동 상황이 열악하거나 노동 강도가 높을 경우 발생하였다. 1850년 10월 9일부터 김장이 시작되었다. 김장을 준비하기 위해 수많은 준비와 일손이 필요하다. 각종 김장에 들어가는 갖가지 양념 준비와 배추와 무를 뽑아 절이기, 김칫독과 저장 장소 준비 등 많은 품이 들어간다. 김장 준비는 약 5일 이상 계속된 것으로 보이는데, "안에서 하루 종일 일하는 것들……"이라는 표현에서 노비들의 노동 양과 강도를 감지할 수 있다. 김장을 시작한지 4일 째 되는 날 노비들의 불만이 드디어 폭발하였다. "초한 추위가 대한 같이 추위, 물속에서 배추를 씻는 종들의 학정(몹시 투덜거림)대어 노복 7명을

---

27) 한영국, 「조선 중엽의 노비 결혼 양태, 상」『역사학보』75, 1977.
28) 하나의 사례로 갈치 한 마리를 들고 밤에 찾아 온 귀점이는 잠을 자고 두끼를 먹고 다음 날 돌아가는데 10냥을 빌려갔다고 한다.『경술일기』1850. 4. 3; 1850. 3. 20.

먹여 내어 보냈다."29)라는 사료에서 볼 수 있듯이 노비들은 처한 노동 상황에 대해 불만을 토로했고, 노비주는 이들을 달래기 위해 저녁을 먹여 보냈다는 내용이다.

또한 일기에는 "낭하에 콩 닷말(5두)씩을 맡겨 명0000 전례대로 받았는데, 춘강이가 3덩어리, 탱운이가 1덩어리를 축내어 양이 적어졌다."30)라고 노비들의 착복을 기록하고 있다. 그 외에 일기에는 노비들의 다른 착복기사도 보인다. 그밖에도 유씨부인이 은가락지를 분실하여 노비들을 의심하는 기사도 기술되었는데, 이처럼 간간이 보이는 기사를 통해 양자 간에 긴장과 갈등의 기류를 감지할 수 있다.

부인은 어떤 방식으로 노비를 관리했을까? 양반가의 노비관리는 중요한 사안이었다. 노비노동은 가정 경제를 지탱하는 주요 수단이었기에 그들의 근면과 충성은 필수적이었고, 儒者가 仁을 수양하는 방편으로 노비를 활용했기에 긴요했다. 이에 송시열 등은 「노비부리는 도리」등을31) 작성하였는데, "회초리와 음식"을 병행하는 강온책, 즉 은혜로움과 엄격함을 병행하는 것이 일반적인 방법이었다. 안동김문의 김양행은 <거가의절>을 통해 남녀 종에 대한 교육과 훈계 등을 세세하게 제시하고 있는데 이 집안에서도 엄격하고도 세밀한 노비 사역 기준이 전해진 것으로 판단된다. 아마도 그 내용은 상과 벌이 혼재된 것으로, '公明俱立 恩威並行'이라는 기준을 세워 노비들에게 온정적 은혜를 베풀었던 유희춘처럼 수고하고 충성스러운 자는 음식과 재물, 의복으로 보상하고, 태

---

29) 『경술일기』 1850. 10. 12. "초한이 대한 굿혼딕 종들 믈속의셔 비츠 셋기 학졍○○ ○○○굿옷 흔 칠흡 져녁ᄒ여 닐곱 노복 먹여 닉여 보닉다."

30) 『경술일기』 1850. 3. 30. "며ᄌ콩 석섬 닷말 동지들의 낭하의 닷말식 막겨 명○○ ○○○ 젼네딕로 밧ᄂ딕 춘강이 세덩이 팅운이 흔덩이 축 지우다."

31) 송시열, 『戒女書』; 김창흡, 『先妣行狀』.

만하고 죄를 지은 자는 笞를 가하는 방식이다.[32) 이러한 노비 관리방식
은 대를 이어 각 가문에서 전해지는 것처럼 보이며, 김호근 가에서도 동
일하게 나타나고 있다.

3. 변화하는 노비노동

1) 농사력과 단기노동의 고용

이 집도 다른 일반 농가처럼 1년 24절기에 따라 농사가 행해지고 있
다. 대부분 가내소비를 위한 농사와 노동으로 보이며, 판매를 위한 대규
모 농사로는 보이지지 않는다. 음력 3월 청명부터 본격적인 농사철이 시
작된다. 주로 남자 노비들과 고공들에 의해 밭과 논 갈기가 행해지는데,
동원되는 일꾼은 많을 때는 9명, 적을 때는 3~4명 정도이다. 논이나 밭의
크기는 나타나지 않으나, 2차에 걸쳐 씨를 뿌리고 있으며, 1차에는 벼 한
말(1두) 정도가 파종되고 있다. 그 외에도 원두(과일)심기와 여성노비들
의 겨울 빨래와 다리미질이 집중 행해지고 있다.

4월과 5월에도 농사가 계속 진행된다. 이중 양잠이 큰 비중을 차지하
면서 기술되고 있다. 3월 28일에 누에를 놓기 시작하여 4월 16일부터 26
일까지 총 9번에 걸쳐 노복 5명을 동원하여 뽕잎을 따고 있다. 아울러
목화밭, 고추밭 등 밭의 제초 작업을 위해 10여 차례 노동력을 투하되고
있는데, 많게는 9명, 적게는 3~4인의 비와 노의 노동력을 동원하고 있다.
6월에 이르면 목화밭 제초 작업과 목화타기, 기타 제초 작업이 이루어지

---

32) 이성임, 「조선중기 어느 양반가문의 농지경영과 노비사환」『진단학보』 80,
    1995, 145~149쪽.

는데 5월에 비해 적은 노동력이 투하된다. 7월 말에 이르면 가을 김장을 위한 파종준비와 지붕과 울타리 수선 등에 노동력이 활용되고, 8월에는 가을 배추·무·목화밭의 제초 작업이 시작되고, 추석 준비에 여념이 없다. 또한 집에서 필요한 옷장을 짜기 위한 장인의 초빙도 이루어지고 있다.

9월은 본격적인 수확철이다. 햇벼를 말리고, 자신의 논에서 벼를 두섬 두말(2석2두)를 하였다고 술회하고 있다. 그러나 자신의 논 외에 다른 논의 추수 내용이 기재되지 않는 것으로 보아 추수는 남편의 담당 업무이며, 기타 소작지에 대한 도조기는 남편에 의해 작성되는 것으로 판단된다. 9월과 10월은 농촌에서 바쁜 달이다. 수확 외에도 외부에서 노동력을 구매하여 지붕과 담장 보수 등 겨울을 위한 집수리에 여념이 없다. 담장 수리에는 일꾼 18명과 지붕이엉 엮기에는 20명이 동원된다. 그 후 이 집은 본격적인 김장 준비에 들어간다. 10월에는 밭에서 무와 배추를 캐서 김장을 준비하는데 노복이 대략 7명 정도 동원된다. 또한 내년 봄에 수확할 마늘 600쪽을 파종하였다.

11월에는 가을 농사와 겨울나기 준비가 계속된다. 수수밭 갈기와 면포 제작, 겨울 땔감 준비에 많은 노동력이 동원되고 있다. 이 집의 연료는 일년에 3차례 대규모로 준비하는 것으로 보인다. 이때에는 집에 있는 남자 노비 외에 외부에서 노동력을 사온다. 4월과 7월에는 약 20명 이상의 노동력을 동원하지만, 겨우내 사용할 땔감을 준비하는 10월에는 3차례씩 각각 34명, 15명, 31명의 일군을 고용하여 준비한다.

이상은 일기에 기술된 내용을 토대로 정리한 것이다. 그 외 일기에는 시비나 가을 타작, 농기구 수리 및 가마니 짜기 등은 12월 말의 설 준비 함께 누락되어 있어 자세한 내용을 알 수 없다. 한편 일기에 나오는 농사의 종류는 다음과 같다. 벼, 목화, 팥(수확량 6말), 콩(수확량 6말), 보리, 참깨(수확량 1말 반), 담배(수확량 1장), 마늘(600쪽 파종), 무(50개 종자), 홍당무(10개 종자) 등이 나타난다. 한편 오리와 닭, 말을 키우는 것이 확인되나, 소나 돼지는 나타나지 않는다.

비록 불충분한 일기 내용이지만, 다음과 같은 점을 확인할 수 있다. 먼저, 이 집은 대규모로 농사를 직영하지 않는다는 점이다. 대부분이 시장 판매 없이 가내 소비를 위한 정도에 그치나, 일기 곳곳에 나타나는 쌀의 소비량을 보면 외부에서 상당량을 공급받지 않고서는 감당할 수 없는 것으로 보인다. 가을 추수기에 황해도 해주, 황주, 전라도 임실 및 각처의 봉물이 적게 들어와 한성에 있는 남편에서 확인할 것을 편지로 부탁하는 내용으로[33) 보아, 이 집은 소작료 외에 전국 각지에서 봉물이 수납되는 것으로 추정되며, 이는 남편의 담당 업무인 듯하다. 따라서 부인의 일기를 통해 봉물이 외방에 거주하는 노비들의 신공인지 혹은 소작인들의 소작료인지는 확인할 수 없었다.

두 번째로 이 집안은 대규모 노동력이 집중 투하되는 농사철, 양잠철, 연료 준비, 지붕 고치기 등에는 외부의 단기 노동력을 대량 구매하는 것으로 나타난다. 물론 농사철, 특히 이앙철에 동원되는 인부들은 마을공동체의 두레패일 수 있다. 그러나 그 외 양잠이나 연료준비 등에 동원되는 노동력은 필요에 따라 구매하고 있다. 반면, 가내사환 노들은 주로 서울 집과 친지간의 연락 및 물건 수송, 시장에서의 물건 구매 등에 동원되는 것으로 보이며, 농사철에 가내 소비를 위한 소규모 농사, 혹은 감독 업무에 동원되는 것으로 보인다. 일기에는 많은 일군(日雇)들이 등장한다.

---

33) 『경술일기』 1849. 11. 2. "해쥬 졔틱젼 드러와 각쳐 봉물 덜 가져와 경 쥬인 집으로 ○○○○○ 가질나 가노라기 나으리긔 편지 붓치다."

"어제 면화 밧 미기 밧긔서 품 혼냥의치 사 미여 주시니 일군 열둘 시
월 점심 슌미 며느리와 삼시 칠홉밥 먹고 목화 타다."[34]

이들에 대한 임금은 사료에서처럼 그때그때 지불되는 것으로 보이며,
점심이 함께 제공된다. 위의 사료의 경우 면화 밭의 김을 매기 위해 남
편이 일군 12명을 점심 한끼와 1냥에 구매해서 김을 맸다는 내용으로,
그럴 경우 日雇는 하루 임금으로 7.7푼 정도를 받은 것으로 계산된다. 동
일한 시기(1853년) 경상도 예천 대저리의 年雇 품삯도 8냥(호미씻이로 5
전)[35]이다. 대저리의 1868년 조전운답의 하루 임금이 6푼이었음을 감안
해 볼 때 이 지역의 임금은 타 지역을 약간 상회했던 것으로 판단할 수
있으나 지역적·계절별 편차 및 다양한 임금 결정 요소를 고려해 볼 때
섣불리 단정하기는 힘들다.[36]

한편 아래 사료와 같이 일군의 임금 구성에는 화폐 이외에도 식사비
와 술값이 포함된다. 일기에서는 1食, 2食, 3食, 그리고 1인당 식사량이
모두 정확히 기재되는데, 바로 식사의 제공 수와 양에 따라 임금액이 변
동하기 때문이다.[37] 아래 사료 ①과 ②는 일고에게 점심밥을 제공하는
내용으로 성인 남성의 경우 1인당 큰되로 1승(1되)의 밥에 청어 2마리나
관목 1마리, 새우젓이 반찬으로 나간다. 그 외에도 밭갈기에 동원되는
인부에게 임금 외에 술값 1전과 안주 값 1전이 제공되기도 한다.[38]

34) 『경술일기』 1850. 6. 30.
35) 이우행, 「농업임금의 추이 : 1853~1910」 『맛질의 농민들』, 2002, 193쪽, [표 5-5].
36) 이우행, 앞의 책, 189쪽. 예천 대저리의 남자 일고 임금은 1890년대 말까지 1~2전,
   1910년에 들어서면서 3전으로 상승한다고 한다.
37) 이두순, 박석두, 『한말-일제하 양반 소지주가의 농업경영 연구』, 한국농촌경제연
   구원, 1993, 88쪽.
38) 『경술일기』 1850. 3. 29.

① 나므드리기 막돌신지 삼십일명의 뿔 서말, 청어 뉵십 주고(1849. 11. 4)
② 무우 갈기 열닐곱 놈 되되밥 관묵 시호졋 주다.(1850. 7. 13)

이와 같이 이 집안의 농사는 외부 노동력에의 의존도가 높았다. 아마
도 그것은, 단기고용이 신분적·경제적 예속관계에서 자유로 왔기 때문
에 노비 노동력보다 노동생산성이 높았을 것이며, 무엇보다도 노비소유
및 경영에 따른 노비 복지 및 생활에 대한 부담을 덜 수 있다는 장점이
있다. 이에 김호근 가도 계절적으로 노동력이 많이 투하되는 시기에 단
기 고용노동을 선호했던 것으로 보인다. 이는 기존 연구에서 지적하는
19세기 중반 노비제의 쇠퇴와 맥을 같이 하며 부역체제의 변화와 함께
給價雇傭에 의한 노동력 동원방식이 확대되는 시대적 현상을 반영한다
고 하겠다.[39)]

세 번째는 일기에 등장하는 많은 수의 일군으로 보아 이 지역 농촌지
대에는 계절고나 유휴 노동력이 적지 않게 존재했다는 것을 알 수 있다.
이들은 충분한 자경지나 소작지를 확보하지 못한 빈농들로 추측된다.
그러면 하루에 최대 34명씩 고용되는 남자 일군은 어디서부터 왔을까?
이 집이 위치한 고북면 수한리는 편호가 11호에 남자 29명과 여자 43명
으로 구성된 작은 마을이다.[40)] 감세를 목적으로 한 인구수의 호총 누락
기재가 조선후기에 일반적인 현상이었음을 감안해 볼 때, 이 마을의 인
구수도 더 많았을 것으로 판단된다. 그럼에도 불구하고 30여 명씩 동원

39) 최윤오, 「조선후기 고용노동의 발달과 爭雇운동」 『근대 노동자 계급의 형성과
    노동운동』, 지식마당, 2004; 강승호, 「고용노동의 발전과 고공제 시행론」 『역사와
    실학』 48호, 2012; 윤용출, 『조선후기의 요역제와 고용노동』, 서울대 출판부,
    1998.
40) 『여지도서』 10, 충청도, 홍주, 方里, 고북면 수한리, 327쪽.

되는 일고는 일정부분 인근지역에서 충원되었을 것이며, 따라서 상품
유통과 마찬가지로 노동력 유통도 일반적인 현상이었음을 추정케 한
다.41)

2) 19세기 노비 노동과 변화의 조짐

앞서 언급했듯이 노비들은 자신의 독립적인 가정과 살림을 영위하는
것으로 보인다. 일부는 주인집에서 제공한 행랑채에서 거주하고 있지만
그들의 가족은 주인의 경작지에서 소작을 하면서 필요한 농산물을 생산
하고 있다. 이들 중에서 일부가 주인가에 차출되어 사환과 가사업무를
담당하고 있다. 그러나 흥미로운 사실은, 주인집으로 차출된 앙역노비들
은 노동하는 대가로 일반 고공들처럼 삯을 받고 있다는 점이다.

> 종 들 뇨 세젼 신지는 다 주고 판졀 용정 흐섬 주고 싱신 차례 ○○○○
> ○디녀시다.(1849. 10. 16)

이 사료는 유씨부인이 종들의 料(품삯)을 歲前까지 다 계산하여 주었
다는 것이다. 일반적으로 앙역(가내사환)노비들은 주인댁에서 신공을 바
치고, 그 대신 현물로 의복과 음식 그리고 주거지를 제공받는다고 알고
있다. 후술하겠지만, 이 집에서 그러한 노비는 개덕이와 정분이 밖에 나
타나지 않는다. 그렇다면, 여기서 料를 받는 종들은 모두 노비가 아닌

---

41) 식민지기 이 지역에서 천석꾼인 안동김씨들이 배출된 것으로 보아 평야와 논농사
가 발달했던 것으로 판단된다.(현지답사. 2013. 3. 2) 한편 19세기 중반, 충남 보령
지역에 세거했던 조병덕 가의 경우 땅 갈고 씨 뿌릴 때 와서 일하는 마을 사람이
많을 때는 거의 백여 명이나 되었다고 한다. 하영휘, 『양반의 사생활』, 푸른역사,
2008, 141쪽.

신분적으로 자유민인 투탁민, 고공, 혹은 협호 등인가? 이 시기 '종'이라
는 용어는 노비 외에도 장기고공을 지칭할 때 임의로 사용했기 때문에
그 같은 주장은 일면 설득력이 있을 수 있다.

　그러나 일기에 기재된 43명의 종에는 상당수의 노비가 포함되어 있을
것으로 보인다. 그 이유는 다음과 같다. 첫째로, 부인의 일기(1849~51)와
비슷한 시기에 작성된 이 집안의 1861년도 辛酉式 호구단자와 1867년도
丁卯式 호구단자에는 각각 31명과 28명의 노비가 기재되어 있다. 일반적
으로 호구단자를 토대로 작성된 호적대장은 부세장부로서 활용되기 때
문에 기존 연구에 의하면 19세기 노비의 호적 등재율은 약 37~88% 정도
로, 각 호당 2-4구에 불과하다.42) 물론 특별한 사례도 존재하지만,43) 일
반적인 호구단자보다는 노비의 수가 많이 기재된 것은 그만큼 김호근
가에 노비가 실재로 상당수 존재하며, 세금을 많이 납부할 대상으로 지
목되었다는 증거로 보아도 큰 무리가 아닐까?44) 비록 일기에 등장하는

---

42) 19세기 지방 군현에서는 戶와 口를 기준으로 상당 양의 조세를 수취하고 있었다.
　　그러나 조세 부담자의 능력을 고려하여 호적의 대강을 파악하는 '관법(寬法)'으
　　로 부세행정을 운영하였고, 19세기에 들어서서는 分等編合 而作戶의 과정을 더
　　이상 거치지 않고, 역의 부과가 比摠制와 공동납으로 행해지고 있었기 때문에 노
　　비 수는 인위적으로 할당되어 기재하는 경우가 나타난다.
43) 강원도 원주목 권씨 양반가에도 19세기 중반에 50여구, 말기까지도 30여구 모두
　　호구단자에 기재하는 경우도 나타난다. 재령이씨 寧海派의 경우도 1820년대까지
　　40구의 노비를 기재하였고 1830년 이후에는 15여구 미만으로 기재하고 있다. 또
　　한 1828년부터 1864년까지 작성된 부안김씨 김용관 가의 준호구에서도 솔거 4명
　　과 외거 10여명이 꾸준히 매 식년마다 등재하고 있다. 이영훈, 「18~19세기 노비
　　세습원리의 변화」 『이수건교수정년기념논총』, 2000, [표 1] 702~703쪽; 한국학중
　　앙연구원, 『고문서집성; 영해 재령이씨편』 1, 권33, 1997; 문숙자, 「18~19세기 재
　　령이씨가 호구단자를 통해 본 노비 가계」 『규장각』 21, 2009; 한국학중앙연구원,
　　『고문서집성; 부안김씨편』, #72, 74, 77, 78, 79, 89, 92, 96, 100.
44) 정약용, 『목민심서』 「제6부 戶典」, 호적제도.

노비명과 호구단자에 기재된 노비명이 일치하지 않더라도[45] 노비 수는 대략 실제 소유 상황을 반영하는 것으로 생각된다.

둘째로, 일기에 표기되는 노비의 호칭은 일반 예속민의 호칭과 구분되어 사용되고 있다. 노비를 호칭할 때는 종, 노복, 년, 놈, 계집종, 남노, '~것' 등으로, 기타 예속민은 교군·상군·장군·일군·성명 등 직업에 따른 명칭이나 이름으로 표기되고 있다.[46] 양 집단 호칭 중 가장 큰 차이는 노비를 지칭할 때는 비인격적 사물인 ~것, 예속민을 지칭할 때는 인격적 사물인 ~사람으로 부르고 있다는 점이다.[47]

셋째로 일기([표 2] 참조)에 나타난 노비명에는 돌림자가 눈에 띈다. 천금·천만, 판손·판길·판금·판절, 개금·개덕, 금례·금열·금섬, 붓금·비금 등이다. 만약 자유민을 고용했더라면 형제간의 돌림 이름들이 규칙적으로 나타나지 않았을 확률이 높다. 즉, 형제들을 한꺼번에 일괄 고용하지는 않았을 것이라는 점이다. 넷째로, 이 집안 종손의 증언에 의하면, 일제강점기에 세전 노비들이 이 집안을 친정처럼 가끔 방문하였으며, 이들은 머슴들과 행랑어멈들에게 고참으로서 행세하면서 큰소리를 쳤던 기억이 있다고 한다.[48] 즉, 노비가 실재하고 있었다는 점이다.

그렇다면, 이 집에서 料를 받았던 종들에는 노비가 포함되어 있고, 이 집의 노비는 개덕[49]이를 제외하고 임금노동자들처럼 料를 받았다고 잠

---

45) 『경술일기』와 신유식 및 정묘식 호구단자에 기재된 노비명을 검토한 결과 한명도 노비명이 일치하지 않았다. 이 점에 대해서는 다음의 논문을 통해 필자의 의견을 밝힌 바 있다. 졸고, 「19세기 중반 호구단자에 기재된 노비명의 검토」 『향토서울』 91, 2015.
46) 『경술일기』 1850. 5. 9. "남노 칠흡 녀복 넷"; 1850. 5. 11. "겨집 종 셋 밧미다."
47) 『경술일기』 1850. 5. 10. "밧미ᄂᆞ 것 아홉의 두되 가웃 다숫 칠흡 밥 ᄒᆞ다."
48) 김호근 가 종손 김희동 증언, 2013. 10. 19.
49) 정분이는 신발을 한번 밖에 지급받지 못하였기 때문에 의식주를 모두 지급받는

정적으로 결론지을 수 있다. 한편, 위의 사료처럼 현 역사학계에서 노비에게 料를 지급했다는 사례가 간혹 보고되었다.

첫 번째 사례는 柳希春(1513~1577)의 『미암일기』에서 서울에 상경한 노비들에게 사환의 대가로 朔料가 지급되고 있다. 노비의 삭료지급은 총 4건의 기록이 나오는데, 노에게는 미 5두, 비에게는 미 3두씩을 매달 지급하였다고 한다. 노비 모두에게 지급된 것이 아니라 상경하여 생활하던 노비들에게만 지급된 것으로 파악하고 있다.[50]

① 給奴婢來 朔料 婢子米三斗 奴子米五斗式(戊辰, 1568.1.30)
② 給奴婢朔料 三奴各五斗 二婢各三斗(戊辰, 1568.6.30)
③ 給奴婢朔料 三奴各米五斗 婢各三斗(戊辰. 1568.7.7)
④ 給三奴各米五斗, 小豆各一斗 二婢各三斗[51](辛未, 1571.12.1)

두 번째 사례는 1591년(선조24)부터 작성된 吳希文(1539~1613)의 일기이다.『瑣尾錄』에는 노비들에게 때때로 급료를 주고 있다는 기사가 나타나는데, 이에 대해 기존 연구에서는 노비의 임노동화 현상으로 해석하고 있다.[52] 세 번째 사례는, 李文楗(1495~1567)의 『묵재일기』에서 나타나는데, 괴산에 있는 奴에게 料를 지급했다는 "西同以延同等給料事往槐山, 付花木令栽(壬申, 1553. 2. 25)"[53], "送人馬于慶山, 索下人料(癸巳, 1565.

노비로 분류해야 하는지 불분명하다.
50) 이성임, 앞의 논문, 1995, 144쪽.
51) 조선사편수회 편, 『미암일기』, 국학자료원 영인, 1982, 권1, 112, 246, 280쪽, 권3. 211쪽.
52) 정성미, 「조선시대 사노비의 사역영역과 사적영역」, 『전북사학』38호, 2011, 97쪽; 국사편찬위원회 편, 『쇄미록』하, 1974, "分給奴子料, 又分與彦明家二斗, 生員家三斗, 豆三斗."(丁酉, 1597.11.10.), 248쪽.
53) 국사편찬위원회 편, 『묵재일기』상, 1998, 587쪽.

6. 28)[54]" 두 개의 사료가 보고되고 있다.[55] 네 번째 사례는, 조선후기 도산서원 노비들의 신공에 대한 연구에서 찾아 볼 수 있다. 1619년 도산서원에서 노동력을 제공하던 노비(院中差役者)들은 노동력의 대가로 서원으로부터 일정한 양의 米(미 7두5승~1석정도)를 봄과 가을에 급료형식으로 지급받았다고 한다. 이후 이러한 급료 지급이 서원 측에 큰 부담으로 작용하면서 院位田의 私耕權으로 대체되기도 하였지만, 대체로 18세기 말까지 이 규정을 준수되었다고 한다.[56] 다섯 번째 사례는 1794~1876년도 화성 건설 현장에서 나타난다. 건설에 동원된 工匠들 중 김쌀노미(金米老味), 최큰노미(崔大老味), 윤좀쇠(尹足수金) 등은 공노비 신분으로 보인다.[57] 이들 노비에게도 다른 공장들과 동일하게 작업일수에 따라 料를 지급하고 있다.

이와 같이 노비들에게 주어진 料나 朔料의 용례를 보자면 앙역노동의 대가로 주어지는 삯을 의미한다. 그러나 노비가 제공받는 料가 無償의 無限勞動의 생계유지비인지, 有償의 有限勞動의 임금인지 불문명하다. 노비제가 극성했던 17세기 중반까지는 전자의 의미가 컸을 것으로 보인다. 그러나 여기에서 주목할 점은 19세기 중반 이 집안의 노비들이 받았던 料의 성격이 점차 후자의 형태와 성격으로 전환되는 듯이 보인다는 점이다. 다음의 사료를 보기로 하자.

---

54) 국사편찬위원회 편, 『묵재일기』 하, 1998, 687쪽.
55) 이혜정, 「16세기 노비의 삶과 의식세계 - 묵재일기를 중심으로-」, 경희대 박사논문, 2012, 84쪽; 안승준, 「16세기 이문건가의 노비사환과 신공수취 - 묵재일기를 중심으로」 『고문서연구』 16·17, 1999.
56) 이수환, 앞의 논문, 1989, 115~117쪽, 143~146쪽.
57) 서울대 규장각, 『화성성역의궤』 권4, 125쪽.

⑤ 금년 녕졈 면화타다.(1849. 11. 16)

⑥ 금년 오늘 쏘 면화타기 추셕쎈 쏘 벼 두말 꾸인 것 품갑 주다.
안기년은 정분 디신의 타이다.(1849. 11. 19)

⑦ 흰 쏠 두말 두되 엿기름 칠승 오홉 엿고으기 벼 혼말 품갑 주
다.(1849. 11. 17)

⑧ 십이승 오십쳑 짜셔 오니 셕자 여숫치가 느럿기 여숫치ᄂᆞᆫ 그만두고
미쳑의 두푼오리식 쳐 냥두돈이오 오푼 더주고 쏠 엿되 청어 이십
주다.(1849. 11. 14)

⑨ 무명 열 혼시 삼십오척 짠 것 칠○○○○○ 닐곱되 제가 드러와 쌥고
날기 칠푼 더 주다.(1850. 2. 22)

사료 ⑤는 금열이와 영점이가 면화를 타는 기사이다. 면화 타는 것은
비에게 할당된 의무노동 중 하나로 보인다. 그러나 3일 후에 씌여진 사
료 ⑥은 금열이가 할당량 외에도 추가로 면화를 탔다는 것이다. 그래서
유씨부인은 그 대가로 추석 때 꾸어간 벼 두말(2두)을 품값으로 대신 공
제해 주었다고 기록하고 있다. 여기서 금열이는 일기에 종종 등장하는
노비이다. 그녀가 할당량 외에 더 많은 면화를 타기에 품값을 더 주었다
는 것인데, 우리가 알고 있는 무상의 무한노동을 제공하는 노비의 노동
력과는 분명이 다른 성격의 노동이라는 것을 알 수 있다. 다시 사료 ⑥
을 보자. 면화타는 이야기가 계속 이어지는데, 안개년은 정분 대신 면화
를 탔다는 것이다. 이 말은 정분에게 할당된 업무를 동료인 안개년이 대
신 해주었다는 것으로, 안개년의 노동에 따른 대가를 품값 내지 노동력
으로 추후 정산할 것이라는 것을 알 수 있다.

사료 ⑦은 흰쌀 두말 두되, 엿기름 칠승 오홉으로 엿을 고으기에 품값
으로 벼 한말을 주었다는 기사이다. 여기서 노동을 행하는 주체는 언급
되지 않고 있다. 따라서 상전가 소속의 노비일 가능성과 외부 노동일 가

능성은 모두 열려 있다. 그러나 일기를 쓴 날짜는 11월 17일로 농사일이 거의 끝나는 시점이기 때문에 이 업무는 외부인보다는 오히려 가내 노비들에게 농한기 일거리로 제공되었을 것이라는 추측이 타당성이 있다. 그러면, 노비에게 엿을 고으게 시키면서 품값으로 벼 한말을 주었다고 했을 때, 여기서의 품값은 사료 ⑥의 품값과 동일한 성격의 것, 바로 有償의 有限勞動이라고 할 수 있는 것이다. 아울러 '품값'이라는 용어는 주인이 주는 생계유지비가 아니라 노동력의 대가로 지불하는 삯을 뜻하는 것이다.

사료 ⑧과 ⑨도 동일한 성격의 것이다. 사료 ⑧은 무명 12새로 50척을 주문하였는데, 53척6치가 와서, 그 만큼 돈을 더 쳐주었다는 기사이다. 사료 ⑨는 면포 11(11새)를 35척 짜는데, 그 값으로 7***일곱 되를 주고, 집에 들어와 날기(날 뽑기 : 날실을 마련하는 과정)를 했기에 돈 7푼을 더 주었다는 것이다. 물론 사료 ⑧과 ⑨의 대상은 일반 면방적업자이겠지만, 노동량에 따라 가격이 정확하게 책정되고 있는 시대라는 것을 알 수 있다.

이 이외에도 일기에는 김장 및 김매기, 추수 등과 같은 강도 높은 노동 행위를 요구할 때나 울타리나 지붕 수리, 다리미질, 빨래 등 추가로 노동을 시킬 때에는 식사가 제공되고 있음을 기록하고 있다. 그럴 때마다 유씨부인은 정확히 제공되는 식사의 수와 양을 기재하고 있는데,58) 이때의 식사는 임금에 포함되는 것으로 어느 노비가 몇 끼를 얼마나(양) 먹는가는 최종 임금 계산에 중요한 사안이기 때문이었다. 이렇게 노비

---

58) 『경술일기』 1850. 3. 16; 1850. 3. 21; 1850. 4. 15; 1850. 7. 1; 1850. 9. 30. 이 이외에도 일기에는 노비들에게 추가 노동을 시킬 때는 식사를 제공하는 기사가 다수 기술되어 있다.

주는 정확하고 공평하게 노비들의 노동과 대가를 계산하려 노력했다는 것을 확인할 수 있다. 이같이 노동 횟수와 양에 따라 임금이 계산되어 지불되었다는 것은 노비와 주인 간의 관계가 더 이상 전근대적인 인신적 예속관계, 즉 노비의 생활비조로 주인으로부터 집과 음식, 의복 등을 제공받는 관계에서 벗어나 노동을 하는 만큼 삯을 받는다는, 경제적 관계가 강화된다는 뜻을 내포하고 있다.

유상노동의 대가를 지급하는 수단에도 변화가 나타난다. 물론 일기에는 料가 현물로 지급되었는지, 화폐로 지급되었는지 명시되어 있지 않다. 기존 연구에 의하면 16·17세기까지 노역·서비스 내역으로 대체로 米를 사용했다고 하며, 18세기 중반에 들어서면서 동전의 이용이 전국적으로 확대되면서 전면적인 화폐경제생활로 이행되고 있다고 한다.59) 앞서 살펴본 16·17세기 미암과 도산서원의 노비들도 모두 米로 料를 지급받고 있다. 반면, 화성의 工匠들은 화폐로 받았고, 본 일기의 노비들은 벼나 쌀 등 현물과 화폐가 혼용되어 삯이 지불되었을 개연성이 높다.

사료 ⑧은 벼와 화폐 혼용 지급 사례이며 ⑩~⑫의 사료는 화폐 지급 사례이다. 그 외 대부분의 경우, 고공이나 日雇들의 노역·서비스 내역 및 노비들의 추가 노동은 모두 화폐로 계산되어 지급되고 있다.

> ⑩ 교군 종 넷 열두 닙 주다.(1849. 10. 9)
> ⑪ 방곡(의) 구례(가) 용암 가(니) 두돈 오푼 지어(쥐어) 보닉다.
> (1849. 10. 14.)
> ⑫ 어제 새틱 종 흔돈 주다.(1850. 10. 18.)

59) 이정수, 「16세기 중반~18세기 초의 화폐유통실태」『조선시대사학보』32, 2005, 107쪽; 정수환, 『조선후기 화폐유통과 경제생활』, 경인문화사, 2013, 247~324쪽.

아울러 김호근 가에서는 129개의 상품을 화폐로, 14개 상품을 곡물로 구입하고 있다. 또한 의복 판매와 고리대로 인해 현금이 풍부한 편이다. 즉, 화폐경제의 친연성이 매우 깊은 집안이다. 더욱이 조선후기 물납재원을 바탕으로 화폐로 품삯을 주어 방역을 수행하는 것이 국가적 추세였다는 점을 감안해 볼 때, 또한 일상생활 깊숙이 동전 유통이 확대된 18세기 말의 화폐유통 상황을 고려해 볼 때 19세기 중반 이 집안에서 노비들에게 지불되는 급료는 화폐가 사용되었을 것으로 보인다. 물론 간혹 예외적으로 벼나 면포 등 현물로 지급되었을 개연성이 커 보인다. 그러나 벼나 면포도 당대 시장체제를 유지하는 중요한 교환수단 중 하나였다는 점을 잊지 말도록 하자.

이상 노비들에게 유상의 유한노동의 대가로 料를, 화폐로 지급했을 것이라는 점을 이야기하였다. 이것은 우리에게 역사상의 어떤 단면을 보여주고 있을까? 이 일기는 분명 17·18세기 일기와는 다른 노비 노동과 사회상을 반영하고 있다. 즉, 노비 노동의 성격이 給價雇傭으로 변하고 있음을 시사한다. 그러면 왜 이런 현상이 나타날까? 노비제도는 일정한 양의 노동력을 지속·안정적으로 공급받을 수 있다는 장점이 있는 반면, 관리비용의 증가와 임금 노동자에 비해 현저히 떨어지는 노동생산성을 고려하지 않을 수 없다.[60] 이에 18세기 농민층 분화과정에서 고공이나 日雇 등은 양적·질적으로 늘어나고 있었다. 고용시장이 활성화되면서 필요한 노동력을 쉽게 구입할 수 있다면, 지주나 양반들은 굳이 노비 노동을 고수할 필요가 없게 된다는 뜻이다. 또한 노비들에게 추가 노

---

60) 이영훈, 『조선후기사회경제사』, 한길사, 1988, 364쪽; 이정수·김희호, 「조선후기 협호의 존재 형태와 노동 특성」 『역사와 경제』 83, 2012, 228쪽. 이정수의 경우 고지와 노동자의 노동시간과 생산력의 차이를 전하고 있다.

동력의 대가를 화폐로 계산해 줄 때 생산성 향상을 기대해 볼 수 있는 것이다.

이 시기 국가적 준천사업도 고용 노동력을 이용하는 방식으로 변화하고 있었다. 즉, 영조대의 1760년 청계천 경진준천은 방민 수만명을 3일간 부역하여 단행했지만, 1794년 화성 건설 현장에서는 건설잡역부와 工匠들을 고용하였는데, 반나절의 품까지 정확히 계산하여 화폐로 지불하였다. 또한 1833년 순조대의 준천사업 역시 방민을 동원하는 대신 내탕금을 재원으로 노동력을 고용하는 방식인 給價雇傭으로 변화하고 있었다. 이렇듯, 19세기에 들어서면서 임금 노동력의 활용은 일상적 현상으로 보고되고 있다.61) 19세기 중반기의 『의주부 읍지』를 보면 향리부터 말단 노비들에게까지 급료가 확정되어 지급되고 있는데, 공노비들의 임금과 말단 사령들 간의 임금의 차이가 그리 크지 않다는 사실은 많은 시사점을 제공한다. 기본적으로 임금은 한 가족이 생존할 수 있을 정도는 지급해야 하는 것이 원칙이다. 그러나 공노비와 사령 간의 임금 격차가 없었다는 것은 사령의 임금도 최저생활비 수준을 그리 넘지 못했다는 의미로 해석될 수 있으며, 경제적으로 양자의 차이는 거의 없었던 시대적 상황을 반영한다는 이야기이다. 또 하나의 사례로 일기와 비슷한 시기인 1837년 경상도 예천 대저리에서 婢의 아들들이 노비가 아닌 머슴으로 入雇하였다는 기사가 나온다. 이영훈은 이러한 현상을 분석하면서, 奴가 雇人으로, 다시 말해 무상의 無限勞役에서 유상의 계약노동으로 변신하고 있었다라고 평가하였다.62) 이같이 일기는 19세기 중반 변화하는 사회적 현상을 반영하고 있다.

---

61) 『순조실록』 32년 12월 1일.
62) 이영훈, 「18·19세기 대저리의 신분구성과 자치질서」 『맛질의 농민들』, 267쪽.

그러나 일기에는 변화의 모습 외에 과거의 잔영도 함께 병존하고 있
다. 일기에는 임금을 받지 않고 16·17세기 노비처럼 의복과 신발, 음식
과 주거 모두를 제공받는 노비도 등장한다. 바로 개덕이라는 비의 존재
이다. 일기에는 그녀에게 지급되는 모든 옷감, 신발의 개수와 가격 등이
기재되어 있다. 그러나 그녀 외에 막돌이에게 시집을 간 정분이가 1회의
신발만 지급받았을 뿐 어느 누구도 의복과 신발 등을 지급받는 사람은
없었다. 아마도 그녀는 혼자서 독립적으로 생활을 영위할 수 없는 어린
아이로 보이며, 그렇기 때문에 상전가로부터 의식주를 모두 제공받고
보호를 받는 것으로 추론된다. 이 시대에는 구래의 관습과 새로운 변화
의 모습이 공존하고 있는 것이다. 다음 사료를 보기로 하자.

⑬ 어제 월계 놈 쑤어 먹인 밥을 나으리 운정서 어제 저녁 잡숩고 아니
   잡수은 진디로 갑다.(1850. 3. 26)
⑭ 청양서 비러간 화긔 오는디 진유 두되 오고, 그놈 흔끼 비금의게서
   격기다.(1850. 9. 15)
⑮ 숀미 흰썩 엿되 굴 흔 식긔 말 두되 주다.(1850. 9. 30)

사료 ⑬은 어제 월계댁 종에게 먹인 밥 대신 남편이 운정댁에서 먹고,
아직 먹지 않은 것은 밥으로 갚았다는 이야기이다. 사료 ⑭는 청양으로
화긔(火器, 火爐)를 빌리러 갔다 오는데 참기름 두되가 왔고, 그것을 가
지고 온 종의 한끼 식사는 비금이의 것으로 대신 먹였다는 것이다. 이
두 사료는 다른 집 종이 먹은 밥과 자신의 남편이나 노비가 다른 곳에서
식사한 것 까지 정확하게 파악하여 추후에 계산하고 있다는 것을 보여
주고 있다.

호혜관계를 주축으로 하고 있는 조선사회에서 한 끼 식사까지 일일이
계산하고 있었다는 것은 우리가 알고 있는 양반가의 모습과는 매우 다

르다. '접빈객'의 이면에, 선물경제의 이면에 다른 시스템이 작동하고 있는 것일까? 이것은 무엇을 의미하는 것일까? 앞서 언급했듯이 호혜 시스템은 의외로 均平과 경제적인 성격을 갖고 있다는 것을 알 수 있다. 그만큼, 19세기 중반 조선은 공정하고 공평한 것이 중요한 기준이 되는 사회이며, 경제생활과 일상생활에서도 '公'의 논리는 계속 작동되고 있는 것이 아닌가 싶다.

다음 사료를 보자. 사료 ⑮는 순매가 쌀 엿되어치 흰떡과 굴 한식기를 가져오니 유씨부인은 그 가격을 쳐서 쌀 1말 두되를 주었다는 기록이다.[63] 여기서 순매가 가져온 것이 선물인지, 혹은 판매할 물건인지 확실하지 않다. 단지 순매는 김호근 가에서 가사노동과 밭 노동에 투입되는 종이라는 점만 확실하다. 일반적인 선물경제의 법칙은 선물을 받은 즉시 돌려주는 것이 아니라 일정한 시간이 경과한 후에 다른 선물이나 방법으로 비슷한 대가로 지불하는 것이다. 따라서 이 사료를 선물경제의 한 사례로 읽으면 유씨부인은 종의 형편을 생각해서 보답의 시간과 과정을 단축한 것으로 해석할 수 있다. 반면 판매의 한 사례로 읽으면, 유씨부인과 종의 관계는 고객과 상품생산자의 관계로 치환되는 것이다. 그러나 흰떡 6되와 굴 한 그릇에 대한 대가로 쌀 한말 두되를 준 것은 비슷한 가격대의 선물을 교환하는 것이 아니라 노동력의 값이 포함되는 상품 구매의 성격을 띠고 있는 것이 아닌가 보여 진다. 이럴 때 노비와 노비주 간의 관계는 호혜성을 매개로 하고 있지만, 점차 경제적인 관계로 변질되고 있음을 보여준다. 이같이 경제적 형편을 타개하기 위한 노비들의 적극적인 노력은 신분제 변화를 추동하는 동력으로 작용하고 있다.

변화의 흐름 속에서 주인은 일정한 양의 값싸고, 충성스런 노동력을

---

63) 『경술일기』 1850. 9. 30.

안정적으로 확보해야 하는 목표도 함께 갖고 있었다. 이를 위해 노비주는 신분제라는 틀 속에서 호적단자를 통해 노비를 법적으로 묶고 있다. 한편, 일기에는 다른 기제가 확인된다. 바로 고리대의 역할이다. 유씨부인은 이재를 위해, 또한 노비들의 잉여분을 흡수한다는 점에서 고리대를 이용하기도 하지만, 다른 한편으로는 단기 신용을 수시로 공급함으로써 예속관계를 지속시키고 있었다. 19세기 농촌지역에 주기적으로 찾아오는 자연재해와 인재는 노비나 농민들의 생존에 위협을 가하는 것이었다. 이들은 주인집에서 필요한 곡식과 돈, 농토를 빌려 위급한 상황을 모면하고 있었는데, 이 집에서도 비슷한 현상이 벌어지고 있었다. 유씨부인의 고리대의 주 고객은 바로 자신의 노비들이었다. 이들 노비들에게는 수시로 식량 외에 2냥~5냥 등 소액 대부가 이루어지고 있었다. 반면 친족이나 일반 평민을 대상으로 한 대부는 10냥~50냥 정도로 액수가 상대적으로 크다. 이렇게 예속민들에게 신용을 공급하고 노비들의 생활기반을 안정시킴으로써 유씨부인은 노비들의 충성심과 예속관계를 지속시켜 노동력과 가계경영의 안정성을 확보할 수 있었던 것이다.[64]

지금까지 유씨부인의 일기를 토대로 19세기 중반 양반가의 노비 존재 양태와 노비노동을 국가 차원과 가계 차원으로 분석해 보아 다음과 같은 점들을 확인하였다.

첫째, 이 집안 노비 경영의 실질적 책임자이자 감독관은 유씨부인이었다. 그녀는 가계경영에 필요한 재화 처분권, 노동력 배분권, 가사 운영권을 행사하고 있었다. 노비들은 주인가의 행랑채에서 임시 거주하거나 인근 독립가옥에서 거주하면서 상전가의 가내사환업무에 종사하였다. 업무의 종류는 기존의 연구와 대동소이하나, 유씨부인은 업무를 배분할

---

64) 김재호, 「농촌사회의 신용과 계 : 1853~1934」『맛질의 농민들』, 314쪽.

때는 특정 노비에게 과중하게 할당되지 않도록 업무량과 수를 조정하고 있다. 즉, 일정한 작업 기준과 노동력의 합리적 배분 원칙이 작동하고 있는 듯 보였다. 이는 노비들 간의 불만을 최소화하고 업무를 지속적으로 시키기 위한 조치로 보인다.

둘째, 노비와 노비주 간의 관계는 일면 후원자 - 의존자의 성격이 내재해 있는 것으로 판단된다. 양자의 관계는 일방적인 수탈과 복종의 관계만은 아니었다. 노비주는 노비의 생존과 사회경제적 위협에 대한 보호의 의무가 있었다. 대신 노비는 노비주에게 충성과 노동력을 제공하였다. 양자 간의 정교한 보호 - 의존의 장치는 전근대시기 생존 위협에 대처하는 일종의 사회적 보장이기도 하였다. 본 일기에도 이러한 메커니즘이 곳곳에 포착되었다. 물론 양자 간에는 갈등과 불만, 긴장도 야기되었다. 특히 노동 상황이 열악하거나 노동 강도가 높을 경우 발생하였으며, 노비주는 이러한 긴장관계를 회유와 식사 제공 등으로 풀어 나갔다.

셋째, 이 집에서는 대규모 노동력이 집중 투하되는 농사철, 양잠철, 연료 준비 등에는 외부의 단기 노동력을 대량 구매하고 있다. 이들에게 지불되는 임금은 화폐와 술값, 식사로 경상도 지역보다 약간 높은 것으로 추정된다. 갈산 지역에서는 노비 노동 외에 임금 노동이 폭넓게 존재하고 있음을 확인하였다.

넷째, 이 집의 노비들은 노동 대가로 料를 화폐로 지급받고 있다. 料를 산정하는 방식은 노동의 양과 결과물에 따라 엄격하게 계산되고 있다. 이는 노비 노동의 성격이 給價雇傭으로 변하고 있음을 시사하며, 당대 유상의 유한노동의 대가로 料를 지급하는 사회적 경향을 반영한다. 이 같은 노비노동의 변화는 개항과 노비제 폐지 이후 본격적인 임금노동자의 출현의 전조가 되는 것으로 판단된다.

제2장 드러나는 치산과 경제활동

조선 전 시대를 걸쳐 사족 여성의 묘지명이나 행장에는 여성들의 직조와 의복 생산이 女工과 治產으로[1] 강조되고 있음을 엿볼 수 있다. 정부와 사대부들은 성리학적 윤리 질서를 확립·전파하기 위해 여성들을 위한 교훈서를 집필하고, '男耕女織'이라는 명분으로 여성들에게 양잠, 면포, 삼베 생산을 독려하였는데, 위로는 왕비로부터 아래로는 婢에 이르기까지 직포생산을 강조하였다. 여성과 관련한 회고담들은 '부지런함', '길쌈', '바느질', '봉제사', '접빈객', '공경', '화목' 등의 키워드와 함께 하나의 서사시로 만들어져 유통되고 있었다.[2]

남성들이 여성들에게 강조하고 요구했던 수많은 업무 중에서 '길쌈', 즉 방직과 방적은 특별한 의미가 있다. 그것은 길쌈이 가족의 의복 공급, 그리고 조세의 납부, 나아가 장시에서 화폐로서 유통되기 때문이었

---

1) 女工이란 여성이 행하는 노동활동, 치산이란 전반적인 경제활동을 뜻하는데, 구체적으로 가정 경제의 경영과 재산관리 및 이식 활동을 의미한다.

2) 최근 들어 조선시대 여성들의 경제활동에 대한 연구가 진행되어 여성들의 면포생산과 양잠 등이 가정 경제는 물론 국가 경제에서도 상당한 역할을 하였다는 점이 제시되고 있다. 남미혜, 『조선시대 양잠업 연구』, 지식산업사, 2009; 이순구, 「조선초기 여성의 생산노동」『국사관논총』49, 1993; 한효정, 「17세기 전후 양반가 부인의 경제생활 연구」성신여대 박사논문, 2007; 김명숙, 「부인행장록을 통해 본 조선시대 양반가 여성의 삶」『동양고전연구』39, 2010; 김현미, 「19세기 조선 학자의 딸/선비의 아내로 산다는 것- 화서 이항로의 2녀 벽진이씨의 삶」『한국문화연구』20, 2011; 김경미, 「조선후기 여성의 노동과 경제활동」『한국여성학』28-4, 2012; 황수연, 「19세기 사족 여성의 빈곤 경험과 대처에 관한 연구」『여성문학연구』32, 2014; 이종필, 「<복선화음가>에 구현된 치산의 의미와 텍스트 향유의 내적기반」『한국고전여성문학연구』2015; 남미혜, 「조선후기 사대부가 여성의 치산과 경제활동」『동양고전연구』64, 2016.

다.3) 그리고 길쌈은 평균 3년에 한번 정도 자연 재해를 입는 농사에 비해 안정적이었고, 수익을 보장하는 동시 환금성이 높은 산업이었다. 이에 수많은 여성을 비롯하여 본 일기의 주인공 유씨부인도 길쌈과 바느질에 몰두하였다. 흥미롭게도 일부 사족 여성의 방적 활동은 自家 수요에 국한된 것이 아니라 판매를 위한 생산이라는 점이 드러나고 있다.

1. 다양한 '女工'의 형태와 생산활동

유씨부인 관할 하 수행되는 김호근 가의 생산 활동을 확인해 보기로 하자. 먼저, 가작지에서의 농업생산이 있다. 김호근 가의 토지장부나 추수기의 부재로 토지와 농업 규모는 알 수 없지만, 작개 노비를 활용한 농사가 외지에서 전개되는 것으로 보인다. 그것은 일 년 내내 넉넉하게 공급되는 식량과 '구즌쌀'의 존재로 반증된다. 외부 농지 관리 및 경영은 가장의 소관인 듯 보이는데, 일기에는 부인의 관리 하 수행되는 가택 근처의 가작지 농사만 기술되고 있다.

부인은 노비와 고공의 노동력을 활용하여 가택 인근 농지에서 다음과 같은 농산물을 생산한다. 무, 배추, 파, 당근, 마늘, 수수, 참깨, 밀, 팥, 벼, 과일, 고추, 담배, 뽕나무, 목화 등이 일기에 기술되어 있다. 가축으로는 닭, 오리, 당나귀 등이 일기에 등장한다. 다른 농가와는 달리 이들 작물은 판매용이 아니라 순수하게 가내 소비용으로 재배되고 있다. 이 집에서 외부에 판매한 농작물은 고작 3건이 등장하는데, 들깨 2말을 7전 2푼,

3) 송기선, 「16세기 면포의 화폐기능」『변태섭박사화갑기념사학논총』, 삼영사, 1985;
이정수, 「16세기 중반 -18세기 초의 화폐유통 실태」『조선시대사학보』32, 2005;
정수환, 『조선후기 화폐유통과 경제생활』, 경인문화사, 2013.

소맥 2말을 6전, 참깨 1말을 8전에 판매한 것이 그것이다. 그것은 앞으로 살펴 볼 의복생산이나 귀금속 소매 판매가 훨씬 고부가 가치의 경제활동이기 때문이다.

다음의 생산 활동으로 양잠을 들 수 있다. 삼베나 모시는 제작 과정에서 무릎 등 신체가 노출이 되므로 사족 여성들에게는 권장되지 않는 노동이었지만, 양잠은 잠농기간도 40여일 밖에 소요되지 않으며, 생산과정이나 방적과정이 비교적 수월했다. 아울러 양반가 의복으로 각광을 받았던 직물이었으므로, 사족 여성에게 장려된 품목이었다.4) 본 일기의 유씨부인도 3월 말(음력)부터 누에를 치기 시작하였다. 그 후 일기에는 9차례 걸쳐 누에들을 위한 뽕잎 따는 작업이 기술되었는데, 5~9명의 노비들에 의해 4월 16일부터 26일까지 계속 진행되었다.5) 이후 본격적인 명주 직조를 하였는지 확실치 않으나, 아마도 유휴 노동력의 부족으로 생산한 고치를 시장에 판매하지 않았을까6) 추정되나 일기에는 더 이상의 기록이 확인되지 않는다. 한편 일기에는 저포를 판매하여 친족 장례에 필요한 물품들을 구매하는 기사가 나온다.7) 이 기사를 통해 부인이 모시를 생산했을 것으로 추정할 수 있으나, 아마도 이 저포는 부인이 구매

---

4) 남미혜, 「조선후기 사대부가 여성의 치산과 경제활동」 『동양고전연구』 64, 2016, 205쪽.

5) 『경술일기』 1850. 4. 16 ~ 4. 26

6) 이 집의 노동력은 주로 여종과 유씨부인인데, 여종들은 가사노동과 농사, 부인은 바느질에 집중했던 터라 명주 생산에 종사하기 어려웠을 것으로 판단된다. 특히 명주는 직조 기술이 필요한 것이므로, 쉽지 않았을 것으로 보인다. 남미혜, 『조선시대 양잠업연구』, 263, 269쪽.

7) 『경술일기』 1850. 1. 27. "청녹 서울 가는듸 장동 돈 닷냥(져포 픈 것) 포 흔졉 치 던츠로 보닉고 굴졋 두 사발 상인 듸들 짓 져구리 열석식 안은 열 흔식로 보닉고 셔진〻 집게는 져구리 츠의에 약과 등게 낫 뭉쳐 보닉다."

한 것을 재판매한 것이 아닌가 싶다. 부인의 주 생산 활동은 의복제작이기 때문이다.

1) 면사의 생산과 마을의 방직업자

유씨부인의 생산 활동 중 가작지 농업과 양잠 외에 우리의 눈길을 끄는 것은 면포 생산이다. 부인은 1850년 4월 7일 男奴를 시켜 면화 밭을 처음 갈기 시작하여 씨를 파종한 후 6월 30일에는 날품팔이꾼 12명과 시월이를 잡초 제거에 투입하고 있다. 목화송이가 피면 8월 하순부터 노비 노동력을 활용하여 목화를 추수하여 볕에 말린다. 이후 방적을 위해 솜을 타는데, 이는 목화송이에서 씨를 제거한 후 활을 이용하여 솜에 붙어있는 씨앗과 껍질 등을 제거한 후 솜이 부드럽게 피어오르게 하는 과정이다. 처음에는 금열이와 영점이가 솜을 탔는데, 이후 금열이가 또 타기에 유씨 부인은 노비에게 추가 품삯을 지급하였다.[8] 탄 솜은 이후 비벼말아 실로 잣은 후 무명을 짜기 위해 바디에 꿰어 도투마리에 고정시킨 다음 좁쌀 풀칠을 하여 말리는 무명매기 과정이 이어지는데([그림 18] 참조), 일기에는 8월 21일에 무명을 매고 있다는 기록이 나온다. 첫 번째 수확한 목화솜의 품질이 최상급이라 하니 아마도 이를 이용한 실 제작에 들어 간 것으로 보인다. 풀칠한 실을 말리기 위해 왕겨 불을 이용하는데, 일기에는 무명매기용 왕겨가 없으므로 부인이 인쇠에게 벼 13말을 주어 정미를 명하고 있다.[9] 무명매기 과정이 끝나면 무명 올이 감긴 도투마리를 베틀로 옮겨 직포 과정이 시작된다.[10]

----

8) 동상, 1849. 11. 19. "금녈 오늘 또 면화타기 추석쩍 또 벼 두말 쑤인 것 품갑 주다."
9) 동상, 1850. 8. 21. "무명 민ᄂ딕 겨가 업셔 인쇠 집의 벼 열서말 용졍 주다."
10) 직물의 제조과정에 대해서는 다음을 참고하였다. 권태억, 『한국근대면업사연구』,

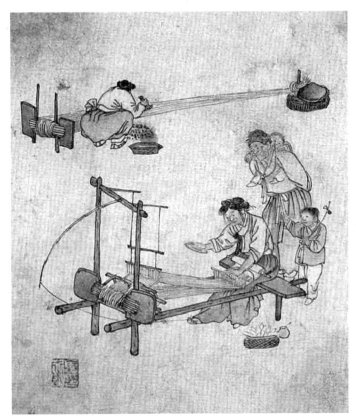

[그림 18] 김홍도의 풍속화 위의 그림은 무명매기 과정이고 아래 것은 무명짜기 과
정을 그린 것이다.

그러나 유씨 부인은 면포를 자가생산하지 않은 듯싶다. 무명실 생산
까지의 공정만 끝내고, 마지막 면포 제작은 인근 지역의 방직인에게 맡
기는 것으로 추정된다. 사료를 보기로 하자.

─────────
일조각, 1989, 16~18쪽.

① 십이승 오십척 짜서 오니 석자 여슷치가 느럿기 여슷치는 그만두고
민척의 두푼오리식 쳐 냥두돈이오 오푼 더주고 뿔 엿되 쳥어 이십
주다.(1849. 11. 14)
② 무명 열 흔시 삼십오척 짠 것 칠○○○○○ 닐곱되 제가 드러와 쏩고
날기 칠푼 더 주다.(1850. 2. 22)
③ 만둥 무명 칠십척 닷냥의 사다.(1851. 8. 16)

① 사료는 부인이 12승짜리 무명 50척을 주문했는데, 3척 6치가 더 짜
져서, 1척당 2분 5리씩 쳐서 1냥 2전을 주었고, 보너스로 5분과 쌀 6되,
청어 20마리를 주었다는 기록이다.[11] 이 사료를 통해 부인은 집에서 생
산한 면사를 주고 방직 과정만 외부에 맡긴 것을 알 수 있다. ② 사료는
11승(새)짜리 무명을 35척 짰는데 (중간 글자가 불확실하여 공임가를 알
수 없으나) 제가 들어와 뽑아(날 뽑기 : 날실을 마련하는 과정) 날기 값
으로 7푼을 더 주었다는 것이다. 이 또한 방적 과정을 외부에 맡겼다는
기사이다. ③의 사료는 부인이 만둥이가 생산한 무명 70척을 5냥에 구매
했다는 기사이다. 여기서 만둥이(혹은 그의 부인)는 면포를 직접 제작하
는 자로 추정된다. 만약 시장에서 구매했다면 굳이 이름을 밝히지 않기
때문이다. 이와 같이 유씨부인은 면포 제작을 인근 지역에 거주하고 있
는 여성 방적업자에게 맡기고 있음을 알 수 있으며, 각 공정을 감안하여
공임을 계산하고 있다는 것을 알 수 있다.

부인은 24명의 婢의 노동력을 동원할 수 있음에도 불구하고 부인은
왜 외주를 주었을까? 일반적으로 7승 면포가 실용적인 춘하추동의 옷감

---

11) 조선시대 길이 단위는 다음과 같다. 1자＝1척＝10치[寸]＝31.22cm이다. 1필은 35
척에 해당하며 베나 비단의 한필은 장년의 옷 한 벌을 만드는데 소요한 길이다.
세종 때의 기록에는 삼베 한필의 길이가 35척이라 하였다. 기준척은 세종 포백척
이었으므로 길이는 16.38m, 너비는 32.8cm였다.

으로 많이 이용되었고, 9승 이상은 고급, 12~15승 면포는 최상급이라 한
다.12) 따라서 고급 면포 제작은 전문 기술이 필요할 것이며, 첫 번째 수
확한 최상급의 면화로 최상품의 직물을 생산하고자 하는 전략을 갖고
있던 것으로 보인다. 실제로 부인은 12~13승 면포를 활용하여 고급 의복
을 제작·판매하였다.

  그러면 주문 생산한 12승짜리 무명 50척은 어느 정도의 가치가 있고
부인은 어느 정도의 수익을 올릴 수 있었는지 추산해보기로 하자. 이를
위해서는 당대 12승 면포 53척의 시장 구매 가격을 추산해야 할 것이다.13)
물론 품질과 지역, 그리고 유통업자에 따라 가격 차이가 있을 것이다.

[표 3] 면포 구매가

년도	내역	총 구매량	총 액	1척 당 구매가
1849.11.13	개덕(여종) 치마 보병포	22척	1냥 6분	4분 8리
1850.01.24	죽삼용 면포(**)	14척	5냥 6전	4전
1850.04.13	무명(5승포 추정)	20척	1냥	5분
1850.04.28	무명(5승포 추정)	10척	5전	5분
1850.10.13	보병포	14척	1냥	7분 1리
1850.10.28	무늬있는 서양목(**)	10척	5냥	5전
1851.08.16	만등 무명	70척	5냥	7분 1리

---

12) 한국학중앙연구원, 『한민족문화대백과』, '길쌈'.
    http://terms.naver.com/entry.nhn?docId=551573&cid=46671&categoryId=46671
13) 동전인 상평통보 1개는 1分(푼), 10분이 1錢(돈), 10전이 1兩, 10냥이 1貫이다. 또
    한 18세기 쌀 1섬의 평균 시세는 약 5냥, 콩 1섬은 2냥 반 정도이고 이는 19세기
    중반에도 비슷했다고 한다. 5승(1승 = 80가닥, 정포 1필의 폭은 32.8cm, 길이는
    16.38cm)의 무명이나 삼베 1필은 대개 2냥 정도였다고 한다. 이헌창, 「돈 한냥, 쌀
    한말, 베 한 필의 가치」『조선시대 사람들은 어떻게 살았을까』, 한국역사연구회,
    청년사, 128쪽. 이영훈에 의하면 1740년 백목과 상포 가격은 각각 1필당 평균 2냥
    과 2.4냥이며, 1840년에 백목 1필은 5.6냥, 1856년에 상포 1필은 4.8냥이었다고 한
    다. [표 1]에 기재된 부인의 면포 구매가와 비슷한 수준이다.

부인이 주문한 12승짜리 면포는 상품에 해당된다. [표 3]에는 1850년 1월 24일에 1척당 4전을 지불한 죽삼용 면포가 등장하는데, 아마도 이 면포의 품질과 거의 비슷하지 않을까 싶다. 부인이 판매하는 저고리는 대부분 12~13승의 겉감과 11승의 안감으로 만들어 지기 때문이다. 12승짜리 무명 1척의 시장 유통가를 죽삼용 면포 가격인 4전으로 계산해 볼 때 부인이 주문생산으로 얻는 총액은 무려 20냥 가량이 된다.14)

  * 총 판매 금액 : 53척 × 4전 = 21냥 2전
  * 생산비 포함한 수익 : 21냥 2전 - 1냥 2전 5분(공임) = 19냥 9전 8분

위의 19냥 9전 9분은 생산비인 토지사용료, 임금, 씨와 퇴비 등을 포함한 가격이므로 그만큼 순수익은 저하된다. 특히 고용 노동력을 사용했을 경우에 수익률은 더 낮아진다. 부인은 3월 8일(음력)부터 본격적으로 노비 노동력을 투여하여 가작지 농사를 짓는데, 대체로 남녀 노비 5~9명 정도가 김매기에 투입되었다. 6월 30일에는 노비 노동으로 부족하였는지 1냥을 주고 고공 12명을 고용하여 시월이와 함께 목화밭 김매기에 투입하였다. 즉, 앞의 19냥 9전 8분에는 고공들과 노비들의 품삯이 포함되어 있으므로 순이익은 그만큼 축소된다는 뜻이다. 그래도 부인이 집에서 노비 노동력을 활용하여 5승포를 제작하여 판매한다고 가정할 때 얻는 수익률보다 외주를 주어 확보하게 될 12승포의 수익률은 훨씬 높다.15) 이에 유씨부인은 가장 효율적으로 할 수 있는 과정에 집중하고 생

---

14) 일반적으로 여공을 하는 집안에서 10일 만에 1필 정도의 면포를 생산할 수 있었다고 한다.
15) 부인이 구입한 5승포 1필(35척)의 가격은 1냥 75분이다. 방직 공정의 임금을 뺀 생산업자의 이익을 계산해보면 다음과 같다. 1냥 75분 - 58.4분(8일간 추정 방직

산된 면포 제작을 전문 방직인에게 맡겨 수익을 극대화시키는 전략을
사용하는 것으로 보인다.

2) 직조인의 품삯과 수익률

앞서 언급했듯이 부인은 방적 공정만 담당하고 방직 공정은 외주를
주고 있다. 조선시대의 방적과 방직은 모두 여성이 담당하므로 여성 노
동과 관련하여 중요한 사안이다. 기왕의 연구는 사료 부족으로 여성의
면포 제작만 언급할 뿐 구체적인 임금 등에 대한 논의는 진행되지 못한
상황이다. 이에 본 절에서는 이 부분을 유씨부인의 기록을 통해 엿보기
로 한다.

본장 1절의 ① 사료를 다시 보기로 하자. 유씨부인이 12승짜리 무명
50척을 주문했는데, 3척 6치가 더 짜져서, 1척당 2분 5리씩 쳐서 1냥 2전
을 주었고, 보너스로 5분과 쌀 6되, 청어 20마리를 주었다는 기록이다.
또한 ② 사료는 날기 값으로 7푼을 추가 지급하고 있다는 내용이다. 이
기록은 우리에게 19세기 중반 호서지역 직조여성들이 얼마를 받았는지,
공임이 어떤 방식으로 계산되는지를 확인할 수 있는 귀중한 사료이다.

먼저 공임가는 생산량을 기준으로 책정되었다는 것을 알 수 있다. 직
조인이 무명 50척을 짜는데 소요되는 시간에 관계없이 1척당 2분 5리씩
쳐 주며, 날기 등 공정이 하나 추가되면, 추가 공임이 책정되고 있다. 즉,
생산량이 기준임을 알 수 있다. 그러나 흥미롭게 공임가에는 직조인의
하루 점심 값도 함께 책정되어 있으며, 식사 값은 임금의 한 부분을 차
지하고 있다. 즉, 노동시간도 공임가 책정에 기준이 된다는 뜻이다.

이 집에서 고용하는 일반 고공의 1일 임금도 다른 지역과 동일하게

임금 : 7.3분 × 8일)＝1냥 16.6(생산비 포함한 이익)

현금 + 점심 값으로 구성되어 있다. 점심 값으로 벌목이나 기타 중노동에 사역하는 男雇에게는 1일 7.7푼과 큰되로 1되 쌀과 청어 2마리가 제공되며, 女婢에게는 7홉의 쌀과 반찬이 제공된다. 그러나 일반적인 노동이나 심부름에는 남자 7홉, 여자 5홉으로 계산되고 있다.[16] 즉, 노동 강도에 따라 여성은 5~7홉 사이의 쌀을 점심으로 제공받고 있다.

그러면, 다시 여성 직조인의 1일 임금을 계산해보기로 하자. 앞서 보았듯이 여성 직조인의 공임가는 1척 당 2분 5리로 합의되었다. 이때 직조인은 마지막 공정인 직조만 담당하는 것이다. 기존 연구에 의하면 면포 1필(35척)을 기준으로 총 제작 시간은 63.5시간으로 추정하고 있다. 이 중 베짜기 공정만 계산하면 47.12시간이 소요된다 하니 1일 노동시간을 8시간으로 계산하면 총 6일이 소요된다.[17] 즉, 방직과 방적 공정을 구분하여 각각의 소요 시간을 계산해야 한다. 이때의 면포가 몇 승포를 기준으로 한 것인지 저자가 밝히지는 않지만, 아마도 일반용 7승포를[18] 기준으로 하고 있지 않은가 싶다. 촘촘한 견직물 1필의 총 제작 공정이 109.62시간, 즉 13.6일이 걸리는 것으로 보아,[19] 7승포의 직포기간은 6일, 12승포는 8일로 잡는 것은 크게 무리가 아닐 듯싶다. 물론 해당 여성이 보유한 방직 기술에 따라 제작 시간은 차이가 날 수 있다.

그러나 유씨 부인이 여성 직조인에게 제공한 총 점심 값은 쌀 6되와 청어 20마리이다. 1일 1인 점심 쌀을 5홉으로 계산하면 12일, 7홉으로 계

---

16) 『경술일기』 1850. 3. 21; 1850. 5. 7.
17) 권태억, 앞의 책, 1989, 16~19쪽. 면포 1필을 기준으로 방직에 드는 시간은 실뽑기 3시간, 베날리기 4.5시간, 베메기 6시간, 꾸리감기 20시간, 베짜기 30시간으로 총 63.5시간이 걸린다고 한다. 1일 8시간 기준으로 8일이 걸리는 것으로 보인다.
18) 5승포는 세금 납부용 면포이며, 7승포는 의복 제작에 사용된 면포라 한다.
19) 권태억, 앞의 책, 1989, 16~19쪽.

산하면 8.5일이 제작기간으로 계산된다. 직조는 막노동이 아니므로 직조인의 하루 점심 값을 하루 5홉으로 계산하면, 총 12일 동안 12승포 면포를 53척 제작했다는 계산이 나온다. 따라서 아래와 같이 12승 면포 1필 (35척) 제작 기간은 약 8일 정도 소요된다.

* 총 방직 공정 제작일 12일 = 12승포 53척
* 1일 제작량 = 53척/12일 = 4.4척
* 면포 1필 제작일 35척/4.4척(1일) = 7.95일(약 8일 소요)
* 12승포 임금 단가 : 1척 = 2분(푼) 5리
* 1일 여성 직조인 임금 = 1일 제작량(4.4척) × 1척 단가(2분 5리) = 11분
* 1일 여성 직조인 임금 = (2분5리 × 35척)/8일(1필 제작일) = 10.93분

이상과 같이 유씨부인이 주문한 12승짜리 무명 53척을 기준으로 직조인의 1일 임금을 계산해 보았다. 부인이 고용한 직조인의 1일 임금은 약 11분(푼)으로 추산된다. 이는 김용섭이 추정한 것과 약간 차이가 난다. 김용섭은 1일간 고용되어 직조한 고가가 포 1척을 받은데, 이때 포 1척의 가격은 약 5~7분(푼) 정도로 추산하고 있다.[20] 그러나 이 지역 12승포 면직업자는 11분을 받으니 거의 1.6~2배 정도의 고가이다. 100년이 흐른 뒤이지만, 1960년도 나주군 다시면 현지 무명 값은 8승짜리가 1,000원, 12승짜리가 1,500원이었다고 하니 12승포의 가격은 8승포에 비해 1.5배란 뜻이며, 그에 따라 고급 직포를 제작하는 단가도 7승포에 비해 1.5배를 더 받았다고 보아도 큰 무리가 없을 듯싶다.

고급 면직업자의 1일 임금을 유씨부인이 고용한 일반 고공들의 임금

---

20) 김용섭,『증보판 조선후기 농업사 연구』II, 일조각, 1970,『復齊集』권5, 三政策, 주 94 재인용, 311쪽.

과 비교해 보자. 이 지역 日雇의 하루 임금은 7.7분(푼)에 점심식사와 술이 제공되고 있었고,21) 메밀국수 4말을 제작하는 품값으로 3전을 지급하고 있으나,22) 이를 제작하는 기간을 알 수 없으므로 1일 품삯을 계산할 수 없다. 면직업자도 남성 고공들과 동일하게 보너스와 쌀, 청어 등을 제공받기 때문에 순수 임금만으로 비교해 보면, 기술을 갖고 있는 직조인의 임금이 남성 日雇의 1.4배라는 것을 알 수 있다. 물론 12승포를 짤 수 있는 기술력을 지닌 여성 면직업자의 경우이다.

여기서 우리는 두 가지 역사적 함의를 추출할 수 있다. 첫째로, 남성 日雇의 임금보다 여성 직공의 임금이 높았다는 말은 여성의 노동이 평가 절하되지 않고, 전문 분야로 인정받았다는 것을 의미하지 않을까? 밤새 길쌈하고 농사를 지어 수천냥의 돈을 모았다거나 밤늦게 까지 방직하는데 힘을 기울여 재산을 일구었다는 수많은 사례들은23) 여성의 임금이 우리가 추정하는 것보다 높았기 때문에 가능했던 것으로 보인다.

아울러 이 이야기는 여성들이 가정경제의 주요 주체로 실질적으로 기능했다는 뜻이므로, 가족 내에서의 여성의 위상을 가늠해 볼 수 있는 단서가 될 수 있다. 동일한 유교문화권에 속해 있던 베트남 여성의 경우 농업과 수공업에 종사하면서 지급받는 임금이 남성과 거의 동일하였다고 하며, 이 같은 현상을 여성의 사회적 지위가 높았던 증거로 해석하기도 한다.24) 조선시대의 노동력 교환 원칙을 보면 품앗이의 경우 남녀 모

---

21) 졸고, 「19세기 중반 양반가 일기에 나타난 노비와 노비노동」, 『조선시대사학보』 67, 2013, 448~9쪽.

22) 『경술일기』 1850. 2. 5. "모밀 너말 서돈 칠푼 서돈 국슈흔 공젼 두돈 계란 사다."

23) 박윤원, 「둘째고모 숙인 행장」, 서경희 역, 『18세기 여성생활사자료집』 권 6, 보고사, 350쪽; 오희상, 「유인 윤씨 묘지명」, 김기림 역, 『19세기·20세기 초 여성생활사 자료집』 권 2, 37쪽; 홍직필, 「단인 홍씨 행장」, 앞의 책, 권 3, 349쪽.

24) 유인선, 『근세 베트남의 법과 가족』, 위더스북, 2014, 93쪽. 현대 사회에서의 남녀

두 평등한 대칭 관계로 1 : 1의 노동력 교환이 이루어지고 있다. 즉, 여성 노동이 남성과 비교하여 차별을 받지 않았다는 것을 의미한다. 그러나 노동의 시장 거래에 있어 남녀의 임금 차이가 나타나는 사례도 있으므로 여성의 노동과 위상은 추후 세밀하게 연구해야 할 부분이다.[25]

둘째로, 유씨부인과 같은 물주가 재료(실)와 임금을 제공하고 전문 직조인이 직조과정을 전담했다는 기사는 그동안 심증은 있었지만, 문자로 확인할 수 없었던 공정별 작업의 분화를 의미하며, 면제품 생산이 점점 고급화되는 것을 의미한다. 이는 조선 후기에 들어서면서 12승포 이상의 고급 면제품을 짜는 기술력이 발달했다는 기존의 연구와 맥을 같이 한다. 실제로 방직분야에서 면화를 재배할 수 있는 농토를 갖고 있는 자와 그렇지 못한 자, 그리고 직조 기술이 있는 자와 그렇지 못한 자 간의 직무 분리는 자연스러운 현상이다. 아래 사료를 보기로 하자.

"집안은 마치 사람이 없는 듯 조용하고 아무 일이 없는 듯 고요하여 마치 탁탁하는 칼질 소리, 찰찰하는 베틀 소리만 들릴 뿐이었다. 친척들 가운데 부러워하던 사람들이 다투어 찾아와서 그 법을 배우려 했는데 이를 배운 사람들은 능히 자기 집안 살림을 일으켰다."[26]

간 임금 격차는 자본가들이 초과 이윤을 최대한 확보하기 위한 전략으로 성차별을 활용한 여성의 저임금화를 꾀했다는 견해가 널리 알려져 있다. 즉, 여성의 낮은 임금은 자본주의 경제에서 발생한 현상이라는 것이다. 그러나 조선시대의 시장 거래관계인 품팔이 경우 남녀 임금의 차이가 있었던 것으로 보여진다. 따라서 보다 세밀한 연구가 요구된다.

25) P.B. 이브리, 배숙희 역,『송대 중국여성의 결혼과 생활』, 한국학술정보, 2009, 233~5쪽. 이브리에 의하면 송대 직물을 생산했던 여성들의 가정 내 위상이 높아졌거나 권력을 얻었다는 증거가 없다고 주장한다. 오히려 생산한 직물이 시장경제의 규정을 받게 되면서 여성은 더 고된 노동에 직면하게 되었다고 주장한다.

26) 오광운,「어머니 숙부인 안씨의 묘지」『18세기 여성생활사자료집』권 2, 239쪽.

이 사료의 주인공 광주 안씨는 집에서 방직에 종사하는데 방직 기술이 뛰어나서 주변 친족들에게 그 기술을 전수하였고, 이를 배운 사람들과 안씨 부인은 방직을 통해 재산을 모았다는 것이다. 물론 이 이야기는 약간 과장된 듯하나, 방직 기술이 좋은 부인네들이 전문 방직업자로 인정받았던 것은 사실인 듯하다. 이 사례처럼 기술을 갖고 있는 방직인이 한 마을에 여러 명이 존재했었을 것이고, 유씨부인처럼 마을 주민들은 자가 생산한 무명실을 가지고 이들에게 방직을 맡겼을 가능성이 높다. 이러한 현상이 얼마나 일반적인지는 의문이지만, 이 사료에서 볼 수 있듯이 일부 직조인들은 고급 직물을 짜고 있는 것으로 보이며, 이 같은 현상은 면화의 주산지로서 옥천, 영주, 공주, 횡간, 및 경상도·전라도 지역이 대두되는 것과 맥을 같이 한다고 하겠다.27) 그 밖에도 晋木, 송도목, 순천목처럼28) 명성이 높은 무명제품이 있다는 사실도 이를 뒷받침한다. 다시 아래의 사료를 보기로 하자.

    ① 부인은 방법을 마련하여 바느질 품을 팔고 베 짠 삯을 받아서는 식
       량을 살 비용을 충당하였다.29)
    ② 이웃집 여인의 품을 사서 실을 뽑아 베틀에 올려 명주필을 같이 더
       하여…30)
    ③ 그 때는 바야흐로 베 짜는 품을 팔아 재물을 마련하여 날마다 밥을

27) 김용섭, 『증보판 조선후기 농업사 연구』 II, 일조각, 1970, 310~2쪽; 홍희유, 『조선
    중세 수공업사 연구』, 1989, 지양사, 260~1쪽; 권태억, 『한국근대 면업사연구』, 일
    조각, 1989, 33~36쪽; 김영호, 『한국사』 33, 국사편찬위원회, 1997, 169~173쪽,
    183~184쪽; 남미혜, 앞의 책, 268~9쪽.
28) 이헌창, 『한국경제통사』, 해남, 제5판, 2012, 186쪽.
29) 신작, 「부인 경주김씨의 행장」 『19세기·20세기 초 여성생활사 자료집』 권 1, 569쪽.
30) 이시원, 「딸 정씨 제문」, 앞의 책, 권 4, 376쪽.

지어 매일 밤 오경에 뜰에서 이슬을 받고 서서 깨끗한 물을 떠놓고 사방의 하늘을 향하여 각각 네 번씩 절하며 할아버지께서 귀양에서 풀려나도록 축수하였다.[31]

④ 임자년(1792) 이후 근심과 피로가 거의 병이 되었고 시력도 희미해 져 바느질을 할 수도 없었지만, 일하는 사람을 사서 베를 짜며 한겨 울 밤늦게까지 쉬지 않고 일하여 손발이 트고 갈라지셨다.[32]

⑤ 열부가 이현방에 있는 이씨의 집에서 고용살이를 하였다. 이씨는 술 파는 일을 하여 집안에 손님이 많았다.… 낮에는 품삯을 받으면 이 웃 사람을 사서 남편의 병구완을 빠트리지 않았다.[33]

이들 사료는 품삯을 받고 방직업에 종사하는 수많은 여성 노동자의 존재를 보여준다는 점에서 주목할 만하다. ①~④까지의 사료는 바느질 이나 베를 짜는 대가로 품삯을 받거나 인근 여성들의 노동력을 구매하 여 베나 의복을 생산하는 기사이다. ⑤은 이현방에 있는 이씨의 집에서 돈을 받고 고용살이를 하는 여성의 존재를 전하고 있다. 이들 사료 외에 도 조선 후기 회화나 소설에서는 여성 품팔이와 품삯 이야기가 종종 등 장하고 있다. 기존 연구에서 추정하듯이 18·19세기 여성 고공화 현상은 진행되고 있다는 것을 알 수 있다.[34]

31) 신기선, 「할머니 유인 연안 이씨 행장」, 앞의 책, 권 9, 129쪽.
32) 신기선, 「할머니 유인 연안 이씨 행장」, 앞의 책, 권 9, 133쪽.
33) 조수삼, 「최열부전」, 앞의 책, 권 1, 625쪽.
34) 이정수·김희호, 「17~18세기 고공의 노동성격에 대한 재해석」『경제사학』 47, 2009, 22쪽, [표 7] 참조. 본 연구에 의하면 18세기 중반 이후에는 고공의 여성화· 연소화 현상이 일반적인 경향이었음을 지적하고 있다. 18세기 말 대구·언양 지역 호적대장에 기재된 고공의 성별 구성을 보면 여성이 약 60~65%, 19세기 초에는 91~99%를 점하고 있다. 여기서의 고공은 노비화되어 가는 예속 노동이며, 우리가 상정하는 자유로운 임노동자의 성격이 감소한다고 보고 있다. 이 연구는 호적대 장을 기초로 하기 있기 때문에 재론의 여지가 있다고 보여 진다.

여성들이 고용되는 분야는 방적·방직업과 의류업, 밭농사, 가사노동 등으로 보여 진다. 이중 방직 분야는 장기간 경험이 축적되고 기술력이 향상되면서 전문화가 진행될 수 있는 곳이다. 따라서 우리가 눈여겨봐야 할 점은 과거 집안의 여성이나 婢에 의해 수행되었던 직물 생산이 마을에 거주하고 있는 여성 방적인들에 의해 수행되며, 이들은 노동의 대가로 품삯을 받는다는 점이다. 특히 토지로부터 유리된 빈민 가정의 여성이나 해방된 婢, 혹은 몰락 양반 여성들이 생계를 위해 또는 생계 별충을 위해 적극적으로 그리고 쉽게 방직업에 종사하고 있었던 것으로 보인다.[35]

최근 연구에 의하면 목면 생산과 면포 제작은 인구 압력이 높고 소득 수준이 낮은 빈농들에 의해 주도되었으며, 인근 장시의 활성화는 물론 멀리 서울과 함경도까지 팔려 났다고 보고 있다.[36] 또 다른 연구에 의하면 양잠업도 한 가정에서 양잠·제사·견직의 3공정을 모두 전담하지 않았다고 한다. 물론 전담하는 집도 있었겠지만, 누에고치 채로 시장에서 판매되거나[37] 견직을 하는 집에 판매되고, 양잠 농가가 제사 공정까지 끝낸 후 생사를 장시에 판매하는 경우도 있었다.[38] 이와 같이 면업에서

---

35) 일부 사족 여성의 방적 활동은 自家 수요에 국한된 것이 아니라 판매를 위한 생산을 하고 있다. 황윤석, 「아내 행장」, 이경하 역, 『18세기 여성생활사 자료집』 권 2, 331쪽; 윤봉구, 「누이동생 숙부인 윤씨의 묘지」, 앞의 책, 127쪽.

36) 우대형, 「조선 후기 인구 압력과 상품작물 및 농촌 직물업의 발달」, 『경제사학』 34, 2003, 21쪽.

37) 金坽, 『溪巖日錄』 1634년 5월 22일, 『승정원일기』 영조 23년 2월 14일; 남미혜, 앞의 책, 267쪽 주 48, 49 재인용.

38) 19세기 경산도 선산의 노상추는 양잠으로 견사 3근을 생산하여 1근은 가내수공업으로 명주를 짜고, 나머지 2근은 장시에 13냥을 받고 판매하였다고 한다. 남미혜, 앞의 책, 269~270쪽.

도 양잠업과 동일한 현상이 진행되고 있다는 것으로 보여 진다.

이상과 같이 과거 노비와 가내 여성들에 의해 전담되었던 직포의 일부분이 임금노동자, 즉 여성 고공에 의해 수행되기 시작했다는 점은 2부 1장 3절에서 분석한 바와 같이 서서히 임금 노동자화 되어 가고 있는 이 집안의 노비노동과 같은 맥락에 있다고 보여 진다.

3) 판매용 의복 생산과 수익률

유씨부인은 자신이 필요한 면포를 모두 주문 생산하지 않았다. 아마도 대규모로 면화를 재배하고 면사를 생산하지 않았기 때문에 대체로 시장에서 포를 구매한 것으로 보인다. 아래 사료를 계속 보기로 하자.

> ① 식후 박부정 되 형님 편지 보고 닷냥 엿돈의 늬 죽삼 십수척 사오다. 남 오척 사오다.(1850. 1. 24)
> ② 만둥 무명 칠십척 닷냥의 사다.(1851. 8. 16)
> ③ 기덕 보병 냥 늇푼의 이십이척 사다.(1849. 11. 13)
> ④ 보병 십수척 흔 냥 치마 후 ○○○○○.(1850. 10. 13)
> ⑤ 무명 이십척 흔냥 메육 흔돈 내가 사다.(1850. 4. 13)
> ⑥ 무명 열자 닷돈.(1850. 4. 28)
> ⑦ 기덕 치마츠 십일척 물갑 칠푼 주다.(1849. 11. 28)

사료 ①을 보면 유씨부인의 적삼을 만들기 위해 무명 14척을 5냥 6전에 사오고, 남색으로 5척을 사왔다는 것이다. 사료 ②에서는 만둥에게서 무명 70척을 5냥에 사왔다는 기사이다. 사료 ③은 어린 노비인 개덕이의 옷을 해주기 위해 5승 군포 22척을 1냥 6분에 구입했고, 사료 ④도 국가에 군포로 납품하는 보병 무명천 14척을 1냥에 샀다는 기사이다. ⑤와 ⑥은 일반 무명 20척(자)을 1냥, 10척을 5전에 구매했다는 것이다. 이 사료들을 통해 우리는 부인이, 많은 경우 옷감을 자가 생산이 아닌 시장 구매를 통해 확보했다는 것을 알 수 있다. 이 밖에도 부인은 다양한 옷감을 구매하고 있다.

⑧ 뵈 두자 가웃 돈 반 ㅎ여 사오다.(1850. 5. 14)

⑨ 문 서양묵 열자 닷냥의 사고 물화 모 둘 저녁 먹고 가다. (1850. 10. 28)

⑩ 판금이 은철의 ○○○○○ 밧친 것 넉냥 선도 닷냥 당목 ㅍ 것 본전이라.(1850. 2. 22)

⑧번 사료에는 부인이 베 2척 반을 1전 반에 샀다는 기사로 다양한 옷감을 시장을 통해 구입하고 있다는 뜻이다. ⑨은 무늬가 있는 서양목 10척을 무려 5냥이나 거금을 주고 샀다는 것인데, 1척에 5전 꼴로 앞서 본 조선산 5승 정포의 10배 가격에 해당한다. 또한 ⑩은 수입하는 중국산 면제품인 당목을 은철에게서 산 것인지 판 것인지 확실치 않으나 사용하고 있다는 것이다. 즉, 지방에서 서양목과 중국산 당목을 쉽게 산다는 것은 그만큼 호서지역 장시나 유통망이 상당히 발달했다는 증거로 이해되며, 19세기 중반 양반 여성들 사이에 상당히 확산된 것으로 보인다.[39]

---

39) 유치명,「며느리 공인 문소 김씨 행록」, 앞의 책, 권 4, 72쪽, "공인이 절명하기 전에 양포(洋布)로 염습하지 말 것을 당부했었다. 양포라는 것은 서양에서 나온 면포인데, 화사하고 톡톡해서 옷을 지어 입는데 좋은 물건이다. 임헌회,「정부인에 추증된 어머니 홍씨 가장」, 앞의 책, 권 6, "사돈댁에서 서양목으로 만든 옷을 보내기라도 하면 물리치며 입지 않고 이르시길. 이것들은 기이하고 넉녁한 것으로, 우리 부모님과 시부모님께 드리지 못한 것이다. 하물며, 내가 임인년(1842) 이후로 화려한 것을 입지 않기로 결심한 뒤임에랴!" 하셨다.

부인은 자신이 필요한 모든 면사와 면포를 자가 생산 혹은 주문 생산하지 않고 왜 시중에서 구입했으며 어떤 용도로 사용했을까? 기존 연구에 의하면 면화재배나 면포 생산은 노동력 투입이 많아 경지가 적은 농민에 적합하나 논밭이 많고 가사 노동이 다량 필요한 부자에게는 적합하지 않을 수 있다고 한다.[40] 즉, 면화 재배에 필요한 농지, 씨앗, 퇴비, 그리고 투여되는 노동력과 시간, 관리감독 비용까지 감안하면, 면화 재배는 유씨부인에게 그다지 매력적으로 보이지 않은 듯싶다. 이에 부인은 시장에서 면포를 구입하여 판매를 위한 의복 생산 전략으로 선회하여 수익 증대를 꾀하고 있다.

의복 생산은 조선시대 양반여성들이 광범하게 종사했던 분야이다. 19세기 행장과 비문에는 이러한 사례가 종종 등장한다. "바느질에 힘써서 살림에 보탬이 되었다. 10년이 되지 않아 저택은 높고 크며, 莊田(토지)은 풍족하고 살림살이는 화려하고 아름다워졌다."[41]라는 사료는 바느질, 즉 의복 생산을 통해 살림을 일군 사례이다. 또한 "바느질과 길쌈을 하여 다른 물건으로 바꾸어다가 시어머님께서 하고자 하시는 것과 편안히 여기시는 것을 장만하셨다."[42] 라는 글에서 볼 수 있듯이 생산한 의복은 다른 상품과의 교환, 즉 판매를 했다는 것도 확인할 수 있다.

---

40) 김용섭은 면화 생산은 면화 재배가 가능한 토지 소유자인 부농층이 주도했다고 주장하고 있으나, 최근 연구에는 토지가 적고 상대적으로 노동력이 많은 빈농들이 주도했다는 주장 쪽으로 무게가 실리고 있다. 김용섭, 앞의 책, 일조각, 1970; 우대형, 앞의 논문, 2003.

41) 성해응, 「막내 당이모 이유인의 애사」『19세기·20세기 초 여성생활사 자료집』권 1, 379쪽.

42) 신작, 「큰누이 박 숙인의 행장」, 앞의 책, 권 1, 511쪽.

[그림 19] 바느질하는 부인

그러면 부인의 일기를 통해 의복 생산의 구체적인 규모와 수익률을 확인해 보자. 먼저 지적할 점은 그녀의 의복생산과 판매는 소규모이고 간헐적이다. 아마도 이 일기가 작성된 기간 그녀가 수시로 그리고 상당 기간 병마에 시달렸다는 점과 더불어 '봉제사 접빈객'의 과중한 업무도 함께 수행했기 때문으로 보여 진다. 그럼에도 불구하고 그 빈도수와 내용을 분석해 보면 유의미한 점들이 눈에 띈다. 먼저 부인은 의복 제작을 위해 색실, 바늘, 초록실, 물감 등을 자주 구입하고 있으며,[43] 여성을 주 고객으로 하는 저고리, 치마, 속치마 등을 전문적으로 생산하고 있다. 물론 자가소비와 선물로 송출하기 위해 남성 의복을 제작하는데, 저고리, 누비속곳, 당목 겹바지, 토시, 배자(소매없는 덧저고리), 솜옷, 잔누비 저

---

43) 『경술일기』 1849. 10. 4; 1849. 10. 17; 1849. 11. 28; 1850. 2. 6; 1850. 4. 7; 1851. 7. 30.

고리(좁게 누빈 옷), 주누비 저고리(중간 정도로 누빈 옷), 당목 소창 옷,
누비바지, 버선 등이 일기에서 언급되고 있다. 유씨부인이 바느질, 즉 의
복 생산에 상당한 전문 기술을 갖고 있다는 것을 알 수 있다.[44] 따라서
부인 집에서 제작한 의복들은 고객들에게 호평을 받은 듯하며 순조롭게
판매되었다. 아래 사료를 보기로 하자.

⑪ 오늘 아츰 광졈 뉴냥 빗준 거슨 내 즈쥬 져구리 푼 돈이오.
   (1850. 4. 29)
⑫ 슈만의게 십ᄉ냥 밧은 것 남치마 푼 돈 밧다.(1849. 11. 29)
⑬ 긔쳔 칠냥 ᄉ젼 밧은 것 내 반쥬치마(속치마) 푼 돈이라
   (1849. 12. 3)
⑭ 슈만이게 몬져 밧은 것 열냥 강샹득 빗 어더가고 듄집 넉냥 반 내
   당묵치마 차 푼 돈이라.(1849. 12. 5)

일기에 자주 등장하는 여성 의류 판매 기사 중 몇 가지만 예시한 것이
다. ⑪의 사료는 자주저고리 판 돈 중 6냥을 광점에게 빚을 주었다는 것
이고, 사료 ⑫는 남치마 판돈 14냥을 수만에게서 받았다는 것이다. 사료
⑬은 자신의 반주치마 팔아 기천에게서 7냥을 받았고, ⑭자료는 중국산
당목치마를 팔았다는 기사이다. 일기를 보면 부인은 총 14회의 여성용
저고리와 치마를 판매하고 있으며, 판매 시기는 한 해 농사가 끝난 늦가
을과 겨울철이다. 즉, 상대적으로 농가에 현금이 회전되고 있을 때이다.
  그럼 저고리와 치마를 판매한 수익률은 어느 정도일까? 일반적으로
조선시대에는 면포 1필(35척)로 한복 1벌을 제작하였다고 한다. 이에 1

---

44) 『경술일기』 1849. 10. 14; 1851. 8. 3; 1851. 9. 2; 1851. 9. 15; 1851. 8. 24. 유씨부인
   은 어린 남자 아이 옷을 시장에서 구입하기도 하였다. 1850. 2. 8. "긔덕 신 너푼
   동의 열두닙 항 ᄒ나 구푼."

[표 4] 의복 판매 가격 샘플

년도	상품	상품주	판매금액	비고
1849.11.29	남치마	유씨부인	14냥	수만이로 부터 받음
1849.12.03	반주치마	유씨부인	7냥 4전	개천 판매 대행
1849.12.09	반주치마	유씨부인	7냥 5전	춘옥과 탱운에게 즉시 대출
1850.02.29	당목치마	유씨부인	13냥	당목은 시장 구매
1850.03.03	자주저고리	유씨부인	10냥	무늬, 자주색저고리
1850.04.03	자주저고리	유씨부인	10냥	자주저고리
1850.04.29	자주저고리	유씨부인	6냥	광점에게 준 빚
1849.10.24	저고리	유씨부인	6냥 2전 5분	왕동댁에서 저고리 구매
1849.10.29	저고리	유씨부인	5냥 3전	춘옥이가 중간 상인 노릇
1850.06.17	저고리	유씨부인	5냥	2년 전 것. 고리대 회수
1851.08.26	저고리	유씨부인	7냥	판매대금. 최만일이 구입

필로 치마(26척)와 저고리(9척)을 제작하는 것으로 계산해보자. 다음의 [표 4]는 부인의 판매한 의복 중 가격을 확실히 알 수 있는 것만 뽑아 제시한 것이다. [표 4]를 보면 의복 가격의 대강을 가늠할 수 있다. 일단 옷감이 많이 사용되는 치마는 13~14냥 정도로 판매되며, 반주치마는 속 치마로 그것의 절반 가격인 7냥 5전 정도에 판매된다. 남색 치마의 원가를 계산할 때는 옷감과 염료를 계산해야 하지만, 염료 값을 알 수 없으므로 치마 값 14냥에 26척의 옷감이 들어가는 것으로 계산하면, 1척 당 5전4분이라는 판매 단가가 나온다.[45] 반면 저고리를 만들어 판매할 때는 약 7냥 정도(일기에 적시된 저고리 판매 대금은 6~10냥 사이)를 받는

45) 치마 : 14냥/26척 = 1척 당 단가 = 5전 4분
    이윤 : 5전 4분 - 4전(12승포 1척 당 구매 단가) = 1전 4분(1척당 이윤)
    저고리 : 7냥/9척 = 1척 당 단가 = 7전 8분
    이윤 : 7전 8분 - 4전(12승포 1척 당 구매 단가) = 3전 8분(1척당 이윤)

다고 할 때, 1척 당 7전 8분의 판매 단가가 나온다. 앞장에서 살펴보았듯이 12승 면포 구입 단가가 1척당 4전 정도이므로 치마로 만들어 팔 경우 1척당 1전 4분, 저고리는 3전 8분의 수익이 나온다. 이같이 저고리의 판매수익이 높은 것은 수공이 많이 들어가기 때문이며, 이에 부인은 치마보다는 수익률이 높은 저고리를 더 많이 제작하고 있었다.

그럼 다시 앞에서 언급한 방직 수공업자가 총 1냥 2전을 받고 제작한 12승짜리 53척 면포의 최종 수익률을 확인해보자. 앞에서 계산했듯이 부인이 면포만 제작했을 경우 판매 대금으로 약 20냥(제작비 제외)을 받을 수 있다. 이는 면화 생산에서 방적과정까지의 제작비용이 포함된 금액이다. 그러나 이것을 의복으로 제작할 경우, 수익률은 급증한다. 12승 면포 53척46)으로 치마 2개를 만들 경우 예상되는 판매 총액은 28냥이고, 치마1개와 저고리 3개를 제작하면 총 35냥(치마 14냥, 저고리 7냥으로 계산) 정도이다. 즉, 방직 수공업자가 받는 총 1냥 2전이라는 수익 금액과는 비교도 안되는 8~15냥 정도를 추가로 확보 할 수 있는 기회이다. 이 때문에 바느질 솜씨 좋은 많은 여성들이 의복 제작에 몰두한 것으로 보인다.

마지막으로 의복 제작은 누가 담당했을까? 이 문제는 의복생산이 주변 노동력을 동원하여 전업화하였는지 혹은 부업 차원인지의 문제와 관련되어 있다. 먼저 유씨부인이 있다. 부인은 장기간의 병환에서 일어나 당목 천을 만지면서, 이제는 다시 못 맡을 것 같다는 이야기를47) 통해 그녀가 직접 제작에 참여하였다는 것을 알 수 있다. 그러나 이 집에서 생산되는 의복을 오로지 부인 혼자서 감당할 수 없었다. 따라서 주변에

---

46) 53척으로는 여성 치마 2벌, 혹은 여성 치마 1벌에 저고리 3벌을 만들 수 있다.
47)『경술일기』 1851. 8. 2. "당목 다듬던 것 두 못 맞고…."

서 일손을 동원하는데, 첫번째로 정주댁을 꼽을 수 있다. 정주댁은 친족
양반 여성인데 미망인으로 추정되며, 유씨부인댁에 총 6번 방문하여 길
게는 15일, 짧게는 4~5일 정도씩 장기 유숙하면서 저고리 등을 만들거나
중요한 손님이 올 때 거들러 오는 여인이다.[48)

그 다음에는 자료에 의복 생산을 한다는 내용은 없지만 경화로 기술
된 하민 여성이 부인을 돕지 않았을까 추정된다. 그녀는 총 8번 방문하
는데 길게는 16박, 짧게는 3박씩, 대체로 일주일간 장기 유숙하는 노인
이다.[49)] 그녀와 물화 모로 기술된 여성 또한 딸과 함께 혹은 혼자서 총
7번 방문하여 길게는 1주일, 짧게는 1박씩 유숙한다. 경화와 물화 모, 그
리고 부인의 여종들이 유씨부인의 부족한 일손을 도와 의복 생산에 투
입되지 않았는가 추정된다. 이들은 부인으로부터 모두 품삯 혹은 대가
를 받았을 것으로 추정된다. 바느질 품삯은 동시대 아래 사료에서도 확
인되는 바이다.

> ⑮ 부인은 방법을 마련하여 바느질 품을 팔고 베 짠 삯을 받아서는 식
>   량을 살 비용을 충당하였다.[50)
> ⑯ 할머니는 바느질하는 품을 팔아 제사를 받들고 위아래 사람들을 먹
>   였다.[51)
> ⑰ 안일을 처리하면서도 재물을 절약하여 썼으며, 있든 없든 간에 부지

---

48) 『경술일기』1850. 2. 13; 1849. 12. 19; 1850. 2. 10; 1850. 3. 22; 1850. 5. 6; 1850.
    8. 24; 1851. 8. 20. "뎡쥬집이 나으리 져구리 ㅎ다."
49) 『경술일기』경화의 방문 일 : 1849. 10. 22; 1849. 12. 3; 1849. 12. 14; 1849. 12.
    21; 1850. 1. 5; 1850. 1. 9; 1850. 1. 13; 1851. 8. 17. 물화 모의 방문일 : 1850. 3.
    19; 1850. 4. 3; 1850. 4. 13; 1850. 4. 21; 1850. 4. 24; 1850. 9. 11; 1850. 10. 28;
    1850. 11. 14.
50) 신작, 「부인 경주김씨의 행장」『19세기·20세기 초 여성생활사 자료집』권 1, 569쪽.
51) 신기선, 「할머니 유인 연안 이씨 행장」, 앞의 책, 권 9, 133쪽.

런하여 일찍이 <u>바느질로 삯을 받아 밭 세이랑을 마련</u>하였는데, 내가 팔아서 썼는데도 난색을 띠지 않았다.[52]

위의 사료에서 나타나듯이 가난한 사족 여성이나 빈민 여성들은 생계를 벌충하기 위해 품삯을 받고 바느질을 하였다. 특히 바느질은 남성들이 <여공>으로 장려하는 일로 솜씨만 좋다면 사족 여성들도 종사할 수 있는 분야이다. 앞에서 언급한 정주댁이 그런 사례에 해당된다고 하겠다.

그러나 [표 4]에서 볼 수 있듯이 유씨부인의 의복 판매는 아주 잦은 편은 아니었다. 일기가 기술된 시기에는 총 14회, 즉 1달에 1회 꼴로 이루어지고 있다. 즉, 가족을 위한 의복도 생산하고 '봉제사 접빈객'에 분주했으므로, 판매를 위한 생산에 매달릴 수 없다는 뜻이다. 결국 유씨부인의 의복 생산은 전업 생산이 아니라 남는 시간과 주변 노동력을 활용한 부업 정도로 보아야 할 것이다.

비록 전업적인 의복 생산은 아니었지만, 사족 여성이 판매를 위한 의복을 생산했다는 점은 많은 시사점을 제공한다. 지금까지의 연구에 따르면 의복 생산은 자가 소비를 목적으로 하고 농가로부터 분리되지 않았다고 알려져 있다. 물론 일정 부분 자가 소비를 하고 있지만, 여성노동, 심지어 유씨부인의 경우처럼 주변 노동력을 고용하여 의복을 생산한다는 것, 그 수익률은 면화재배나 면포 제작보다 높았다는 것, 그리고 앞서 언급했듯이 많은 여성들이 바느질(의복생산)을 통해 살림을 꾸려나가고 재산을 일구었다는 남성들의 회고담은 농가로부터의 의복 생산이 분리되는 초기의 모습을 반영하는 것이 아닐까 추정된다.

---

52) 임헌회, 「정부인에 추증된 아내 윤씨 행록」, 앞의 책, 권 6, 107쪽.

2. 상품 판매와 수익, 그리고 중간책

1) 상품의 종류와 중간책

유씨부인은 방적이나 의복 생산 외에도 판매업까지 진출하여 경영의
다각화 꾀하고 있다. 판매 내역을 보면 전문 유통 상인들의 것과 비교하
여 볼 때 물품 종류, 빈도수, 총 판매량의 측면에서 미미한 편이지만, 일
반 사족여성들이 상업 활동과 재산 축적 과정을 엿 볼 수 있는 수치이
다. 또한 이 수치는 1년 반 일기에 해당하는 점이라는 것을 염두에 둔다
면, 유의미한 수치라 하겠다.

[표 5] 판매 내역표   (단위 : 빈도수)

물품명	구매	판매
치마, 저고리	1	14
귀금속(비녀, 반지, 노리개)	2	18
안경	1	3

[표 5]를 보기로 하자. 유씨부인의 판매 상품은 여성의복과 일부 귀금
속 및 안경에 국한되었다. 이 중 여성의복들은 부인이 생산한 것으로 인
근 지역에 소매로 판매되고 있다. 저고리와 치마 판매 빈도수는 총14회
로 집계된다. 그리고 새로운 상품이 출현하는데 여성용 비녀와 반지 등
귀금속이 18회, 안경이 3회 판매되었다. 안경이 판매되었다는 것은 구매
층이 주로 식자층인 양반들이었다는 것을 의미하고 귀금속의 판매 대상
도 사족 여성층이었을 것이라는 점을 추정케 한다. 즉, 부인의 주 고객
층은 동일 사족층이며, 상품 판매는 여성의 부업이라는 특징이 있다.
사족여성들의 귀금속 판매는 꽤 일반적인 현상인 듯싶다. 일시적인

생활 궁핍을 타개하기 위해 여성들의 패물 매각은 예나 지금이나 흔히 있는 일이다. 아래 사료에서 볼 수 있듯이 남성들은 여성을 추모하는 글에서 패물 판매를 종종 언급하고 있다.[53]

① 박씨는 비녀, 반지 등 패물을 모두 팔아 입에 맞도록 봉양하는데에 썼다.[54]
② 갓 시집왔을 때 약간의 쓰개와 치마, 비녀, 귀고리 등이 있었는데 아끼지 않고 팔아서 어머니의 아침저녁 거리와 땔감 밑천으로 삼았다.[55]
③ 친정집이 굶주리고 쇠락하자 몸에 차는 장신구를 풀어 경영하여 점차 재산을 불려 장차 제전으로 준비하려고 하였다.[56]

①과 ②의 사료는 모두 소지한 패물을 팔아 생계를 이어 나갔다는 것이다. 유씨부인이 이들과 다른 점은 자신이 소지한 귀금속을 생활 궁핍 타개를 위해 판매하는 것이 아니라 수익 창출을 위한 판매 행위를 한다는 점이다. 특히 귀금속은 부피가 작고 가볍기 때문에 서울에서 물건을 해오기 용이하다. 수익률 또한 높기 때문에 자본만 있으면 용이한 사업이다. 바로 사료 ③, 즉 장신구를 판매하여 밑천을 마련하여 재산을 늘렸다는 곽종석의 언급과 동일 선상에 있다.

유씨부인은 사족 신분이므로 자신의 노비들을 판매책으로 활용하고

---

53) 송정은, 「숙모정부인 전주이씨 행장」 『18세기 여성생활사 자료집』 권 1, 30쪽에는 "돌아 와 서호에 거하게 되자 부인은 비녀와 귀걸이를 팔아 밭을 일구고 농사일을 하며 종신토록 살려고 하였다. 한편 김창흡은 그의 「아내 이씨에게 올리는 제문」 동상, 109쪽에서 "거친 땅에서 소를 빌리면서도 당신은 스스로 부지런히 애쓰며 보석을 팔며 무를 캐며 종처럼 힘을 다해 일을 했소."라고 기술하고 있다.
54) 서유구, 「김씨 집안, 박씨 집안 두 열부의 전」, 앞의 책, 권 2, 235쪽.
55) 심노숭, 「언행기」, 앞의 책, 권 9, 19쪽.
56) 곽종석, 「이유인 묘지명」, 앞의 책, 권 7, 307쪽.

있다. 아래 사료를 보기로 하자.

> ④ 광점의게 스믈석냥 바든 거슨 오더펄이게 바든 거시오. 춘옥이게 바
> 든 엿냥 두돈은 안경 ᄑ 것 닷냥 서돈은 내 져구리 ᄑ 거시니
> 라.(1849. 10. 29)
> ⑤ 기천 칠냥 ᄉ젼 밧은 것 내 반쥬치마 ᄑ 돈이라.(1849. 12. 3)
> ⑥ 업손 팔냥 두돈 오푼ᄒ여 온 것 윤듸 농잠 갑시라.(1849. 12. 1)

　④ ⑤ ⑥의 자료에서는 광점, 춘옥, 개천, 업손 등에게 물건 판매 값을
받은 내역이 적혀있다. 그 외에도 막돌과 판금을 통해 물건이 거래되고
있다. 그 중 ④에서는 광점에서 23냥을 받았는데, 그 돈은 오더팔로부터
받은 것이라 한다. 오더팔은 상인 이름으로 보여 지며, 아마도 이 지역
의 유통을 담당하는 육군상무사 중 하나가 아닐까 추정된다. 광점은 막
돌, 판금과 함께 유씨부인의 노비로 보이는데, 그가 부인을 대행하여 오
더팔이라는 상인과 접촉하고 있다. 한편 춘옥, 개천, 업손은 부인의 가사
일에 종사하지 않으므로 노비가 아닌 것으로 보인다.

　여기서 우리의 주목을 끄는 인물은 여성인 춘옥과 판금이다. 판금은
부인의 婢로 추정되며, 춘옥이는 인근에 거주하고 있는 여성으로 보인
다. 남녀가 유별한 조선사회에서 남성 상인이라도 양반가의 안채에 들
어가기는 쉽지 않았다. 실제 소비생활에서 여성이 차지하는 비중은 상
대적으로 높기 마련이며, 고가의 옷이나 직물, 종이, 장신구류 등이 상당
량 유통되었던 역사적 사실을 감안해 볼 때, 여성 褓商들의 활동을 눈
여겨 봐야 할 것이다.[57] 바로 판금이와 춘옥이가 인근 사족 여성들의 안

---

57) 조선시대 자료에는 여성 방물장수들의 존재가 종종 등장한다. "어려서 친정 부모
님 옆에 있을 때에도 방물장수와 행상이 파는 아름다운 귀고리와 옥 노리개를 찾

채에 드나들면서 유씨부인을 대신하여 판매행위에 종사하고 있었던 것이다. 안채와 외부 세상을 연결시켜 주던 수많은 여성 褓商들의 존재에 관심을 기울여야 할 것이다. 이상으로 총 6명의 중개인들이 부인을 대신하여 거래하는 듯하며, 이들에게는 일정의 구전이 주어지고 있다.

> ⑦ 춘옥 돈 흔냥 주다.(1849. 12. 3)
> 　 초ᄉ일 춘옥이게 밧은 이십냥 슌이 빗주다. 안경 옥즘 픈 거시라.(1849. 12. 11)
> ⑧ 져구리 픈 돈 넉냥 판절 주다. 구전 느다.(1849. 11. 18)

　자료 ⑦는 춘옥이에게 돈 1냥을 주었는데 그 이유는 밝히지 않았다. 그 아래의 12월 11일자 일기를 보면 4일에 춘옥에게 무엇 때문인지 모르지만 20냥을 받았다는 내용이 등장한다. 이 내용은 앞에 춘옥이에게 1냥을 준 것과 관계가 있는 것으로 보이는데, 날짜에 차이가 있다. 즉, 1냥을 준 것은 12월 3일인데, 20냥을 받았다고 기록한 것은 그 다음날인 12월 4일이다. 춘옥에게 1냥씩이나 준 것은 분명이 이유가 있을 텐데, 아마도 부인이 날짜를 착각하여 20냥의 구전료 1냥을 3일에 주었는데 4일로 기재한 것이 아닌가 싶다. 이렇게 해석해 볼 때, 구전료는 약 1/20 정도로 보인다.[58] ⑧은 판절에게 저고리 판 돈 4냥을 주었는데, 구전이 늘었다는 표현으로 판절이 받는 구전이 늘었다는 것으로 추정된다.

　부인은 다시 노비나 중간 상인들을 시켜 물건을 구매하고 있다. 이 물

은 적이 없었다. 여러 자매들은 모두 사달하고 하는데 그대만 홀로 조각처럼 구석에 앉아 물건에 손도 대지 않았다. 방물장수가 괴이히 여겨 물어봐도 미소만 지을 뿐이다." 심노승, 「언행기」, 앞의 책, 권 9, 19쪽.

58) 상인들의 구전은 대개 판매 값의 10분의 1에서 5분의 1정도였다고 한다. 김동철, 「서울상업」『조선시대 생활사』, 역사비평사, 1996, 459쪽.

건은 후일 판매를 위한 구매로 보인다. [표 6]과 아래 사료를 보기로 하자.

⑨ 홍옥의 가락지 낭 팔전의 사다.(1850. 7.2)
⑩ 가락 둘 뒤돈 식 주고 사 판금 형뎨 맛지다.(1849. 12. 10)
⑪ 당동 놈 가는듸 퇴션 다미 낫 보너고 …… 서울 편지는 아므듸도
  못ᄒ다. 윤듸 돈 열닷냥 보너다. ○○○○치마 사랴 열냥 부치다.
  (1850. 9. 1)
⑫ 광졈 칠냥 돈 수 안경 갑스로 준 것 밧다.(1850. 2. 2)

[표 6] 판매를 위한 상품 구입표

년도	상품	상품주	판매금액	구입금액	수익	비고
1849.10.07	은	유씨부인		2냥 6전		은 6돈 7푼
1849.12.01	옥가락지	유씨부인	4냥 8전 4분	2냥 4전	2냥 4전 4분	판금 판매 대행
1849.12.01	가락지	윤댁	11냥 7전	6냥	5냥 7전	판금 판매 대행
1849.12.10	가락지	유씨부인		8전		가락지 2개를 4돈씩 주고 구매. 판금이 형제에게 판매용 맡김
1850.07.02	홍옥가락지	유씨부인		1냥 8전		홍옥 가락지 구매, 판매용
1850.11.02	가락지	윤댁		13냥		윤댁 반지 판매용
1850.01.24	남색천	유씨부인		?		적삼 만들기 위한 남색 천 5척
1850.01.24	무명천	유씨부인		5냥 6전		적삼 들기 위한 무명 천 14척
1850.02.02	안경	유씨부인		7냥		광점에게 안경값으로 준 돈
1850.04.13	무명천	유씨부인		1냥		무명 20척
1850.04.28	무명천	유씨부인		5전		무명 10자
1850.09.01	치마	유씨부인		10냥		서울 인편에 치마 구매 10냥 보냄

⑨과 ⑩번 자료에서 유씨부인은 홍옥 가락지를 사거나 가락지 두 개를 4전씩 구매하여 다시 판매를 위해 판금형제에게 맡기고 있다. ⑪번 사료는 서울 장동가는 奴 인편에 서울에서 000 치마 구매를 위해 10냥을 보내기도 하였다. 그리고 ⑫번 사료에서는 광점에게 안경을 사라고 7냥을 주었는데, 돌려받았다는 내용으로 보아 광점이 물건을 도매해 오는 것으로 보인다. 이상과 같은 내용을 통해 유씨부인은 노비를 활용하여 자신이 제작한 여성 의복과 안경,

[그림 20] 여성 보상. 신윤복 어물장 조선후기에는 많은 여성 보상들이 장시와 집을 연결시켜주고 있었다.

비녀, 가락지 등 귀금속 판매를 했다는 것을 확인할 수 있다. 이 말은 유씨부인은 중간 판매책을 통해 자신의 사회적 네트워크 밖에 있는 사람들까지 고객층을 확대하고 있다는 뜻이다.

2) 상품 판매의 수익률

다음으로 물건의 판매 수익률을 확인해보자.

판금의게 내○○○○○ 가락지 갑 본전 두냥 너돈 밧고 길미 두냥 너돈 너푼 누이다. 판금 닷냥 닐곱 ○○○○○ 돈 윤듸 오동지환 픈 돈 길미 밧고 본전 뉵냥 오늘노 미이다. 업손 팔냥 두돈 오푼ᄒ여 온 것 윤듸 농잠 갑시라.(1949. 12. 1)

위 기사의 내용은 유씨부인이 판금에게서 자신의 가락지 값으로 본전으로 2냥 4전에 이익금 2냥 4전 4푼을 받았다는 것이다. 즉, 여기서의 판매 수익금은 100%가 넘는다. 그 다음으로 판금에게 준 6냥은 윤댁의 가락지 본전이고, 그 이익금은 5냥 7전이라는 것이다. 이 또한 수익률이 거의 100%에 육박한다. 이로서 우리는 이러한 귀금속 소매가 상당한 수익성 사업임을 짐작할 수 있다.

사족 여성들의 상업활동은 『병자일기』의 남평 조씨의 사례에서 보이고, 사족 남성들의 상업활동도 오희문가의 『쇄미록』에서 엿볼 수 있다. 남평 조씨는 노비를 활용하여 소금, 미역, 조기 등을 구입하였다가 판매하는 영리활동을 하였다고 하며, 공인권 매매 기록 중 여성인 강씨 부인이 공인권을 파는 이야기도 발굴되고 있다.[59] 그 외에도 19세기 중반 위정척사론자로 유명한 이항로의 둘째 딸 경우도 술을 빚어 생계를 삼고자 하였는데, 부친의 반대로 그만 둔 사례가 있다.[60] 그러나 성리학적 규제에서 상대적으로 벗어난 평민 여성들의 경우, 본 일기에서 간간이 등장하는 것처럼 떡이나 가래떡, 술, 국수, 두부, 장, 기름, 초 등을 판매하거나 삯을 받고 주문 생산하였다. 이 같은 현상은 조선 후기 일상생활을 그린 민화나 소설에서 목격할 수 있다. 다만 그동안 사족여성들의 상업 행위는 잘 드러나지 않았던 부분이다.

이렇듯 성리학적 가부장 사회에서 사족 여성의 영리활동은 표면상 금기시되고 있기 때문에, 사족 여성들의 판매 행위는 대체로 자신이 소유한 귀금속이나 의복 정도를 필요시 처분하는 정도로 생각해 왔다. 그러

59) 한효정, 성신여대 박사논문, 118~121쪽, 124~128쪽.
60) 황수연, 「19세기 사족 여성의 빈곤 경험과 대처에 관한 연구」 『여성문학연구』 32, 2014; 김현미, 「19세기 조선 학자의 딸/선비의 아내로 산다는 것」 『한국문화연구』 20, 2011.

나 17세기 중반『병자일기』의 남평조씨처럼 유씨부인도 비록 소규모이고 간헐적이지만, 서울 등지에서 상품을 구매해 와서 노비 등을 대행시켜 소매하는 적극적인 경제 행위를 하였다는 점을 확인하였다. 그동안 심증은 가지만 자료로 확인할 수 없었던 양반가 여성들의 상행위가 그 실체를 드러내었다고 보여진다.

3. 묵인된 여성의 대부활동과 신용공급

앞 장에서 살펴 본 의복 생산과 귀금속 판매를 통해 확보된 자금은 어디에 사용될까? 먼저 일기에는 다양한 사용처가 나온다. 우선 생활비, 부의금, 외부로 반출되는 선물 및 물건 구매를 위해 지출되고 있다. 다음으로는 자신의 명의로 된 논 5두락을 사는데 사용되고 있다.[61] 흥미로운 것은 부인 소유의 것은 '내 논', '내 돈'으로, 남편의 돈은 '임자 돈'으로 지칭되며, 소유권을 분명히 하고 있다는 점이다.[62] 그 다음 자신의 돈으로 40냥짜리 고가의 나귀를 구입하고 있다.[63] 그러나 부인의 돈은 대부를 위한 종자돈으로 제일 많이 투자된 것으로 추정된다. 물건의 수익금이 들어오면 즉시 주변 인물들에게 대부되었다.

유교사회인 조선에서 관료의 사익 추구나 고리대 활동은 경계하는 사안이지만, 중앙정부나 관청, 그리고 사족 남성들과 그의 부인들은 공식·비공식적으로 대부업에 열중하고 있었다.[64] 돈을 떼일 위험은 있었지만,

---

61)『경술일기』1850. 1. 12. "논 오두낙의 내 ○○○○○ 십오냥 주고 ○○○○○."
62)『경술일기』1851. 7. 29.
63)『경술일기』1850. 6. 21. "내돈 ㅅ십냥 나귀 사노라."
64) 송찬섭,「19세기 환곡운영의 변화와 환보의 부세화」『외대사학』4, 1992; 이영호,『한국근대지세제도와 농민운동』, 서울대 출판부, 2001.

아주 편하고 수익성도 높은 재산 증식 방법이었기 때문이다. 은행이 없었던 당시 향촌 사회의 수요 또한 항상적으로 있었다. 이덕무가 「부녀자가 지켜야 할 행실」에서 "돈놀이 하는 것은 더욱이 어진 부인이 할 일이 아니다. 적은 돈을 주고 많은 이자를 취하는 것이 의롭지 않을 뿐만 아니라, 혹여 기일을 어기고 돈을 돌려주지 않으면, 독촉을 가혹하게 하고, 나쁜 말을 하게 된다."⁶⁵⁾라고 군이 고리대를 지적하면서 반대하는 것은 당대 여성들이 일상적으로 돈놀이를 하고 있다는 것을 반증하는 것이다.

그 밖에도 이이순(1754~1832)의 아내에게 올리는 제문에서 "돈을 빌려줄 때에는 재산의 유무에 따라 이자를 받았고,"라며 이식활동을 했음을 밝히고 있다.⁶⁶⁾ 오희상(1763~1833)의 "일찍이 남에게 빌린 것들은 모두 일일이 적어 두었으며, 그 중에 아직 돌려주거나 갚지 못한 것이 있으면 이를 써서 벽에다 붙여 두었다. 돌아가시기 며칠 전에도 십년 전 묵은 빚을 계산하여 갚으셨는데 원금에 대한 일수, 달수의 이자가 터럭만큼도 틀리지 않았다."⁶⁷⁾라는 글에서 지인들로부터 빚을 얻어 쓰거나 혹 빚을 주는 것이 일상적인 행위였음을 확인할 수 있다. 그러나 앞서 언급했듯이 이 모든 것들은 성리학적인 이념과 어긋 낫기 때문에 비공식적으로 공공연하게 시행되었다. 그러나 본 『경술일기』는 당대 사족 여성들이 얼마나 일상적으로 대부업에 종사하였는지 알려주고 있다. 아래 사료를 보자.

---

65) 이덕무, 「부녀자가 지켜야 할 행실」, 『18세기 여성생활사 자료집』 권 6, 451쪽.
66) 이이순, 「아내 의인 선성이씨에게 올리는 제문」, 『19세기·20세기 초 여성생활사 자료집』 권 1, 77~80쪽.
67) 서유구, 「낳아주신 어머니 정부인 한산 이씨 유사를 쓰다」, 앞의 책, 권 2, 306쪽.

① 막돌 지환 픈 돈 닷냥 어더가다.(1849. 12. 8)
② 초ᄉ일 츈욱이게 밧은 이십냥 슌이 빗주다. 안경 옥즘 픈 거시
  라.(1849. 12.11)
③ 영졈 빗 열냥 윤딕 눙잠 갑시라.(1849. 12.13)
④ 왕동 믓딕이 빗 달나기 윤딕 옥 판갑 닷냥 보닉고 지 오전 남
  다.(1850. 2. 8)
⑤ 시월 석냥 쵸○○○○○ 내 가락지 픈 돈이라.(1850. 3.9)
⑥ 귀졈 두씨 먹고 가ᄂ딕 즈쥬져구리 픈 돈 열냥 어더가다.
  (1850. 4. 3)

①~⑥까지의 자료들은 모두 물건 판매대금이 즉시 대출되는 것을 보여 주고 있다. "막돌이가 자신의 가락지 판돈 5냥을 얻어갔다."에서부터 안경과 옥비녀 판 20냥을 순이가 빌려가고, 윤댁의 용잠(비녀) 판돈을 영점이가 대부했다는 등 상당히 많은 사례가 일기에 기재되고 있다.

대출 금액 분포도와 대차관계를 살펴보기로 하자. [표 7]을 참조해 보면 1년 반 동안 총 47회 대출건수가 기록되는데, 대출의 29회는 10냥 이하의 소액이다. 이 소액은 주로 하민들이 대출하고 있다. 반면 양반들은 상대적으로 고액 대출, 즉 20냥 이상을 빌려가고 있는데, 양반 대출은 하민의 절반인 15회를 차지하고 있다. 유씨 부인의 채무자들은 대부분이 하민들로 총 32회를 차지하고 있다고 볼 수 있지만, 하민에게 대부된 총 금액은 263.86냥이고, 양반 신분층에게는 244냥이기 때문에, 빈도수와 총 대부액은 반드시 연동되지 않는다. 아울러 부인이 대출하고 있는 총 금액은 병환으로 인해 일기가 모두 정확하게 작성되지 않아 확인하기 힘들다. 그러나, 대강을 가늠하기 위해 그녀가 대출한 총액을 계산해 보았더니, 약 500냥 정도로 추산된다.

[표 7] 대부 금액 및 신분별 채무자

금액(냥)	빈도수	양반	하민
?	2		2
0~2	2	1	1
2~5	13	4	9
5~10	12	2	10
10~20	7	2	5
20~50	8	4	4
50~100	3	2	1
합계	47	15	32

유씨 부인의 대부업을 통한 재산 증식은 상당히 성공적이었던 듯싶다. 친족 여성들은 자신의 잉여 현금을 대부해 달라는 요청을 하고 있다. 소정댁이 돈 10냥을 길러 달라고 돈을 보냈다는 기사, 서울 가회동의 돈을 쇠돌이에게 빚으로 주었다는 기사, 용암댁의 돈과 공주댁의 돈을 꾸어 갔다는 기사, 심지어, 남편의 돈 30냥을 대부하는 등 전주의 분포도는 다양하다.[68] 그 중에서도 자신의 딸과 같은 윤댁의 돈은 총 12회나 증식시켜주고, 일정 기간이 지나면 100냥 씩 서울로 송부하고 있다. 이 같은 현상은 어떻게 해석할 수 있을까? 은행이 출현하기 이전 지역의 전주는 주변으로부터 일종의 예금을 유치하여 자본금을 늘리고, 이를 대출하여 수익을 올린 후 일정액의 구전, 즉 수수료를 챙긴 것으로 이해할 수 있지 않을까? 아쉽게도 일기에는 유씨부인의 구전 수수 이야기는 나오지 않으나 이러한 현상은 19세기 상인들 뿐 아니라 서울 양반 관료들에게서도 광범하게 나타나는 현상이었다.

마지막으로 대부의 이율과 환수 정도를 살펴보기로 하자. 먼저 이자

---

68) 『경술일기』, 1850. 2. 6; 1850. 6. 24; 1850. 9. 1; 1851. 7. 29; 1851. 8. 6.

율과 관련하여 아래 [표 8]은 대출과 회수금 샘플이다. 이자율을 계산할 수 있는 사료 4개를 선정하였다.

[표 8] 대출과 회수금 샘플

년도	내역	전주	대출인	대출금액	이자	회수금액	비고
1849.12.24	1848년 11월 저고리 팔아 대출. 본전 회수	유씨부인	비금	20냥	10냥	20냥	이자는 남겨둠
1850.05.29	1849년 8월에 대출	윤댁	월계댁	50냥	22냥	72냥	
1850.03.03	1849년 윤4월 대출(11개월)	유씨부인	귀점	10냥	14냥	4냥 반	5전남음
1850.02.29	대출 회수	윤댁	영점	10냥	1냥 반	11냥 반	
1851.08.06	지난 달 꿔준 것	유씨부인	오곡댁	7냥		7냥	
1850.11.18	지난 10월에 빌려간 것	윤댁	오곡댁	10냥		10냥	
1850.11.21	지난 3월에 빌려간 것	유씨부인	순매	5냥		7냥	
1850.03.29	회수	유씨부인	오곡댁	20냥	4냥	24냥	
1850.07.19	회수	유씨부인	오곡댁			80냥	
1850.06.17	회수(재작년, 2년 만에)	유씨부인	기술	5냥	5냥	10냥	

⑦ 전년 지월의 비금 내 져구리 푼 돈 스무냥 주엇더니 오늘 본전 이십 밧고 길미 열 석냥 누이다.(1849. 12. 24)
⑧ 명산 돈 팔월의 스무냥 어더간 것 뉴냥 늘고 칠냥은 가락지 푼 돈 열세손 당묵치마 푼 돈이오 영점 윤듸 돈 십냥 냥반 느러 밧다.(1850. 2. 29)
⑨ 디난 윤ᄉ월의 귀졈내 유문 ᄌ쥬져구리 푼 돈 열냥 가져가더니 오늘 십ᄉ냥 밧고 닷돈 써러디다.(1850. 3. 3)
⑩ 월계서 윤듸 돈 팔월의 오십 느리라 간 것 오늘 칠십이냥 반 ᄒ여오다.(1850. 5. 29)

먼저 사료 ⑦을 보자. 지난해(1848년) 11월에 비금에게 자신의 저고리 판 돈 20냥을 빚으로 주었더니 오늘 1849년 12월 24일에 본전 20냥을 받고 이자 10냥은 빚으로 남겼다는 기사이다. 총 1년 1개월에 대한 이자가 10냥이므로, 이자율은 거의 5할에 육박하고 있다. ⑧번 사료에는 명산이가 8월에 20냥을 얻어 간 것이 6냥이 들어났다는 기사이다. 7개월간의 이자가 6냥이므로, 이자율은 5할 정도이다. ⑨번 사료는 지난 윤4월 귀점이가 무늬가 있는 자주저고리 판돈 10냥을 꾸어 갔는데, 오늘 14냥을 받고 5전이 떨어졌다고 한다. 총 11개월 동안 이자는 4냥 반이므로 이자율은 정확히 5할이다. ④번 사료는 월계댁에서 윤댁의 돈을 1850년 8월에 50냥 대출하였는데, 1850년 5월 29일에 72냥 반을 납부하였다는 것이다. 10개월에 22냥 5전을 받았으므로 5할(50%) 상회한다. 이상의 사료를 통해 우리는 호서지방의 사채이율이 대체로 5할 내외의 대부라는 것을 확인할 수 있다. 부인과 지인 간의 친밀도에 따라 개별적으로 약간의 차이가 있을 수 있겠으나, 전반적으로 이 이자율은 19세기 중반 관행적으로 받던 이자와 비슷하다. 당대 법정 이자율은 대체로 연 2할, 최고 5할인데, 실생활에서는 연 5할의 이자율이 통용되었다고 한다. 최승희는 19세기 담보가 있는 대부업 이자율은 월 5%(연 60%), 담보가 없는 대부는 월 3%와 5%(연 36~60%)가 일반적이었다고 한다.[69]

상환기간은 잘 알 수 없지만, 대체로 1년 이내로 보인다. 그러나 빚이 생각처럼 잘 회수 되지 않은 듯싶다. 당진의 은철이가 1848년 8월에 유씨 부인의 돈 50냥을 빌렸는데, 그동안 갚지 않다가 1850년 11월 17일 막돌이가 가서 간신히 30냥을 받아 왔다는 기사가 실렸다.[70] 이에 학계에서는 원금 회수율이 낮기 때문에 5할의 이자율은 높은 것으로 볼 수 없

---

69) 최승희, 「조선후기 고문서를 통해 본 고리대의 실태」『한국문화』 19, 94쪽; 마석한, 「17·8세기의 고리대 활동에 대하여」『경주사학』 8, 1989, 59쪽.
70) 『경술일기』 1850. 11. 17. "무신 팔월의 막둘이가 당진 은철의게 닉돈 오십냥 봉수 흔 것 오늘이야 간신이 삼십냥 바다 밧치다."

다는 견해도 제기되고 있다. 대부분의 채권자들은 단기로 빚을 얻는 것으로 보인다. 대체로 1년을 단위로 하는 것이 아닌가 추정되며, 차용증서 작성이나 담보물 책정 등과 관련한 기사는 일기에 나타나지 않는다. 그러나 10냥 이상의 대출들은 차용증서라도 작성하지 않았을까 추정된다.

이상과 같이 호서지역 사족 여성의 대부 활동을 살펴보았다. 대부업과 같은 이식행위는 성리학적 이념에서 벗어났기 때문에 유학자들은 이를 비판하였다. 그러나 실생활에서는 왕실부터 사족은 물론 상공인, 관청 등 재력이 있는 자들은 모두 크고 작은 규모의 대부업에 종사했다. 각 마을공동체의 동회나 향계, 족계의 자금이나 재산 형성 방법으로 고리대를 활용했던 사실은 광범하게 검출되고 있는 현상이다. 비록 환수율에 있어 리스크가 있었지만 가장 쉬운 이식 행위이자 천하다고 생각된 육체노동을 요하지 않기 때문이다.

조선시대 고리대 활동은 민들의 잉여를 수탈하는 기능을 갖는 동시에, 사회 구조적인 문제로 파악하였다. 최근 고리대를 지주의 재산증식 수단으로만 이해하지 말고, 마을의 신용 수요와 공급이라는 측면에서 볼 것을 제안한 연구가 있다.[71] 양반가는 신용을 공급하는 기능을 함으로써 공동체의 안정을 꾀하는 역할과 책무도 있었다는 지적이다. 부인의 대부 활동도 그런 시각으로 분석할 수 있다. 흥미로운 점은 부인은 주변의 자본까지 예치·활용하여 대부 활동을 하고 있다는 점이다. 하민들이나 지인들의 급한 화폐 수요가 발생했을 때, 자신이 대출하거나 혹은 주변 지인의 돈을 알선하고 있다는 점에서 마을 공동체의 안정에 기여하고 있다고 볼 수 있다. 또한 이러한 대출과 알선을 통해 개인 재산 증식은 물론 부인의 사회적 연망의 유지 및 확대, 그리고 하민들의 충성

71) 김재호, 「농촌사회의 신용과 계 : 1853~1934」 『맛질의 농민들』, 일조각, 2001.

과 긴박을 꾀하고 있다고 해석할 수 있다.

그러나 50% 이율의 고리대는 기본적으로 잉여를 수탈하는 속성을 갖고 있으며, 대부업을 활발하게 할 경우 마을 주민들의 평가는 그다지 좋을 수 없을 것이다. 김호근 가에는 이를 뒷받침하는 이야기가 구전되어 온다. 1894년 10월 제2차 동학농민전쟁이 태안, 덕산, 예산, 해미, 홍주 지역을 휩쓸고 지나갈 무렵, 해미현에서 결성현으로 넘어 가는 길목에 위치했던 김호근 가도 농민군의 습격을 받았다.[72] 이때 부인의 손자 喆圭가[73] 다리 부상을 입었고, 상당한 군량미와 군자금을 강탈당한 사건이 일어났다. 당시 부호가 및 세도가로 이름이 높았던 다른 양반들과 안동김씨들도 습격을 당했고, 이들은 이른바 유회군을 조직하여 홍주성에서 관군과 함께 동학도를 토벌하는데 앞장섰다. 그 후 국권침탈이 가속화되자 홍주지역은 홍주의병과 애국계몽운동, 독립운동의 소용돌이 속으로 빨려 들어갔다. 이에, 김호근 가는 수한리를 떠나 외부 충격으로부터 안전지대라고 판단한, 인근의 외진 지역, 결성면 용호리 평산으로 1911년에 이사 갔다. 동학군의 습격을 받았다는 것은 민들의 평판이 그리 우호적이지 않았다는 뜻이자, 부호로 지목을 받았다는 뜻이다. 혹시

---

72) 이 지역 동학 접주는 결성의 천대철, 홍주의 김영필, 김두열, 한규하 등이 있다. 2차 농민봉기 당시 이 지역은 관군과 농민군 간의 주요 접전 지역이었다. 1894년 10월 23일 경에 이르면 해미와 홍주 등지에 농민군 10여만이 둔치해 있었다는 보고가 있었는데, 23일에는 해미, 28일에는 홍주성에서 농민군과 관군, 일본군, 유회군 사이에 전투가 있었다. 아마도 농민군들이 해미에서 홍주로 넘어갈 때 김호근 가를 습격한 것으로 추정된다. 배항섭, 「충청지역 동학농민군의 동향과 동학교단」 『백제문화』 23, 1994; 양진석, 「충청도 지역의 농민전쟁」 『1894년 농민전쟁연구』 4, 역사비평사, 1995.

73) 김철규는 유씨부인의 둘째아들 병두의 둘째로, 큰아버지 병대가 절손되자 입후되었다.

유씨부인의 하민들을 대상으로 한 대부활동이 이에 일조하지 않았을까 추정해 본다.

일기에 나타나는 유씨부인은 양반가의 종부답게 '봉제사 접빈객'에 충실하고, 친족 어른들을 잘 모시며, 남편의 교유와 사회적 연망을 유지·확대하는 여성이었다. 거의 매일 출타하는 남편을 대신하여 가정도 계획적으로 잘 경영하였고, 검소하고 부지런하며, 노비 관리 능력도 뛰어났다. 남편의 문과 급제와 출세를 위해, 그리고 득남을 위해 떡을 놓고 빌기도 하고 점도 쳤다. 그리고 첩이 있는 서울로 자꾸 발걸음을 돌리는 남편이 원망스러워 조용히 눈물을 짓는 여성이기도 했다. 이런 여성을 '공적인 공간'에서 남성들이 묘사할 때는 보편적인 조선의 현모양처로 그렸을 것으로 짐작된다.

이런 '평범한' 사족 여성의 실상은 어떠했는지 본 장에서 확인해 보았다. '사적인 공간'에서의 그녀의 삶은 경제적 관념을 갖고 역동적으로 자신의 삶을 개척·추구하는 능력자의 모습이었다. 부인은 자신의 재산과 지출을 남편의 것과 구분하여 기록하고 확보하고 있다. 심지어는 자신의 돈으로 산 논에 대해서는 '내 논', 부인의 돈은 '내 돈', 남편이 고리대로 놓아달라고 준 돈은 '임자 돈 30냥'이라는 등, 소유권을 확실히 구분하고 있다.

부인은 자신과 주변의 노동력을 활용하여 상당한 부를 축적하고 있었다. 부인은 면화 재배와 방적과정을 통해 실을 생산하였고, 이를 주변의 전문 방직업자에게 고급 면포로 짜게 하여 수익률을 높이고, 수익률을 다시 극대화하기 위해 의복으로 제작하였다. 뿐만 아니라 시장에서 다양한 옷감을 구매한 후, 인근 여성들의 노동력을 고용하여 의복을 제작하여 시장에 판매하였다. 그 과정을 통해 확보한 수익은 농사 수익률보다 훨씬 높은 것이었다. 그 외에도 부인은 비녀, 안경, 노리개, 반지 등을 판매하여 거의 100%의 수익을 올렸고, 이를 통해 확보한 자금을 종자돈으로 다시 고리대에 투자하였다. 이러한 상품 제작, 유통 및 대부업 활동은 모두 믿을만한 노비가 대행하고 있었고, 노비는 그 대가로 구전을 받았다.

대부업 수익은 상업 활동 보다 훨씬 쉽고, 수익률 또한 높았다. 물론 50%의 수익률을 모두 확보하는 아니었고, 일부 돈은 떼이기도 하였다. 흥미로운 것은 부인은 자신의 돈만 대출금으로 활용하는 것이 아니라 주변의 지인들로부터 자금을 예탁 받아 대출하고 있다는 점이다. 아마도 그 과정에서 구전을 수수했던 것으로 보인다. 대부 활동은 양반가의 재산 증식 외에도 사회적 연망의 유지 및 하민들의 결속을 위해서도 중요하게 기능하였다. 결론적으로 부인의 치산과 경제활동은 생산의 다각화와 수익의 극대화를 꾀하고 있었다고 볼 수 있다.

이 같은 유씨부인의 치산 행위는 그동안 학계에서 연구가 진행되어 대략의 윤곽은 확인되었지만, 세세한 실상은 드러나지 않은 부분이었다. 그 이유는 여성들과 관계된 사료의 부족이다. 유학자들이 기술한 여성의 행장에는 남성들이 이상화한 여성상만 그려지곤 했다. 그 중 성리학자들이 제일 금기시 한 금전문제와 경제활동은 더더욱 가려졌다. 그래서 이윤을 추구하는 상인들을 천시하고, 고리대 행위를 금하였다. 그렇다하여 그들이 실제로 돈을 싫어하거나 이윤을 추구하지 않은 것은 아니다. 현실에서 실질적인 힘은 돈과 신분에서 나오기 때문이었다. 그래서 남성들은 하인을 시키거나, 혹은 부인의 고리대 활동이나 상업 행위를 짐짓 모른 채 눈감고 있었다. 겉으로 드러나지 않으면 괜찮기 때문이었다. 따라서 유씨부인의 치산 행위는 한 개인만의 특별한 사례가 아니라 생활력이 강하고 이재에 밝았던 여성이라면 유사했을 것이라 판단된다.

그러면 유씨부인이 치산에 적극적이었던 이유는 무엇인가? 아쉽게도 유씨부인의 남편 김호근 가의 경제력을 파악할 수 있는 추수기나 분재기가 전해오지 않는다. 다만 후손들의 "대원군기까지는 부자였어요."라는 증언과 일기를 통해 전해지는 파편을 통해 보면, 부인은 양호한 가계 경제를 유지하고 있었던 것으로 보인다. 지역에 산재한 농지에서 소작료를 수취했던 것으로 보이며, 일기에 종종 나타나는 '구즌쌀'의 존재, 즉 지난해에 먹다 남은 쌀이 이를 반증한다. 그러나 연 500석을 수취하는 지주가도 흉년시에는 식량에 모자랄 수 있다는 기존 연구를 감안해 본다면, 수많은 '봉제사 접빈객'과 선물 송부에 따른 상당한 지출을 감당해야 할 종부인 부인의 입장에서 볼 때, 생활비는 충분하지 않았을 것이다. 실제로 그녀가 확보한 자금 중 일정 부분은 생활비와 선물 구입비로 사용이 되고 있다. 즉, 부인은 생활비 여유분의 확보를 위해 치산에 몰두했다고 볼 수 있다.

그러나 그 이유만으로 사족여성인 부인이 치산에 적극성을 띠었다고 보기는 힘들다. 앞서 언급했듯이 유씨부인은 자신의 재산에 대한 소유권과 관리권, 처분권을 행사하고 인정받은 듯이 보인다. 일반적으로 18·19세기 장자 중심의 상속제가 확산되면서 여성들이 상속권에서 배제된 것으로 이해하고 있다. 그러나 최근의 연구에서는 이 시기에도 일부 여성들은 상속에서 전적으로 배제되지 않고, 독자적으로 재산을 관리·처분하고 있으며, 심지어는 공인권까지 소유하고 있음을 밝혀내고 있다.[74]

---

74) 윤진숙, 「조선시대 균분상속제도와 그 의미」『법철학연구』16권 2호, 2013; 한효정, 「공인문기를 통해 본 조선후기 여성의 상업활동과 소유의식」『조선시대사학

실제로 영조대에 편찬된 『속대전』에서도 남녀균분상속제가 재확인되고 있다고 한다. 실제로, 유씨부인의 사례에서 보듯이 여성의 재산권은 19세기라 할지라도 지역에 따라, 가문에 따라 관습적으로 인정되고 있는 듯이 보인다. 그렇다면, 여성들은 자신의 치산활동을 통해 확보한 재산을 자신이 임의대로 처분하며, 필요시 자식에게 상속시켜 줄 수 있는 것이었다. 바로 이 부분이 유씨부인으로 하여금 치산에 몰두하게 한 요인이 아닐까 싶다.

마지막으로 본 연구에서는 유씨부인의 치산활동 외에 여성 노동자들의 존재와 임금 등을 다루었다. 기존 연구에서도 16~17세기에도 여성 수공업자와 장인의 존재를 추정하고 있었지만, 본 일기에서는 그 실체의 일부분이 문자를 통해 들어나고 있다. 이는 아마도 조선 후기 토지에서 이탈되는 빈농과 해방된 奴婢들이 농촌지대에서 고공으로 변신하는 현상과 맞물려 생계를 벌충하기 위한 빈민 여성들이 품삯을 받고 단기간 고용되는 경우로 보인다. 이들이 고용되는 분야는 밭농사, 가사노동, 방적과 방직, 의복 생산 등이며, 방직분야에서 추산된 여성 하루 임금은 일반 고공 임금보다 높았다.

아울러 본 일기에서 확인한 것은 유씨부인을 대행하여 부인이 생산한 의복이나 귀금속 등을 婢나 여성 방물장수들이 양반가 안채를 드나들면서 판매하고 있다는 점이다. 이들이 받는 구전은 약 5%정도로 추산된다. 또한 이들이 판매하는 귀금속과 대부업의 수익률이 각각 100%와 50%에 가깝다는 것을 감안해 볼 때 일반 평민 여성들이 가정 내에서 다양한 방법을 통해 생계를 벌충하고 있었고, 그렇다면 가정 내 여성의 실질적인 위상도 재고해 보아야 하지 않을까 싶다.

보』 69, 2014.

제3장 종가집의 소비와 지역 유통망

유씨부인의 일기에는 시장에서 구매하는 수많은 상품들과 일가 친인 척들과 주고받는 선물 이야기가 등장한다. 일기에는 구매 물건의 경우 종류와 양, 가격, 지불 수단, 구매자, 판매자 및 구매 장소까지 기입되어 있다. 또한 다양한 선물의 종류와 양, 그리고 수증자가 기입되어 있다. 이를 통해 우리는 종가집의 소비 패턴과 지역의 유통망과 장시의 현황, 그리고 해당 가정이 화폐 유통권에 편입된 정도 등을 확인할 수 있다.

최근 생활일기를 분석한 소비생활 사례연구가 진행되어, 가정의 수입 과 지출 규모 및 소비생활, 선물수수, 물가, 판매행위, 화폐 유통량 등 일 상 생활경제에 관련된 모습들이 밝혀지기 시작하고 있다. 이들 일기는 대부분이 남성이 쓴 일기로 남성의 권한 하에 구매 내지 처분된 상품, 재화 등을 확인할 수 있었다.[1] 반면 본 분석대상으로 삼고 있는 『경술 일기』는 여성의 권한 하에서 처분된 재화이다. 즉, 여성의 소비생활을 확인할 수 있다는 점이다. 본 장에서는 유씨부인의 권한 하에 구매하는 상품 총액과 구매 일수, 아울러 다양한 구매 장소와 상품 판매자, 거래 수단의 분석을 통해 양반 여성들의 소비생활과 해당 지역의 장시 운용 및 화폐 유통의 일면을 확인해 보고자 한다.

---

1) 이성임, 「조선 중기 호희문가의 물품구매와 그 성격」『한국학연구』 9, 인하대, 1998; 정수환, 「18세기 이재 황윤석의 화폐경제생활」『고문서연구』 20, 2002; 박 근필, 「병자일기 시기 남이웅가의 경제생활」『동아시아 농업의 전통과 변화』, 한 국농촌경제연구원, 2003; 정수환, 「조선후기 능참봉이 경제생활의 실제」『민족문 화논총』 38, 영남대 민족문화연구소, 2008; 정수환, 「18세기 권상일의 시장접촉과 화폐경제생활」『사학연구』 104호, 2011; 안병직·이영훈 편저, 『맛질의 농민들』, 일조각, 2001.

1. 상품 구매와 소비의 특징

『경술일기』에 기재된 상품 구매일과 구매액, 상품 종류 등을 모두 DB 화하였다. 일기에는 물품 구입의 양, 지불방법과 가격 등이 대체로 기입 되었으나, 누락된 부분이 많아 아쉽게도 전체를 수치화하기에는 어려웠 다. 또한 재화를 구입할 때는 대부분 화폐로 구입하고 있으나, 해산물의 경우 종종 벼와 같은 곡물로 지불하는 경우가 있으므로 통계 처리가 어 려웠다. 아울러 일기의 시계열은 고작 1년 반이며, 그것도 저자가 여러 달 동안 병으로 인해 기록이 소략하므로, 통계처리에 다소 위험성이 따 른다 하겠다.

또한 이 일기에는 집안에서 행해지는 상품거래를 모두 수록했다고 볼 수 없다. 남편의 지출액이나 구매 목록들, 예를 들어 문방구용품이나 서 책, 육촉, 담배, 여행 경비, 통신비, 부채 등은 누락되어 있으며, 서울 집 에서 사용하는 내역 또한 누락되어 있다. 따라서 실제 거래일수와 거래 액은 표에 나타난 수치 이상으로 판단된다. 따라서 이 집안의 총 지출 및 상품 구입과는 상당한 차이가 있을 것이라는 점을 반드시 염두에 두 어야 한다. 그러나 일기에 기재된 지출 목록과 총액은 본가에 거주하는 여성의 경제력과 권한 하에서 지출·소비한 것이므로, 유의미하다고 하 겠다.

유씨부인의 전체적인 상품 구매의 흐름을 파악하기 위해 다음의 [표 9]와 같이 시장 구매와 선물의 수입 및 지출, 공인을 통해 주문한 횟수 등을 표로 작성하였다. 먼저 상품 구매일수를 보면, 1849년 10월에는 14 번, 11월에는 10번, 12월에는 9번 등 상품 구매 빈도수가 매우 높은 것을 알 수 있다. 1849년부터 12월부터 1850년 11월까지 1년간 구매일수는 총 81일이다.

[표 9] 상품의 구매·제작 및 선물 수증 일람표   (단위 : 횟수)

년도	月		1	2	3	4	5	6	7	8	9	10	11	12	계
1849	시장 구매										1	14	10	9	34
	선물	수입										5	8	3	16
		지출									1	9	9	6	25
	제작												1	2	3
1850	시장 구매		10	5	5	6	6	3	6	7	4	6	14		72
	선물	수입	4	1	3	3	1	1	2	3	2	2	3		25
		지출	8	9	9	4	7	3	5	7	3	4	4		63
	제작			3		2	1					1			7
1851	시장 구매								6	8	10				24
	선물	수입							1	4	4				9
		지출							2	7	7				16
	제작								1						1
계	시장 구매														130
	선물	수입													50
		지출													104
	제작														11

1849년 9월의 구매일이 1일인 것은 이 일기가 9월 29일부터 시작하기 때문임.
1851년 7월의 구매는 7월 17일부터 기록됨. 따라서 7월 구매일도 적게 나타남.

유씨부인의 구매일수와 다른 집안의 구매일수를 비교해 보기로 하자.
19세기 상품거래 목록을 기재한 일기가 맛질의 박씨가 이외에 거의 없
는 관계로, 아쉽지만 16세기 중반기에 집필된 대표적인 생활일기인『묵
재일기』,『미암일기』,『쇄미록』의 기재된 구매 빈도수를 표에 비교해
보았다.[2] 물론 이들 일기들과 상당한 시간차가 난다는 점에서 한계는
있지만, 유씨부인의 구매 일수의 위상을 가늠하기 위해서 의미가 있다

2) 이정수,「16세기 중반~18세기 초의 화폐유통 실태」『조선시대사학보』32, 2004,
   [부록 표 1-4]를 기초로 상품구매 빈도수 표를 작성하였다.

고 생각한다.

[표 10]의 생활일기와 본 일기를 비교해 본 결과 생활일기의 상품 구매일수는 현저하게 적다는 것을 알 수 있다. [표 10]의 경우 세 일기 모두 1년에 대략 10~20회 정도의 구매일수를 기록하는 반면, 『경술일기』는 1850년 1월부터 11월까지 72회이다. 따라서 구매일수가 빠져있는 12월을 월별 평균치로 상정해보면, 1년 치 평균 구매일수는 약 80회 정도로 보아도 큰 무리가 없을 것이다. 그럴 경우 19세기 중반 경, 시장을 통한 일반인들의 상품구매는 16세기보다 상당히 증가했다고 주장하는 기존 연구와 비슷한 결과가 도출될 수 있다.

이 같은 차이는 17세기 일기이자 본 일기와 동일한 여성 일기로서 주목 받고 있는 『병자일기』(1637~1639)와 비교해 보아도 동일하게 나타난다. 물론 『병자일기』는 물품 구매 내역이 그다지 자세하게 기술되어 있지 못하다.

병자호란기 피난 생활이라는 배경이 상품구매를 활발하게 수행하지 못하게 한 주 원인이 되었을 것이다. 이 점을 염두에 두고 『병자일기』의 구매 빈도수를 보면, 1637년 6월부터 1639년 1월까지 약 1년 반 동안 불과 8번의 곡물, 면포, 종이, 조기, 김, 콩 만을 구매하는 것으로 나타난다.3)

18세기 생활일기인 黃胤錫의 『頤齋亂藁』를 보기로 하자. 이 일기는 경제 활동의 실상을 상세하게 기록하고 있다. 1767년도 영월 읍시의 구매 빈도수는, 2월에 2번, 3월에 2번, 4월에 3번, 5월에 2번, 6월에 3번, 7월에 1번, 윤7월에 2번, 9월에 3번, 10월에 2번, 11월에 3번, 12월에 1번으로,

---

3) 이정수, 「16세기 중반~18세기 초의 화폐유통 실태」 『조선시대사학보』 32, [부록 표 5] 참조.

[표 10] 16세기 일기에 나타난 물품구매 빈도수 비교표

묵재일기		미암일기		쇄미록(서울, 지방 구매 합산)	
年度	물품구매 빈도수	년도	물품구매 빈도수	년도	물품구매 빈도수
1536	7	1568	10	1593	17
1545	4	1569	11	1594	20
1546	12	1570	18	1595	19
1547	1	1571	16	1596	21
1548	3	1572	2	1597	19
1551	8	1573	9	1598	10
1552	6	1574	6	1599	17
1553	3	1575	3	1600	26
1554	10	1576	7		
1556	10				
1557	6				
1558	4				
1561	7				
1562	1				
1563	5				
1564	1				
1565	2				
1566	4				

총 24번으로 나타난다. 그가 매득한 물품의 종류는 대체로 의복, 지물,
판목 등이었는데, 품질이 우수하고 저렴한 麻布를 구입하여 고향 흥덕
에 보냄으로써 시세차익을 도모하고자 한 의도였다고 한다.[4] 아울러 황
윤석은 도시인 서울에서 생활했으므로 의식주와 관련된 거의 모든 물품
을 상품 구매를 통해 해결했고, 화폐로 구매한 특성이 나타난다. 관직이

---

[4] 정수환, 「조선후기 능참봉의 경제활동의 실제」 『민족문화논총』 38집, 2008, [부록
 1] 장릉참봉 황윤석의 물품구득 현황, 145~6쪽.

높지 않아 선물 교환을 통한 수입은 매우 미미하거나 거의 없었다고 할 수 있으며, 선물 수수 범위도 단순한 친구나 지인의 범주에 그치고 있다고 기존의 연구에서 지적하고 있다.5) 이처럼 저자의 생활공간과 관직에 따라 물품구매의 빈도수는 차이가 나기 마련이다. 그럼에도 불구하고, 위의 일기들은 16세기 중반 이후 17·18세기를 거쳐 양반가의 상품 구매 빈도수는 조금씩 증가하는 추세로 나간다고 해도 크게 틀리지 않는 것으로 보인다.

다음은 본 일기와 동일시기에 작성된 경상도 예천 대저리 맛질의 박씨가를 보기로 하자. 기존 연구에 의하면 이 집안의 1850년 1년간 거래일수(구매와 판매 포함)가 54일로 상품구매일수는 그 보다 적다.6) 물론 박씨 가의 거래일수는 자료의 불충실로 인해 과소 평가되었을 수도 있다. 즉, 박씨가의 1868~1871년 간의 연평균 거래일수가 93일로 급증했다는 것은 1850년 자료가 불충실하게 기록되었을 개연성이 있다. 그럼에도 불구하고 동 시기 유씨부인(김호근 가)의 구매일수가 더 많다고 판단할 수 있는 근거는, 앞서 언급한 것과 같이 이 집안의 경우 남편의 구매일수는 합산하지 않고, 부인의 것만 계산했기 때문이다. 즉, 남성들이 집안의 상품거래를 주로 담당했던 당대 관행을 감안해 볼 때 이 집안의 경우에도 남편과 부인의 구매일수를 합산한다면, 총 구매일수는 급증할 것이다. 따라서 이 집안의 상품 구매는 활발한 편이었다고 잠정 결론지을 수 있다.7)

---

5) 정수환, 「18세기 이재 황윤석의 화폐경제생활」『고문서연구』20, 163, 171쪽.

6) 이헌창, 「농촌재화시장의 구조와 변동 : 1841~1934」『맛질의 농민들』, 일조각, 2001, [표 3-1], 113-4쪽.

7) 장시에서 물품을 대량 구매하는 날이나 인근 점포에서 국수를 사는 날, 혹은 육간으로부터 세육을 공급받는 날도 동일하게 하루 구매일로 계산하여 통계 처리하였

이 집안의 상품 구매일수가 다른 양반가에 비해 높게 나타나는 이유는 어디에 있는가? 소비를 주로 하는 家라는 점, 상대적으로 화폐를 풍부하게 보유하고 있다는 점, 유씨부인의 개인적인 성향 등등의 요인을 지적할 수 있을 것이다. 이와 더불어 [표 10]에서 볼 수 있듯이, 구매된 상품의 상당부분이 외부 선물 증여에 할당되고 있다는 점을 지적할 수 있다.

선물왕래 대상은 주로 인근 지역에 거주하는 친인척이 제일 많으며, 그 외 당대 권력의 실세인 조대비전과 서울 및 황해도의 인척들도 포함되어 있다. 그러나 표에서 볼 수 있듯이 선물 교환은 수여보다 증여의 횟수가 약 2배가량 많게 나타난다. 그 원인으로는 남편의 관직 진출을 목적으로 한 연망의 확대 및 공고화로 추정할 수 있다. 또한 김호근가는 2대(본인 및 양부모)가 양자로 이어진 집안이므로 생가 및 인척 어른들이 인근 지역에 많이 분포해 있으므로, 이들에게 보내는 선물이 주종을 이루고 있는 것으로 보인다. 따라서 앞서 언급한 여러 요인 외에도 선물 증여라는 이 집안의 개별 특성이 상품구매 일수와 구매량을 증가 시킨 것이 아닌가 판단된다.

기존 연구에서 언급한 바대로 선물경제의 일반적인 특성인 부족한 물자교환이라는 측면은 전 시대에 비해 다소 약해진 것으로 보인다. 물론 선물 수입이 가계생활에서 차지하는 비중은 구매 빈도수의 약 1/3이나 차지하므로 미약하다고 보기 힘들다. 그러나 선물 수입의 주 내용을 보면, 제사 음식 내지 명절 및 제수품 부조로 돈 보다는 음식물이 주를 이

기에 구매일수가 박씨가에 비해 많아 보일 수도 있을 것이다. 그러나 맛질의 박씨가의 경우도 동일하게 기준으로 처리한 것이기 때문에 양 집안이 비교 가능하다고 판단된다.

루고 있다. 이러한 특징을 나타내는 것은 여성의 관할 하 受贈되는 선물이기 때문으로 판단된다. 한편 기존 연구에서 선물 증여의 주요 품목으로 열거하는 부채, 曆, 육촉, 문방구용품 등은 선물로 공급받기 보다는 일 년에 수차례 남편이 서울에서 보내주고 있다.

다음은 외부 공인에게 삯을 주어 물건을 제작·수리하는 빈도수이다. 앞의 [표 10]을 보면 일기가 작성된 1년 반 동안 물건 제작 빈도수는 총 11번에 불과하며 제작 빈도수는 다른 집에 비해 그다지 많지 않은 듯하다. 이 집안이 맛질의 박씨가처럼 필요한 물품을 대부분 생산하거나 자체 조달하지 않고, 시장 구매를 통해 해결하며, 소비를 주로 하는 생활 구조를 갖고 있는 것으로 보인다.

이 같이 시장구매와 선물을 통해 유입되는 물자, 그리고 공임을 주어 제작하는 물품 내역을 보면, 이 집안에서 소비하는 전체량과 상품의 전모를 대략 가늠할 수 있다. 아울러 이 집안이 1849년에 평균 4.5일 꼴로 상품을 구매했다는 것은 이 가문의 특징이라는 측면 외에도, 다른 지역에 비해 장시의 출현이 빨랐고 장시 밀도가 높은 충청도, 특히 내포지역의 지역적 특성에 기인한 것으로 판단된다. 1770년에 편찬된 『동국문헌비고』에 따르면 홍주, 서산, 덕산, 면천 등은 넓은 농경지와 인구수가 많다고 전해진다. 이에 따라 내포지역에는 충청도 전체의 160기 중에서 43기가 분포해 있었는데,[8] 대부분 20~30리 정도의 거리에 있는 장시를 이용할 수 있었다. 이렇듯 김호근가는 선진 상품화폐지역이라는 지역적 배경과 의복 생산 및 고리대 수입구조, 친인척을 위한 선물 구입 등이

---

8) 임병조, 『지역정체성과 제도화』, 한울아카데미, 2009, 111쪽; 곽호제, 「조선후기~일 제강점기 내포지역 장시의 형성과 변화」『근대이행기 지역엘리트연구』2, 2006; 고동환, 「조선후기 금강수운과 포구시장권」『역사와 담론』43, 2006.

시장을 통한 소비물품의 구입량을 증가시키는 결과를 낳았지 않았나 생각된다.

2. 지역의 유통망과 다양한 구매 장소

유씨부인은 어디서 상품을 구매했을까? 조선 후기 일반인들의 상품 구매 장소는 주로 장시로 기록된다. 그러나 이 집안의 경우 장시 외에도 포구, 상품 생산지, 주막, 보상의 방문에 의한 자택에서 구매가 수시로 이루어진 것으로 보여 진다. 물론 일기에 구매 장소가 정확하게 명기되어 있지 않다. 따라서 일자별·품목별 구매 장소를 매번 확인하기 어렵다. 그러나 일기를 통해 상품에 따라 구매 장소의 경향성이 드러난다. 먼저 장시에서 구매하는 사례를 보기로 하자.

① 막돌이 장의 보늬여 어란 십○○○○○ 내가 너므 알하 북어 흔쾌 황육 사오다.(1851. 7. 18)
② 쟝의 녹두 닷되 열흔닙 젹두 흔말 열세닙 춤ᄡᅵ 흔말 ○○○○○ 비두듸 두돈 오푼 졍분 신 오푼 파 흔돈 무우 ᄉ십 열두닙 북어 두돈 ○○○○○.(1951. 2. 3)
③ 노랑 항 둘 서돈의 사고 너럭이 ᄒ나 벼 두말 가옷 주다. (1849. 10. 1)
④ 셤의서 싱복 빅 팔십 홍어 일긔 가져와 술 먹여 보늬다. (1849. 11. 6)
⑤ 결성 조홍 오십기 사온듸 그 놈 칠홉 밥 먹고 가고(1851. 8. 7)

장시에서 구매하는 물품은 상당히 다양하다. 주로 해산물과 수공업제품, 필요한 곡물, 과일, 특용작물, 옷감류, 신발류, 야채류 등을 구매하는

[그림 21] 옹기장수

것으로 보인다.

두 번째는 산지구매의 사례이다. 사료 ③은 인근 옹기를 굽는 마을인 고북면 사기소나 인근 옹기촌에서 구운 옹기를 현지 구매했을 것으로 보인다.[9] ④는 섬에서 생복 180개와 홍어를 가져온 어부에게 술을 먹여 보냈다는 내용으로 산지 구매한 물건을 배달해 온 것으로 보여 진다. 사료 ⑤은 결성의 홍시 50개를 사오는데, 그것을 가져 온 사람에게 밥을 먹였다는 것이다.

셋째는 인근 포구장터에서의 구입한 사례이다. 사료 ⑥은 노비인 천만이를 인근 고북면 사기소에 보내 대하, 도미와 준치, 조기 등을 구입하는 것으로 사기소는 현재의 사기리로 보이며, 당시에는 포구였던 것으로 보인다. 앞서 언급했듯이 이 지역은 지역 보부상들의 유통과 해상을 통한 원격지 유통이 발달한 지역이다. 일부 포구에서는 어선이나 기타 배들이 닿을 때에는 부정기적 도소매업이 행해지는 포구장이 열렸고, 인근 부상들이 이를 구매하러 왕래하였다.[10] 사기소가 바로 그러한 곳으

9) 김현숙, 「옹기촌 주민들의 옹기 생산과 유통」『서산 초록리』, 충남대학교 마을연구단, 민속원, 2010, 154-6, 162쪽.
10) 고동환, 「18·19세기 외방포구의 상품유통 발달」『한국사론』13, 293쪽; 고동환, 「조선후기 경기지역 장시권의 확대」『김용섭교수화갑기념논총』, 지식산업사,

로 보여 진다. 인근 고북면 가구리의 도방장터도 그러한 경우이다. 사료 ⑦는 굴젓을 구매한 장소가 확실치 않으나 구매 날짜로 보아서 정기시가 아닌 포구장으로 보인다.

> ⑥ 천만 사긔소 보닉어 도미 ᄒ나 준치 ᄒ나 조긔 둘 대하 이급 가져오다.(1850. 4. 29)
> ⑦ 굴젓 십오긔 ᄒ되에 말 서되식 주다.(1849. 10. 20)

넷째는 도부장사로부터 구입하는 것이다. 이때에는 '받는다'라는 표현이 많이 등장하며, 장사가 집에 찾아 온 것이 분명하게 나타난다. 아래 ⑧~⑩ 사료가 그러하며, 주로 생선장수, 떡장수 등이 많이 방문한 것으로 보인다.

> ⑧ 조긔장ᄉ 처음 왓기 나ᄂ ᄒ나희 너푼주고 삿더니 밧긔셔 ○○○○ ○ 다가오셔 십긔의 서돈 오푼의 사시다.(1850. 3. 11)
> ⑨ 황둑관이 겨집 도부썩 마디뭇 너푼 주다.(1851. 9, 28)
> ⑩ 긔것 두말의 두식긔 밧다.(1850. 3. 3)
> ⑪ 살 좌반 벼 서말의 열넷 밧다.(1851. 7. 21)

다섯째로, 국수, 두부, 술 등은 해당 마을이나 인근 지역의 생산자로부터 구매하는 것으로 보인다. 일기에 비춰지는 구매지는 매우 가까운 거리에 있는 것으로 보이는데, 예를 들어 내기 윷놀이를 하고 국수나 떡을 사먹는다던가, 외상으로 지인과 거래를 한다던가가 그에 해당된다. 아마도 인근 주막 등이나 개인 집에서 판매를 목적으로 만든 식료품과 일상

1997, 651쪽; 2013. 3. 2. 현지답사 및 주민 증언.

용품 등을 구입한 것이 아닌가 추정된다. 사료 ⑫~⑰는 국수와 계란, 두부를 사는 것인데 구매 품목이 많지 않은 것으로 보아 멀리 장에서 구매하는 것으로 보이지 않으며, 구매일을 또한 이 지역 장날이 아니다.

[그림 22] 여성 행상(김홍도 풍속화)

⑫ 계란 칠기 오푼 주다.(1849. 11.30)
⑬ 뎡쥬 집과 파격으로 웃노라 지고 국슈 흐든(1949. 12. 19)
⑭ 조잘의 국슈 스무사리 사 주시기 점심 아니ᄒᆞ고(1850. 7. 21)
⑮ 계란 너푼의 다숫사다.(1850. 11. 4)
⑯ 두부 너푼(1850. 11. 5)
⑰ 두부 너푼(1850. 11. 15)

이상과 같이 유씨부인은 대략 다섯 곳의 구매처에서 상품을 구매했던 것으로 판단된다. 다음으로 정확한 구입 지점을 확인해 보기 위해 [표 11]과 같이 일별 구매 빈도수를 수치화해 보았다. 앞서 언급했듯이 4~5일, 많게는 2~3일에 한번 씩 구매가 이루어지는 것을 보아 장시의 편리한 접근성, 혹은 인근 구매 장소, 혹은 도부 상인들의 빈번한 출입 등을 상정해 볼 수 있다. 먼저 이 집안이 구체적으로 어떤 장시를 이용했는지 추정해 보기로 하자.

[표 11] 상품 구매일과 빈도수

상품 구매일	빈도수
0	13
1	12
2	12
3	22
4	12
5	10
6	5
7	12
8	20
9	12
합계	130

일기의 내용 중에서 장시에 다녀왔다고 명시된 날짜를 보면 대부분의 경우 3·8일에 몰려있다([표 11] 참조). 물론 다른 날에도 장시를 방문하는 것이 종종 눈에 띄지만 3·8일에 치중되어 있는 것으로 보아 이날 열리는 장시가 가장 편리한 지역이자 선호한 시장으로 보인다. 그러나 1830년 『임원십육지』에 기재된 이 지역 3·8일장은 결성면 덕우장(현 결성면 용호리)이다. 덕우장은 이 집에서 약 13리 정도 떨어진 장이다. 즉, 5리 정도에 위치해 있는 백야장(갈산면 상촌리장 2·7일)[11] 보다 결성면 덕우장을 더 자주 이용하고 있음을 알 수 있다.

이 밖에도 이 집에서는 위의 두 장외에도 0·5일과 4·9일에 상품을 구매한 것으로 나타난다. 그러나 이때에는 인근지역에 개설되는 시장이 없다. 현지조사를 다녀와 다음과 같은 주민들의 증언을 들을 수 있었다. 마을 뒤쪽 산 아래, 대기치(조실 쪽에 있는 고개)에는 해미(고북면 해안

---

11) 洪州地圖(1871년)에는 洪城郡 葛山市場을 「白野場」이라고 표기하고 있다.

가)에서 홍주장(1·6)과 덕산장(2·7)을 왕래하는 옛 보부상들이 다니던
이른바 보부상 길이 있었다고 한다. 이 길은 홍주나 덕산으로 가는 지름
길로 왕래가 빈번했던 곳이었으며, 숙박이 가능한 큰 주막이 있었다.12)
대기치에 대한 보부상의 구전도 전해오고 있다. 식민지기 덕산의 부상
들이 바다의 물때를 맞추어 갈산(백야장 : 2·7), 사기소(고북의 포구장
터) 등지에서 해물을 사서 가야산 줄기를 넘었는데, 갈산(백야장)에서
해산물을 구입한 부상들은 바로 이 마을의 대기치를 넘어 덕산으로 향
했다고 전해 오고 있다.13)

이상의 증언을 종합해 볼 때 다음과 같은 상을 그릴 수 있다. 이 마을
은 홍주상권으로 속해있으며, 예덕상무사와 원홍주육군상무사의 보부상
들이 다녔던 길목에 위치했던 것으로 보인다. 부상들은 인근 포구인 오
두포나, 동성리 포구장(희여미장),14) 그 외 포구장에서 해산물을, 동성리
성촌마을 앞 바닷가 염전에서 소금을, 동성리 가맛골에서 옹기들을 산
지 구입하여15) 홍성이나 덕산장에 가져가거나, 반대로 그 쪽에서 상품
을 가져와 운곡이나 갈산 혹은 포구 등지에서 판매했을 가능성이 있
다.16)

12) 갈산면지편찬위원회 편, 『갈산면지』, 2010, 622쪽. 주민증언, 2012. 3. 3.
13) 곽호제, 279-80쪽; 유진룡 구술, 김택준 편집, 『장돌뱅이 돈이 왜 구린지 알어?』,
　　뿌리깊은 나무, 1984.
14) 희여미장은 천수만에서 잡은 해산물을 파는 해산물장으로 5일장이었다. 주된 상
　　품은 바지락, 살고개, 뻘앵이, 갈치, 조기 등으로 이후 갈산장으로 편입되었다.
15) 주민증언, 2012. 3. 3. 『갈산면지』, 571쪽, 동성리 가맛골에는 옹기를 굽던 가마터
　　가 있다. 584쪽, 동성리 성촌마을에는 화염을 굽던 염전이 여러 개 있었다고 전해
　　진다.
16) 고동환, 「조선후기 금강수운과 포구시장권」『호서사학』 43, [표 4] 참조. 금강연
　　안 포구마을에서 어획한 수산물은 인근 장시에서 판매되고 있다.

기존 연구에 의하면 포구와 장시는 당시 상품유통시장 중 가장 대표적인 것이었으며, 이 두 유통망은 서로 유기적으로 연결되고 있었다 한다.[17] 즉, 1·6장인 홍주 읍내와 2·7장인 덕산장을 위해 보부상들은 0·5일이나 1·6일에 해산물을 가지고 이 마을을 지나갔을 가능성이 있다. 또한 상품을 판매한 후 다른 상품을 가지고 이튿날인 2·7장인 백야와 3·8장인 덕우장에 가기 위해 운곡리를 지나가면서 주막에서 난전을 열지 않았나 싶다. 기존 연구에도 홍주 읍내장(1·6) - 백야장(2·7) - 덕우장(3·8)-대리장(광천 : 4·9) - 성외장(결성 : 5·9) - 홍주장으로 상무사들이 순회하였다고 전하고 있다.[18]

이 때 대기치에 있던 주막은 일종의 주막점이자 난전장터로 기능했던 것으로 보인다. 이 주막에서는 간단한 상품인 술이나 국수, 두부 등을 제조하여 주민들을 대상으로 판매했던 것으로 보이는데, 일기에 수시로 등장하는 내기 국수, 떡, 두부 등을 구매한 곳으로 추정된다.[19] 또한 주막에서 숙박·휴식하던 보부상들은 임시 난전을 열어 상품을 판매했을 것이며, 운곡리는 홍주 일대 부자인 안동김씨들이 세거한 지역이므로 구매력 또한 높았을 것이다.[20] 이에 김호근 가에서 인근 장시 개시일이 아닌 0·5, 4·9일, 그 외에도 수시로 주막점에서 상품 구매를 했던 것이

---

17) 고동환, 「18·19세기 외방포구의 상품유통 발달」『한국사론』 13, 1985.

18) 홍성군지편찬위원회 편, 『홍성군지』, 증보판, 1993, 제8장.

19) 산촌의 육로에도 술과 밥뿐만 아니라 간단한 잡화를 판매하는 貨郞인 店 내지 주막이 있었다고 전하고 있다. 고동환, 「조선후기 경기지역 장시권의 확대」『김용섭교수화갑기념논총』, 지식산업사, 1997, 648쪽; 이헌창, 「18세기 황윤석가의 경제생활」『이재난고로 보는 조선 지식인의 생활사』, 한국학중앙연구원, 2007, 438쪽.

20) 운곡리, 상촌리, 동성리에도 천석꾼인 안동김씨 터가 남아 있다. 이와 관련된 주민들의 증언도 많이 들을 수 있었다. 『갈산면지』, 584쪽.

아닌가 추정된다.

아울러 기존 문헌에 기재되어 있는 지역 장시 외에도 일기에 등장하는 수많은 소규모 포구장이 이 일대에 존재하고 있으며, 이들도 일정 기간에 따라 번갈아 설점된 것으로 보인다. 직접생산자인 어부들이 해산물을 판매하며, 인근 주민은 자가 소비, 보부상들은 홍성이나 덕산장에서의 판매를 위해 구입했던 것으로 보인다. 이처럼 19세기 중반 이 지역의 예덕상무사와 원홍주육군상무사들은 산지와 장시, 소비자를 거미줄처럼 연결시켜주고 있었다.21)

3. 상품 구성비와 지불 방법

1) 다양한 구매자의 출현

유씨부인의 상품구매는 주로 남자 노비를 통해서 이루어졌다. 아래의 사례가 그에 해당된다. 대부분의 경우 주인에게 신용을 얻은 집사 격 남성 노비가 이를 담당하는 것으로 보여진다. 물론 경우에 따라서는 다른 노비가 장을 가는 경우도 있지만, 이 집안의 경우 막돌이가 그 역을 담당하고 있다. 이는 다른 양반가에서 일반적으로 보고되는 바와 동일하다.

> ① 막돌이가 쌀 두식귀 가옷 넉냥의 사고 경화 회갑의 가리 흔 짝 보닉기 막돌이가 팔전의 사오다.(1849. 10. 24)
> ② 막돌 장의셔 메육 죽합 셕화 사오다.(1850. 1. 8)

---

21) 『홍성군지』, 제8장 1502쪽; 고동환, 「조선후기 교통발달과 전국적 시장권의 형성」, 『문화역사지리』 8, 1996; 임병조, 『지역정체성과 제도화』, 한울아카데미, 2009, 121~122쪽.

그러나 일반 양반가의 일기와 다른 측면도 이 일기에서 나타난다. 바로 물품구매가 간혹 남편이나 부인에 의해서도 행해진다는 점이다. 물론 남편의 경우 장에서 구매하는 경우가 종종 나타나지만, 사대부가의 여성이 장시에서 물품을 직접 구매하는 것은 기왕의 연구에서 보고되지 않는 사례이다.

먼저 남편의 경우를 보기로 하자. 김호근의 경우 서울이나 인근 지역으로 출타가 빈번한 사람이고, 서울에서 거주하는 기간이 길기 때문에 안주인보다 구매 빈도수가 적게 나타난다. 사료 ③과 같이 남편이 구매할 경우 '사시다'라는 표현이 나오는데, 대체로 남편은 장이 서는 곳을 지나가나가, 혹은 도부장사의 청에 의해 무계획적으로 구매하는 경우가 많은 것으로 보인다.

③ 어 일급 사시다.(1850. 1. 18)
④ 고기 두돈 두부 너푼 늬가 사다. 무우 흔돈 사다.(1849. 10. 3)
⑤ 살고기 늬가 두냥 밧긔셔 냥 팔젼의치 갈비 흔짝 사오다.
  (1850. 2. 7)
⑥ 늬가 들쎄 ○○○○ 노랑그릇 침치 항 둘 너돈 오푼의 사다.
  (1851. 9. 28)
⑦ 교동 편지ᄒ고 홍집 바늘사라 가ᄂ듸 나도 너푼보늬다.
  (1849. 10. 17)

반면, 부인의 경우 '내가 사다.'라는 표현이 사용되며, 대체로 집에 온 도부장사의 물건을 직접 사는 것으로 보인다. 그러나 ④~⑥의 내용은 도부장사가 집으로 가지고 와서 파는 물건들이 아니라 유씨부인이 직접 장시나 주막 등지를 방문하여 구매하는 품목들이다. ④는 고기 두돈과 두부 네푼어치, ⑤는 살코기 두냥, ⑥은 들깨와 김치 항아리 두 개를 네

돈 오푼에 '내가' 사왔다는 내용이다. 아울러 부인이 이들 품목을 구매한 3일·7일·8일은 인근 덕우장(3·8장)과 백야장(2·7장)의 개장일과 일치한다. 이와 같이 필요에 따라 부인이 장시를 방문하기도 하며, 혹은 다른 사람에게 부탁하는 경우도 나타난다. 사료 ⑦가 그러하다. 홍집이 바늘을 사러 (7일에 열리는 장시에) 가는데 나도 사달라고 4푼을 보내 부탁하는 내용이다. 여기서 홍집은 친척 중 한사람으로 보이며, 따라서 신분적으로 양반에 속하는 여성이다.22)

　이 같은 내용은 양반여성들의 장시 출입이 제한되었다는 우리의 통념과 상충된다. 그러면, 김호근 가와 유씨부인의 신분과 가격이 떨어져 이러한 현상이 벌어지는가 라는 질문을 던질 수 있다. 그러나 제1부 2장에서 언급하였듯이 이 집안은 19세기 중반, 호서지방의 전형적인 양반가문으로 문과급제자와 당상관 입격자의 존재, 顯節臣 후손으로서의 입지, 문집의 간행, 경제력 등 당대의 유력가문으로서의 기본적인 조건을 두루 갖추고 있었다. 그렇다면, 집안의 대소사를 관장하고, 사치품과 의복을 제작·판매하고, 고리대 놀이를 하고, 시장에 출입하고, 경제력까지 쥐고 있는 유씨부인은 양반여성들의 일반적인 모습인가?

　물론 유씨부인의 경우 다소 적극적으로 비춰진다. 그러나 우리가 생각하듯이 조선 양반가의 여성은 고립된 생활만을 영위한 것은 아니었다. 양반가문의 가계경영은 그들의 몫이었다. 따라서, 그들은 치산 및 구매행위와 무관할 수 없었다. 최근 일기자료나 문집, 문학작품에서 양반여성들의 적극적인 가계경영과 치산의 사례가 확인되고 있다. 생계를 위한 닭과 오리의 사육, 장·떡·술의 제조·판매, 대추나 밤, 과일 등의 저장·판매, 염색·바느질 등 양반가 여성들이 생산노동에 적극 참여하고

---

22) 홍집과 같이 ○○집이라는 표현은 대체로 시집간 친인척 여성을 지칭할 때 사용된다.

있는 점이 보고 되고 있다.[23] 일부 중인 여성들은 공인권을 승계받아 운영하는 주체가 되기도 하고,[24] 양반가 여성들은 노비를 이용하여 고리대도 하고 있다고 보고되고 있다.[25] 이 점에 대해서는 본서 제 2부 2장에서 다루고 있다.

본 일기의 주인공인 유씨부인 또한 심복인 막돌이에게 고리대와 물품구매를 대행시키고 있다. 아울러 일기에 등장하는 다른 양반여성들도 서울에서 홍성지역으로, 인근 친척집으로 여행·왕래하고 있고, 윷놀이와 독서를 하고, 혼례 구경도 가고, 물건을 사고팔고, 치부를 하고 있는 모습들이 엿보인다. 즉, 가계경영을 책임지고 있는 현실 속 여성들은 남성 성리학자들에 의해 만들어지고 강요된 조선여성像과는 다른 생활을 영위하고 있음이 이 일기를 통해서도 드러나고 있다.

2) 상품의 구성비

16개월간의 총 구매 상품목록을 보면, 예상보다 다양한 상품들을 구매하고 있음을 볼 수 있다. [표 12]에 상품목록을 수공업제품, 곡물류, 채소류, 과일류, 축산물, 수산물, 의복류, 가공식품, 의료, 기타 등으로 분류하였다. 구매 빈도수와 구매액을 기준으로 구입 상품들을 분류해 보았을 때 이 집에서는 수산물, 축산물, 의복류(옷감), 수공업제품, 가공식품류, 곡물류, 과일류, 채소류, 기타 등의 순으로 구매하였다.

구매 품목 중 수산물의 비중이 단연 높다. 생선알·전복·홍어·꽃게·청

---

23) 김경미, 「조선후기 여성의 노동과 경제활동」『한국여성학』 28권 4호, 100쪽.
24) 한효정, 「공인문기를 통해 본 조선후기 여성의 상업활동과 소유양상」『조선시대사학보』 69, 2014.
25) 강혜선, 「조선후기 사족 여성의 경제활동과 문학적 형상화 양상」『한국고전여성문학연구』 24, 200쪽.

[표 12] 상품의 구성비

	상품 총 구매 빈도수
수산물	48
축산류	45
수공업제품	43
가공식품	23
채소	15
옷감	12
곡물	10
과일	7
기타	7
의료	3
총 빈도수	213

어와 조기 등 각종 생선류·자반·조개류·굴·파래·미역·새우젓 및 소금 등을 구매하였다. 그것은 이 지역이 해안가이므로 신선하고 다양한 수산물을 쉽게 구매할 수 있다는 지역적 특징을 반영하는 것이며, 『여지도서』에 기재된 홍주 지역의 특산물 목록과도 일치하고 있다.26) 이 중 가격이 비싼 전복과 굴, 생선 알의 대량 구매가 눈에 띈다. 굴은 굴젓, 전복은 건전복, 기타 굴비과 알젓 등으로 가공되어 서울의 조대비전이나 관아, 서울 및 인근 친인척을 위한 선물로 보내지고 있다.

다음으로 비중이 높은 것은 축산물이다. 1년 동안 총 14번의 소고기, 23번의 세육, 4번의 개고기, 1번의 닭이 구매되었다. 가장 많은 빈도수를

26) 『여지도서』 10, 충청도, 홍주, 方里, 고북면 수한리, 김우철 역주, 흐름, 2009, 327쪽. 여지도서에 나오는 이 지역의 특산물로 청어, 생복, 소라, 김, 황각, 청각, 세모(참가사리), 상어, 홍어, 수어(숭어), 노어(농어), 오적어(오징어), 낙제(낙지), 석화(굴), 대하, 석수어(조기), 골독(꼴두기), 진어(준치), 민어, 도어(갈치), 게 등이 기재되어 있다.

차지하는 것은 소고기류이다. '黃肉'은 분명 소고기이며, '제육'은 돼지
고기로 단 한 번 선물 받은 것으로 나타난다. 일기에 빈번하게 나타나는
'세육'은 5명이 주기적으로 공급하고 있는 것으로 어떤 고기인지 확실하
지 않으나, 제수용이기 때문에 소고기일 확률이 높다. 이 집 후손의 증
언에 의하면 제수용으로 돼지고기를 사용하지 않는다고 한다. 그 밖에
소갈비와 곰탕거리, 소염통, 허파 등도 업자가 공급하거나 장시에서 구
매한다. 소고기의 소비가 많은 것은 이 집안에서 수시로 행해지는 제사
와 손님 접대, 그리고 포로 가공하여 선물용으로 보내지기 때문이다. 그
외 개고기의 빈도수가 4번이나 나타난 것은 필자의 허약해진 몸을 보신
하기 위한 것이다.

　살림에 필요한 각종 수공업제품들, 맷방석, 병, 색궤, 죽합, 옹기, 양푼,
체, 솥 등 일상용품이 세 번째로 많이 구매된다. 특히 이 집에서 구매한
신발은 모두 솔거 노비 개덕이의 짚신으로, 가격은 4푼, 1년 6개월 간 총
11번이 지급되고 있다. 그 외 집안에서 만들지 않은 각종 가공식료품류
를 구매하였다. 예를 들어 집에서 수시로 만드는 떡이나 술 등의 구매
빈도수는 매우 적으나, 국수는 6번, 두부는 5번, 엿과 꿀은 3번을 구매하
고 있다. 국수의 경우 공전을 주어 만들어 오기도 했다. 한편, 집에서 재
배하지 않거나 추가로 필요한 팥·녹두·들깨·깨 등의 특용 곡물류를 구
입하고 있다. 무, 생각, 마늘, 머위, 청각, 배추, 파 등 일상적인 채소류는
대체로 집에서 재배하여 수요를 맞추지만, 모자라는 부분은 시장을 통
해 충당하고 있다.

　다양한 옷감도 구매하고 있다. 면포·서양목·삼베 외에 염료·실·바
늘·신발 등도 구매하고 있다. 이 집안에서는 양잠도 하고 노비의 노동력
을 이용하여 무명실을 생산하기도 하며, 외부에 노임을 주어 면포를 주

문 생산하고 있다. 그 외 주문하기 어려운 고급 서양목이나 5승포 군포
처럼 노비에게 지급될 값싼 옷감류 및 기타 옷감은 시장에서 구입하고
있다.[27) 그러나 의외로 어린아이 옷을 12분(푼)을 주고 구입하는 것만
기재되어 있을 뿐 완성된 의복 구입은 나타나지 않는다. 그것은 부인이
주변 노동력을 활용하여 시장에 판매할 의복까지 생산하고 있기 때문으
로 보인다. 즉, 그녀는 가족 및 친족 어른 의복까지 모두 자가 생산하여
선물로 보내고 있다.

여기서 흥미로운 사실은 청국산 당목으로 만든 치마를 판매하고 무늬
가 있는 서양목 10척을 5냥을 주고 구입한 사실이다. 동일시기 무명 70
척을 5냥, 보병옷감 22척을 1냥 6분에 구입하는 것을 보아 서양목은 상
당히 고가제품이었다는 것을 알 수 있다. 이 시기 서양과 중국, 일본의
면포와 비단이 서울 시전에서 일상적으로 유통되고 있었음은 기존 연구
를 통해 알고 있다.[28) 실제로 동일시기 인물이었던 유치명은 양포라는
것이 서양에서 나온 면포로 화사하고 톡톡해서 옷을 지어 입는데 아주
좋은 물건이라고 전하고 있다.[29) 임헌회도 어머니 행장에서 "사돈댁에
서 서양목으로 만든 옷을 보내기라도 하면 물리치며 입지 않지 않으셨
다."고 회고하고 있다.[30) 이와 같은 외국산 서양목과 당목이 지방 장시
혹은 보부상을 통해 판매되고 있었다는 사실은 지역 판매 상품의 다양
화 및 고급화를 의미하고, 서양물품이 지방 깊숙이 유통되고 있었다는
현상을 반영한다.

---

27) 『경술일기』 1851. 8. 26. "최만일 내 져구리 갑 칠냥 주다."
28) 고동환, 『조선시대 시전상업연구』, 지식산업사, 2013, 190쪽.
29) 유치명, 「며느리 공인 문소 김씨 행록」 『19세기·20세기 초 여성생활사 자료집』
권4, 72쪽.
30) 임헌회, 「정부인에 추증된 어머니 홍씨 가장」, 앞의 책, 권6, 69쪽.

다음으로 우리의 눈길을 끄는 것이 수박과 참외의 구입이다.[31] 이 집
에서는 참외 등 여름 과일류를 재배하는 것으로 나타난다. 그럼에도 불
구하고 수박을 1개씩 두 번 구입하고 참외는 7개와 8개를 두 번 구입하
여 선물로 보내는 것이 등장한다. 특별한 과일이기 때문에 선물용으로
이용되는 것으로 보인다. 아울러 서울에 살고 있는 가까운 인척이 포도
와 복숭아 등을 선물로 보내오기도 한다. 한편 홍시, 건시 등은 대량으
로 구매되어 선물로 보내지거나 제수용 혹은 일상적으로 소비되고 있다.
　마지막으로 기타로 분류된 상품을 보기로 하자. 이 부인이 지불하는
상품 중 가장 비싼 것은 나귀 한 마리에 40냥[32], 논 5두락에 15냥, 은(6돈
7분)에 2냥 6전, 그 외 노리개, 안경 등이 있다. 이중 나귀는 양반의 품위
유지를 위해 반드시 필요한 지출이었다.
　이상 상품의 구성비를 보면, 양반가에서 일상적으로 지출하는 문구류
나 책, 담배, 고급 신발이나 갓과 같은 용품은 보이지 않으며, 일반 농가
에서 자주 등장하는 농기류 구매도 나타나지 않는다. 그것은 남편이 고
급 육촉, 담배, 동정차 등 사치품들을 서울에서 구입 혹은 선물로 받아
본가로 보내고 있으며, 革靴나 黑靴와 같은 고급 신발도 지방 현청에서
선물로 받기 때문이다. 이것이 의미하는 바는 이 집안에서 소비되는 상
품의 종류와 구매 빈도수, 지출 경비 등은 표에 나타난 것 보다 훨씬 많
다는 것을 의미한다. 따라서 구매 목록에 기록된 것은 대체로 여성들의
권한으로, 가계를 운영하는데 일상적으로 소소하게 필요한 생활용품이
자 식료품들이라는 점을 기억해야 할 것이다.

---

31) 『山林經濟』 1권 治圃편, 수박과 참외 재배법이 나온다.
32) 기존 연구에 의하면 18세기 중엽 서울의 말 가격이 40냥이었다고 하니 19세기 중
　　반과 거의 가격 차이가 없는 듯하다. 이헌창, 「18세기 황윤석가의 경제생활」,
　　2007, 415쪽.

이상과 같이 시장에서 구입하는 물품 외에 수공업자로 확인되는 사람과의 거래를 통해 물건이 제작되었다. 주로 공가를 지급하고 상품을 만드는 형태였다. 예를 들면, 엿을 주문하면서 백미 두말 두되와 엿기름 7승 5홉을 주고 품값으로 벼 한말을 주는 식이었다.33) 또한 1850년 2월 5일에는 메밀 4말을 3전 7푼에 구입하여 메밀과 공전 값 2돈을 지불하여 국수를 뽑았고, 청양 현감 점심을 위한 국수 수공비로 1돈을 지불한 것이 나온다.34) 국수는 오늘날과 같이 밀가루로 제작하는 것이 아니라 메밀이나 콩가루로 만드는 것이다.35)

집에서 필요로 하는 옷장은 漆匠을 초빙하여 제작되었다. 그의 경우 식사와 인건비를 제공하는 것 같은데, 집에서 약 일주일 간 식사를 하면서 옻을 내고, 장을 짜는 것으로 나온다. 삯은 표시되어 있지 않으나 노동력의 상품화 진전도를 감안할 때 시가와 크게 괴리되지 않게 지불했을 것으로 판단된다.36) 이 밖에도 집에서 사용하는 오지그릇 등을 인근 옹기마을에서 주문 제작하는 것으로 나오는데, 아마도 항아리 몇 개에 일정 금액을 지불했을 것으로 판단된다.37) 이 밖에도 부엌 칼 2개를 수리하는 수공비가 지불되고38), 개금(자물쇠)를 수리비로 6푼이 지급되는 것을 볼 수 있다.39)

한편 가내에서 필요한 면이나 베 등 옷감과 의복류 등은 비들의 인력을 활용하여 생산하지 않은 듯싶다. 유씨부인은 면사까지의 공정만 집

---

33) 『경술일기』 1849. 11. 17.
34) 『경술일기』 1850. 4. 18.
35) 『山林經濟』 권1, 섭생편.
36) 『경술일기』 1850. 9. 18~1850. 9. 23.
37) 『경술일기』 1850. 10. 30.
38) 『경술일기』 1850. 4. 3.
39) 『경술일기』 1849. 10. 28.

에서 끝내고, 고급 면포를 획득하기 위해 인근 직물업자에게 돈을 주어 제작하고 있다.40) 또한 부족분이나 서양목과 같이 귀한 것은 장시에서 구매하고 있다. 경제적으로 어려운 친족이나 인근 수공업자들의 노동력을 활용하는 것으로 나타난다. 노비들의 수가 감소하면서 면포제작이 외부 노동력으로 대체되는 시대적 현상을 나타내는 것이며, 주민 간에도 업종 분화가 서서히 이루어지는 현상을 엿볼 수 있다. 반면 땔감, 쌀과 보리와 같은 식량류, 대부분의 채소류나 과일류, 밤 등은 노비와 임금 노동을 통해 자가 소비분을 생산하는 것으로 보여 진다. 일부 생활필수품들은 선물교환에 의해 충족되고 있다.

마지막으로 상품 구성비에서 주목할 점은 가공식품류의 구입이다. 흔히 집에서 제작하여 소비하던 국수, 두부, 떡, 술, 엿 등을 인근 장시나 주막점 혹은 '조잘이 어미'가 국수를 제작하는 것처럼 마을 내 주민으로부터 구입하여 먹는다는 사실은 상품 경제 진전의 중요한 척도가 될 수 있다는 점이다. 더욱이 목화밭을 가는 일군들의 술과 안주 값으로 돈 1전을 주었다는41) 사실은 집에서 만들어 제공하던 인부들의 새참도 돈을 주어 구매하도록 한다는 것을 의미한다. 이처럼 개항 이전 지방민들의 삶은 기존의 연구에서 평가하는 것 보다 상품화폐경제에 더 깊숙이 편입해 있었고, 시장경제에 친연성을 갖고 있었던 것으로 보인다.

상품 구매는 어떠한 방식으로 이루어졌을까? [표 13]에 보이는 바와 같이 김호근 가의 물품 구매는 상당부분 화폐로 이루어지고 있음을 볼 수 있다. 화폐 구매는 총 구매상품의 60% 가까이 차지하고 있다. 불분명으로 처리된 항목은 일기에 구매 단가가 기재되지 않은 경우이나 이 경

---

40)『경술일기』1849. 11. 19; 1850. 2. 22.
41)『경술일기』1850. 4. 7.

[표 13] 상품 구매 방식

	화폐		곡물(벼/쌀)		불분명		합계	
	상품 빈도수	%	상품 빈도수	%	상품 빈도수	%	상품 빈도수	%
수산물	17	8.0	13	6.1	18	8.5	48	22.5
축산물	18	8.5		0	27	12.7	45	21.1
수공업제품	39	18.3	1	0.5	3	1.4	43	20.2
가공식품	19	8.9			4	1.9	23	10.8
채소	9	4.2			6	2.8	15	7.0
의복	10	4.7			2	0.9	12	5.6
곡물	7	3.3			3	1.4	10	4.7
과일	2	0.9			5	2.4	7	3.3
기타	7	3.3				0	7	3.3
의료	1	0.5			2	0.9	3	1.4
합계	129	60.6	14	6.6	70	32.8	213	100

우도 대체로 화폐일 가능성이 높다. 불분명 항목까지 합할 경우 총 93.4%가 화폐 구매로 계산된다.

한편 수산물인 경우 화폐는 17번, 곡물은 13번, 불분명은 18번 빈도수가 나타난다. 물론 화폐구매가 곡물구매 보다 빈도수가 높지만, 곡물구매도 무시할 빈도수는 아니다. 따라서 어느 경우에 곡물로 수산물을 구매하는지 일기를 세밀하게 살펴보았다. 그 결과 수산물을 장시에서 구매할 때는 화폐, 어부나 섬사람들과 직거래할 경우에는 곡물로 거래되고 있었다. 필자가 2005년도 현장 조사를 실시 한 원산도 지역 주민들의 증언에 의하면 1960년대까지 섬사람들은 식량 확보 차원에서 수산물과 곡물과의 거래를 선호했다고 한다. 아마도 이러한 전통이 19세기까지 올라가는 것으로 보인다.

다음은 축산물, 수공업제품, 가공식품, 채소, 의복, 곡물, 과일 등 대부분의 품목들은 거의 모두 화폐 구매로 이루어지고 있다. 특히 수공업제품과 가공식품의 경우 화폐구매의 비중이 제일 높다. 마지막으로 가끔 외상 구매도 이루어지나 그 빈도수는 매우 드물게 나타난다.

다음으로 이 집안의 사례를 다른 집안과 비교해 보기로 하자. 기존 연구에 의하면 경상도 상주목 산북면의 권상일이 저술한 『청대일기』에는 시장 구매 품목이 다양하게 나타나지는 않는다고 한다. 다만, 17세기 이전 곡물과 면포를 중심으로 한 매매와 경제활동과는 달리 18세기 초에서는 그 중심이 동전으로 바뀌고 있다고 한다. 아울러 18세기 중엽까지도 시장을 통한 매매와 더불어 현물을 이용한 상호부조와 선물의 수수가 여전히 경제생활의 일부분을 차지하고 있다고 보고하고 있다.[42]

반면, 동일한 18세기인 황윤석이 도시에 거주할 때에는 의식주와 관련한 거의 모든 물품을 화폐로 구입하고, 고향에서 거주할 때에는 주위에서 해결했다고 한다.[43] 아울러 선물을 주고받는 사례는 전체 경제활동 규모에 있어서 큰 비중을 차지하지는 못했다고 할 수 있겠으며, 그의 선물 수수의 범위에도 단순한 친구나 지인의 범주에 그치고 있음을 보여주고 있다고 한다. 결론적으로 그의 경제활동의 대부분은 화폐를 본위로 하고 있다고 결론을 내리고 있다.[44]

이와 같이 16~17세기까지 면포나 곡물 화폐가 교환생활에서 차지하는 비중이 높았으나 동전 유통의 이후 18세기 중엽에 다다르면, 황윤석의 『이재난고』에서처럼 동전을 이용한 매매행위가 일상화되었다고 한

---

42) 정수환, 「18세기 권상일의 시장접촉과 화폐경제생활」, 『사학연구』 104, 39쪽.
43) 정수환, 「18세기 이재 황윤석의 화폐경제생활」, 『고문서연구』 20, 163~4쪽.
44) 같은 논문, 171쪽.

다.[45] 본 일기도 이 같은 추세를 반영하고 있다. [표 14]에서 볼 수 있듯이 대부분의 구매 및 매매행위는 화폐로 이루어져 있으며, 상인들의 어음과 환 등 신용거래를 감안해 볼 때[46] 19세기 중반 조선사회의 화폐 유통 및 거래는 지방에까지 확대·일상화되었다고 보여 진다.

이상과 같이 본 『경술일기』는 여성의 권한 하에 구매하는 다양한 상품과 소비 패턴, 거래 수단 등을 가감없이 보여주고 있으며 19세기 중반 호서지역의 유통경제와 시장의 한 단면을 나타내고 있다. 본 장에서는 유씨부인의 상품구매 및 구매장소, 구매자, 상품의 구성비 및 거래 수단 등에 대해 살펴 본 결과 다음과 같은 점을 확인하였다. 첫째로, 이 집안의 상품구매 빈도수는 여성의 권한 하에 구매한 것으로 동일시기 다른 지역 가문보다 높다. 그것은 이 집안이 장시와 상품화폐경제가 발달한 곳에 위치해 있었다는 점과 이 집안은 상대적으로 현금이 풍부하며 소비를 주로 하는 생활구조를 갖고 있다는 점을 시사한다. 대부분의 경우 물품은 자체 생산하거나 선물을 통해 조달하지 않고 시장 구매를 통해 해결하고 있으며, 구매내역을 분석해 보면 친인척을 위한 선물 구입 비중이 높게 나타나고 있다.

---

45) 정수환, 「조선후기 능참봉의 경제활동의 실제」『민족문화논총』38, 2008; 「18세기 권상일의 시장접촉과 화폐경제생활」, 39쪽.

46) 고동환, 「국가의 농민 지배방식의 변동을 통해 본 조선후기 사회성격의 해명」『역사와 현실』30, 1998; 이헌창, 「1678~1865년간 화폐량과 화폐가치의 추이」『경제사학』27, 1999; 이정수, 「16세기 중반~18세기 초의 화폐유통 실태」『조선시대사학보』32, 2005; 이헌창, 「조선왕조의 경제통합체제와 그 변화에 관한 연구」『조선시대사학보』49, 2009; 고동환, 「조선후기~한말 신용거래의 발달」『지방사와 지방문화』13, 2010; 윤용출, 『조선후기의 요역제와 고용노동』서울대 출판부, 1998.

둘째로, 상품을 구매하는 장소는 다양하게 나타난다. 장시를 통해 가장 많이 구매하며, 그 밖에 포구장, 산지, 주막, 소상품생산자, 보상의 방문을 통해 구입한다. 이 중 우리의 눈길을 끄는 것은 국수, 두부, 떡 등을 판매하는 주막점이 인근에 위치해 있으며, 이를 주민들이 일상적으로 이용했다는 점이다. 즉, 소소한 일상용품을 판매하는 판매처가 19세기 중반 이 지역에 분포하고 있었다는 점이다.

셋째로, 이 집안에서의 상품 구매는 대체로 노비들이 대행하고 있다. 그러나 우리의 눈길을 끄는 것은 사족인 남편과 유씨부인도 장시를 출입하고 있다는 점이다. 물론 그 빈도수는 극히 적지만, 기존에 알려진 것처럼 사대부 여성의 장시 출입금지라는 통념은 일부 수정될 필요가 있다고 하겠다.

넷째로, 이 집안에서는 다양한 상품들을 구매하고 있다. 상품 빈도수를 보면 수산물, 축산류, 수공업제품, 가공식품, 채소, 의복, 곡물, 과일, 기타 등의 순으로 나타난다. 이 중 수산물과 축산물의 비중이 가장 높은 원인은 서울의 조대비전이나 관아, 친인척에게 보내기 위한 선물용 구매이다. 또한 해안가라는 이 지역의 특징이 구매상품 목록에서도 그대로 반영되고 있다. 이렇듯 부인이 장시에서 구매하는 많은 물품들은 가공하여 선물로 송출하거나 미가공 상태로 송출한다는 점에서 16·17세기 선물교환과는 질적으로 다른 성격을 내포한다. 즉 선물교환이 시장경제의 발달과 배치되는 현상이 아니라 시장과 함께 변화하는 모습을 보여주고 있다.

아울러 여기서 주목할 점은 가공식품류의 구입이다. 흔히 집에서 제작하여 소비했던 국수, 두부, 떡, 술, 엿 등 일상식품이 상품화되기 시작했다는 것이다. 물론 서울과 대구 등 대도시에서 음식 판매는 일상화된 현상이지만, 지방의 한 마을에서까지 음식을 판매한다는 것은 19세기 지역 유통경제에서 유의미한 현상으로 보여 진다. 마지막으로, 상품 구매는 대부분 화폐로 이루어졌다. 이 또한 19세기 중반 이 지역의 화폐 유통량과 진전도를 가늠할 수 있는 단서이다.

『경술일기』는 개항 직전 이 지역의 유통경제가 일반 민에게까지 널리 확산·침투되어 가고 있음을 보여주고 있으며, 이 집안의 경우 재분배(선물경제)보다 시장경제가 주축을 이루는 가계경영을 영위하고 있음을 보여주고 있다.[47) 그것은 기존의 다른 17·8세기 사례연구와는 차별성을 띠는 점이라 하겠다.

---

47) 졸고, 「조선 여성의 선물교환 실태와 연망」『조선시대사학보』 75, 2015.

제3부

일상의 책무와 여성의 '사회'

제1장 공적 책무, '봉제사 접빈객'

'봉제사'는 유교의 가장 근본적인 윤리인 '효'의 실천과 맞물려 있는 것이었다. 살아 있는 부모에서 효도하듯, 돌아가신 부모에게 정성껏 제사를 지내는 것이 효의 실천이었다. 또한 조상 제사는 수신의 덕목을 닦는 방법이기도 했으므로 남성들은 제사를 모시기 앞서 몸과 마음을 가지런히 하고 鑑戒하였다. 그러나 실생활에서 '봉제사' 의무들은 여성에게 고스란히 전가된 몫이었다. 시도 때도 없이 돌아오는 제사와 차례는 종부들의 어깨를 무겁게 짓누르고 있었다.

조선시대 '접빈객'은 婦德의 실천이자, 사회적으로 중요한 의무 사항이자 미덕으로 강조되었다. '인심이 후한 집은 자손들에게 복이 오고 흥할 뿐더러, 박한 집은 망한다.'는 식의 스토리는 사회적으로 끊임없이 재생산되어 유포되었다. 그것은 숙박시설과 음식점이 발달하지 않은 당대 여행객들에게 숙식 해결은 생존과 직결된 것이기 때문이었다. 또한 '인심이 후하다.'라는 평은 공동체 내에서 지역 유지로 인정받고 군림할 수 있는 덕목 중 하나로 유통되었다. 이에 양반들은 손님 외에도 집에 드나드는 하민들과 거지들에게 식사나 음식물을 제공하지 않을 수 없었다. 이렇듯 조선의 사회와 문화는 지배층과 피지배층 간의 상호 타협과 조정을 통해 형성되고 지속된 것이었다.

'접빈객'은 유교 윤리의 중 하나인 '朋友有信'의 실천이기도 했다. 남편 혹은 자식의 친구가 왕래할 때 정성껏 접대하는 것은 친구 간의 우애를 표현하고 신의를 돈독히 하는 것이었고, 후일 자신도 동일한 대우를 받을 것을 미리 약속받는 행위이기도 했다. 또한 조선시대 '접빈객'은 세상과 소통하고 정보를 입수하는 기회이자, 사회적 연망을 확대할 수 있는 방편이기도 했다. 교통과 통신이 발달되지 않았던 당대에 사랑방 손님은 외부 세계의 뉴스를 전달하고, 지식과 경험을 나누는 역할을 담당하였다. 아울러 손님과 친분을 두터이 함으로써 주인은 사회·정치적 연망을 확대시킬 수 있었다. 이러한 소중한 기능이 있었기에 양반가의 안주인은 남편의 친구들과 지인 접대에 심혈을 기울였다.

본 장에서는 '봉제사 접빈객'으로 요약되는 양반 여성의 삶과 일상문화를 가정의 제례와 음식문화를 통해 확인하며, 생태적 특성과 사회·경제적 권력관계 등을 시야에 넣고 분석하고자 한다. 아쉽게도 봉제사와 관련된 일기 내용이 소략하고, 모든 제사들이 기록되지 않아 김호근 가의 종손과 종부의 인터뷰를 통해 부족한 점들을 보완하였다.[1]

1. 종부의 의무, '봉제사'

1) 다양한 제사의 종류

일기는 수많은 차례와 제사에 관련된 기사로 도배되어 있고 유씨부인과 그녀의 노비들은 일년내내 제사 준비에 동원되고 있다. 제사의 종류는 일반적으로 四時祭, 忌祭, 茶禮로 나뉜다. 사시제는 보통 시제라 불리우는 것으로 음력 2·5·8·11월에 지내는 합동제사이다. 조선 후기에 접어들면서 4번 모두 지내는 사람은 적었고, 5월과 11월 시제만 지낸 것으로 보인다. 기제는 조상이 돌아가신 날 새벽 닭 울기 전에 지내는 제사이다. 차례는 우리가 알고 있는 설날과 추석 외에도 기본적으로 매달 음

---

1) 2016년 10월 1일, 8일 서울시 관악구 서원동 김희동씨 자택, 종손 김희동(84세), 종부 김정환(86세) 구술 채록.

[표 14] 김호근 가의 1년 봉제사 일람표

날짜	제사 명	제사 주관자	제사 관련한 정보 및 제물
1849.10.01	차례	행촌	찹쌀 9되, 팥 한 되, 밤 6되, 술 한병
1849.10.16	생신 차례	친족	생신차례
1849.11.09	차례	행촌 용암댁	팥 한말, 백미 1말, 간심(멥쌀 새알심) 4되, 갈비탕, 홍시
1849.11.10	제사	신우댁, 용암댁 서방님	無祝單獻(헌종 졸곡 이전)
1849.12.01	차례	남편	주과포혜(술, 과일, 어포, 식혜)
1849.12.18	차례	남편	아침차례
1850.01.01	차례	남편	편 : 백미 4말, 찹쌀 2말, 팥 5되, 녹두 5되, 밤 두말
1850.01.02	차례	남편	차례
1850.01.07	천신	진사	청어 천신
1850.01.15	차례	남편	차례
1850.03.01	차례	후촌 진사	건시, 어탕
1850.03.12	차례	남편 부재. 친족?	송편 두말, 보피떡(갑피떡) 한말, 팥 4되 반, 고물, 적두 5되, 묵(메밀) 3되
1850.04.01	차례	남편 부재. 친족?	주과포혜
1850.05.01	차례	용암댁	어탕과 건시
1850.05.15	천신	남편	햇 보리 천신
1850.05.27	제사	남편	백미 4두, 찹쌀 1두, 고물 20되
1850.06.01	차례	남편	생률, 대합탕
1850.06.21	차례	남편	참외, 능금, 계탕
1850.07.01	차례	남편	능금, 계탕
1850.07.07	차례	남편	능금, 조개탕
1850.08.01	차례	남편	호두, 계탕
1850.08.03	차례	남편	햅쌀 천신
1850.08.07	제사	남편	편 : 백미 4두, 찹쌀 1두, 떡고물 19승
1850.08.15	차례	남편	삼색실과
1850.08.29	제사	남편	삼색실과
1850.09.01	차례	남편	차례 지낸 것으로 보임. 퇴선 송부
1850.09.07	제사	남편	편은 전과 동일

력 1일과 15일에 지내는 초하루 차례와 보름차례가 있다. 이중 한식과 추석 때에는 묘제로 진행되기도 하였다.

김호근 가에서도 이와 유사한 제사를 모시고 있다. 다음의 [표 14]에 기입된 제사 일람표는 일기에 기재된 것만 기재한 것이다. 족보에 보이는 기제사 3~4개 정도는 누락된 것으로 보이는데, 기입된 것만 해도 1년에 총 26번이다.

유씨부인은 일 년에 무려 30여 차례의 제사를 지내고 있다. 이 같은 현상은 다른 양반 가문에서도 동일하게 나타나고 있다. 16세기 말 오희문은 임진왜란 중에도 25회의 제사를 지냈다고 하며,2) 16세기 이문건도 19번의 제사를 모시고 있다.3) 17세기 『계암일록』을 작성한 김령(1557~1641)도 44회의 제사를 주관 내지 참여하였고, 『단계일기』를 기술한 김인섭(1827~1903)은 13번의 제사를 주관 및 참여하였다고 한다. 이에 대해 정진영은 19세기 들어 속절제사를 대거 폐지하는 대신 기제사를 4대로 강화시킨 것이 아닌가 추정하고 있으나,4) 본 김호근 가의 사례나 필자가 조사를 진행했던 아산의 예안 이씨 집안에서도5) 30여회 가까이 제사를 지내는 것으로 보아 지역마다 차이가 있으며, 호서지역에서는 제사의 종류와 수가 감소한 것으로 보이지 않는다.

---

2) 전경목, 「일기에 나타나는 조선시대 사대부의 일상생활」 『정신문화연구』 19-4, 1996.

3) 김현영, 「16세기 한 양반의 일상과 재지사족」 『조선시대사학보』 18, 75쪽, 1999.

4) 정진영, 「조선시대 지방양반들의 일상생활」 『Design Studies』 Vol.1, 2002, 95~96쪽.

5) 아산 외암리, 성요경 종부 구술, 2005. 12. 20. 성요경 할머니는 예안이씨 문정공파 이은선(이간의 후손)의 부인으로 교수댁의 작은집이다. 인터뷰를 한 결과 식민지기 이 집안에서는 기제사 외에도 매월 초하루와 보름에 사당 차례를 하였고, 설, 추석, 한식, 단오, 유두, 칠석, 동짓날 차례를 지냈다고 한다. 약 30여회가 넘는 제사였던 것으로 보인다.

김호근 가의 제사를 유형별로 분류해 보기로 하자. 첫째, 매월 초하루에 '차례'로 불리 우는 제사를 모셨다. 이 차례는 제물을 주과포혜 정도로 간단하게 준비한 후 사당에서 행해졌는데, 먼저 토지신께 술 1잔을 올린 후 의식이 시작되었다. 술은 가용주로 주로 청주나 약주를 미리 만들어 단잔으로 올렸다. 일기에는 이때 올린 다양한 차례 음식이 기술되었는데, 주과포혜, 생률과 대합탕, 건시와 어탕, 계탕(닭고기), 참외·능금·호두 등 그때그때 구입할 수 있는 것을 올렸다. 둘째로, '천신제'로 불리 우는 제사가 있다.6) 이것은 제철에 첫 수확하는 과일이나 산물을 음식으로 만들어 조상님께 먼저 올리는 제사이다. 일기에는 1월 7일에 청어로, 5월에 보리, 8월에 햅쌀, 10월에 국화전으로 천신제를 지내는 기사가 등장한다. 지내는 날짜로 보아 부정기적인 제사로 보인다.

① 진ᄉ님 늬 위문ᄒ라 오섯다가 청어 천신ᄒ오시고(1850. 1. 7)
② 윽복이 집의가 보리 흔말 ᄊᆞ어 빅미 너되 젹두 서되 가옷 빅미 구승 진디ᄒ여 천신하다.(1850. 5. 15)
③ 신미 천신 진디 열되ᄒ고 차례 후 슈한 가서 밤의 오시고 히미 집 오다.(1850. 8. 3)
④ ᄉᆡᆼ신 차례의 국화 천신 ᄒᆞᆸᄂᆞᆫ디 빅미 서말 졈미 뇩승 게피 픗 구승 젹두 되가옷 콩 오홉 밤 흔말ᄒ다.(1850. 10. 16)

세 번째, 명절에 지내는 차례가 있다. 설과 추석 차례인데, 설에는 집에서 지낸 후 산소에 성묘를 다녀오고, 추석 때는 산소에서 차례를 모신 것으로 보여 진다. 1850년 8월 15일 일기를 보면 하루 종일 비가 내료

---

6) 천신제란 죽은 조상이 생전에 드시던 제철 음식을 돌아간 뒤에도 드신다는 관념에 따라 시행되었는데, 품목은 곡식, 과일, 나물, 생선, 산짐승에 이르기 까지 다양하다.

墓祀를 지내지 못하다가 저녁 무렵 잠깐 비가 그쳐 인근에 모신 산소에만 추석차례를 지냈다는 기사가 나오고 있다.[7]

네 번째, 4대조 조상이 돌아가신 기일 날에 지내는 기제사가 있다. 이 제사는 오늘날 우리가 지내는 제사와 동일한 형식과 규모로 지내고 있다. 제수 차림은 다음 절에 기재하였다. 일기에 기제사는 '제사'로 표기되어 있는데, 4대 봉사를 하기 때문에 최소한 9번은(전부인 포함) 기입되어야 하는데,[8] 5번밖에 기입되지 않았다. 아마도 나머지 4번의 제사는 일기에 누락된 것으로 보인다.

다섯 번째로, 일기에는 10월 16일 생신차례가 등장한다. 일반적으로 부모가 돌아가신 후 3년 간, 즉 철상하기 이전까지는 부모가 살아계신 것처럼 생신상을 차린다고 한다. 이것이 바로 '생신차례'이다. 그러나, 양부인 김화순의 사망년도는 1816년이고, 양모는 1842년도이므로 이와 일치하지 않는다. 한편 친부인 김기순의 생몰년도는 1834년(1785~1834. 1. 25)이며, 친모 울산박씨의 생몰년도는 1812년(1779~1812)이다. 따라서 누구의 생신차례를 지냈는지는 불분명하나 생신차례가 1번 기입되어 있다.

여섯 번째로, 이 집안에서는 3월 3일 삼진날에는 진달래전, 5월 5일 단오날, 6월 6일 유두날에는 밀가루로 국수를, 7월 7일 칠석날 햇보리 음

---

7) 『경술일기』 1850. 8. 15.
8) 아래 생몰연대표는 『安東金氏世譜』에서 추출하였다. 이상하게도 일기의 제사일과 족보의 사망일이 모두 일치하지 않았다.

관계	조부		배위		후배	
	이름	사망일	이름	사망일	이름	사망일
고조부	김시일	1742. 5. 1.	평산신씨	1720. 5. 29.	한산이씨	1750. 5. 16.
증조부	김약행	1788. 1. 18.	창원황씨	1784. 10. 12.		
조 부	김이우	1799. 1. 4.	풍천임씨	1794. 2. 10.		
부 친	김화순	1816. 8. 26.	해주최씨	1842. 8. 8.		

식, 9월9일에는 국화전, 11월 동짓날에는 팥죽을 조상에게 올렸다고 전해지나, 본 일기에는 일부분만 반영되어 있다.

이렇듯, 일기에는 모든 제사나, 제사 음식이 다 기재되지 않았다. 다만, 제사용 편(떡)이나 술에 들어가는 쌀이나 누룩 등의 양과 기타 부재료 등이 기록되고 있는데, 이는 일기의 특성, 즉 가계부적인 일기 성격에서 비롯된 것으로 보인다.

2) 제사 준비와 제사상

김호근 가의 예법과 제사 준비는 지금까지도 『家禮源流』를 기준으로 하고 있다고 한다. 김호근 가의 종손과 종부의 구술에 의하면9) 제사는 대체로 자시(새벽 1시 이후), 즉 닭 울기 전에 지냈으며, 제복으로 남성은 옥색 도포차림, 여성은 옥색 치마저고리에 민족두리(기)를 썼다고 한다. 민족두리는 예복에 갖추어 쓰던 족두리로 검정색이며 위에 옥판이 붙어 있으나 화려하지 않게 만들어 제사용으로 사용하였다고 한다. 이때 검은 댕기와 하얀 동으로 만든 큰 비녀(잠)을 함께 사용하였다.

제사준비는 다음과 같은 절차에 따라 엄숙히 진행되었다. 종부의 구술에 의하면, 제수 준비는 먼저 제주(술) 제작부터 시작된다고 한다. 제주로는 청주나 약주10)를 사용하였는데, 청주 제작은 약 10~14일 정도, 약주는 5~7일 정도 소요되었다고 한다. 그 후 집안 대청소와 제기 닦기, 그리고 김치 담그기가 제사 3일 전 부터 시작되는데, 고춧가루를 넣지 않는 백김치를 담갔다고 한다. 준비 시간이 제일 많이 소요되는 것이 떡

---

9) 2016년 10월 8일 서울시 관악구 서원동 김희동 자택, 종손 김희동, 종부 김정환 구술 채록.

10) 약주란 탁주(막걸리)의 숙성이 거의 끝날 때쯤, 술독 위에 맑게 뜨는 액체 속에 싸리나 대오리로 둥글고 깊게 통같이 만든 '용수'를 박아 맑은 액체만 떠낸 것이다.

이었다. 과거에는 집에서 벼를 정미한 후 쌀가루를 만드는 기초 과정을 거쳐야 했다. 이 집안에서는 대체로 백편, 꿀편, 싱검초편(당귀 잎을 넣은 떡)을 만들어 맨 위에는 웃기를 놓았는데, 웃기로는 찹쌀을 빚어서 화전을 만들거나 대추 고명을 얹었다고 한다. 이상과 같은 종부의 증언은 일기 내용과 대동소이하다. 아래 사료를 보기로 하자.

> ① 졔긔 닥고 호도 말가옷 까 엿되 졔수의 쓰다.(1850. 5. 27)
> ② 빅미 사두 졈미 일두 고믈 스무되 편 방하 쌔으는 것○○○○○ᄒ나 ᄲᅦ여 픗 식인 것 신디 셔홉식 주다.(1850. 5. 28)

유씨부인은 5월 29일에 있는 고조할머니 평산신씨의 제사를 준비하고 있다. 이틀 전에 비들에게 제기를 닦게 하고, 호도 1말 반을 까서 그 중 6되를 신씨 할머니 제사에 쓰고 있다. 5월 28일 편(떡)을 만들기 위해 백미 4말, 찹쌀 1말, 고물(팥) 20되를 비로 하여금 방아를 찧게 하였다. 그다음은 탕과 적을 위해 奴에게 명하여 고기를 준비하거나, 고깃간에서 고기를 사고 있다. 종부의 증언에 의하면, 제수용 고기로는 돼지고기를 사용하지 않는다고 한다. 닭적 외에 주로 소고기로 적과 탕을 썼다 하니, 이 집안에서 소비되는 소고기의 양을 가늠할 수 있다.

여러 제사 중 설과 추석 차례 때에는 제수 음식을 특별히 더 많이 장만하는 듯 보인다. 떡은 기제사와 비슷하게 약 쌀 4말 정도로 준비하고 있으나,[11] 고기는 총 4명을 통해 공급받고 있다.[12] 제사를 준비하기 위해 많은 인력이 동원되고 있다. 아래의 사료에서 보듯이 제사떡을 만들

---

11) 『경술일기』 1850. 1. 1. "편 뿔 빅미 스두 졈미 말○○○○○ 닷되 녹두 닷되 주고 밤 두말 삼다."
12) 『경술일기』 1849. 8. 12; 1849. 8. 14.

기 위해 백미 4말, 찹쌀 1말, 고물 19되를 내었고, 방아를 빻기 위해 여종 12명이 동원되고 있다. 그 외 팥의 계피를 내기 위해 추가로 1명이 더 동원되어 총 13명의 점심을 해주었다는 이야기이다.

③ <u>제스 편 빅미 스두 졈미 일두 고믈 십구승 편 방하 빠으는 년 열둘 풋 게피 흔년 신지 졈심 여슷 칠홉 셔홉흐고</u> 히죽밥 빅미 너되 흐다.(1849. 8. 7)

④ <u>구즌발 흔말 슌미 주어 흰쩍흐다.</u>

⑤ <u>광졈 식여 소쥬 고으고</u> 덜머리 손님 형데 쥬효와 엿 닉여 ○○○○○ 질 네직싯 사흘 쏘 알코 오늘은 면화밧 드무러 화종 서되 더 심우다.

일 년에 30여 차례 제사를 지내야 하는 양반가에서 노동력 확보는 필수적이라고 하겠다. 그리하여 이 집안에는 약 40여명(일기에는 43명, 호구단자에는 31명 기재)이라는 많은 수의 노비가 노동력을 제공하고 있다. 그럼에도 불구하고 모든 음식물 제작이 김호근 가에서 이루어 진 것은 아닌 것으로 보인다. 유씨부인은 품과 시간이 많이 소요되는 일부 술과 흰떡의 제작과 정미는 노비나 예속인들에게 시켜 그들의 집에서 만들어 오게끔 하기도 한다. ④번 기사는 묵은쌀 한말을 순매에게 주어 흰떡을 하게 한 것이며, ⑤번 기사는 광점을 시켜 소주를 고으게 한 것이다. 물론 이런 기사는 극히 일부에 한하며, 대부분의 제사음식은 김호근 가에서 제작되는 것으로 보인다.

한편 제사상에 올리는 음식으로는 일반 사대부 가문의 예대로 3탕 3적을 올렸다고 한다. 3색 실과와 대추·밤, 포, 식혜, 3전(고기·생선·야채전), 3적(소고기, 생선, 닭), 3탕(조기, 두부, 소고기), 삼색나물(고사리, 시금치, 무 등 제철 나물 3가지), 약과, 다식(밤, 콩, 송화), 강정, 시루떡 등을 준비하였다. 이러한 제사음식은 정성을 다해서 준비한다. 종부의 구술에 의하면 음식은 엄중하고 경건한 마음으로 위생적으로 만들며, 미리 먹지도 않으며, 심지어는 간도 보지 않는다고 한다.

제사상은 일반적인 노론의 상차림과 대동소이하다. 魚東肉西, 飯西羹東, 高西妣東, 炙奠中央의 범례를 따르며, 노론의 특징인 紅東白西의 순으로 진설을 하고 있다. 다만 '우포좌혜',[13] 즉 오른쪽에 포, 왼쪽에 식혜를 놓아서 다른 노론 집안과 구별하고 독자성을 구현하고자 하고 있다. '우포좌혜'의 진설방식은 갈산에 세거하고 있는 다른 친족에게서도 동일하게 나타난다고 한다.

마지막으로 일기에 등장하는 흥미로운 기사를 언급하고자 한다. 10월 증조모 창원황씨 제사를 지내는 날인데, 국가의 졸곡 전이니 떡(편)과 국수(면)를 차리지 아니하며, 축문도 없고, 술도 단헌으로 지냈다는 내용이다.

국가 졸곡 전이니 편 면 업시 무축 단헌으로 디니고 신우 셔방님과 용암 셔방님이 디니시다.(1849. 11. 10)

이 때가 헌종의 초상을 지낸지 3개월이 되지 않은 때(졸곡 전)이므로, 국가에서는 민들에게 왕의 장례 절차에 따라 일정한 예를 표하도록 한 것으로 보인다.[14] 바로 국가권력이 민들의 일상생활과 문화에 영향을 끼치는 단적인 사례이다.

---

13) 일반적인 노론가의 제수 진설방식은 '좌포우혜'인데 김호근 가에서는 '우포좌혜', 즉 오른쪽에 포를 놓고 왼쪽에 식혜를 놓았다고 한다.
14) 『경술일기』 1850. 6. 5. "니일 헌종대왕 쇼샹되 구시니 읍니 곡반의 아츰 후 가오시다."

[그림 23] 김호근가의 차례상 차림 오른쪽에 포, 왼쪽에 식혜를 놓는 우포좌혜의 진설을 하고 있다.

[그림 24] 김호근가의 종손이 추석 차례를 모시고 있다.

2. 친밀과 결속의 행위, 접빈객

1) 격식이 담긴 손님 상차림

김호근 가에는 많은 빈객들이 내방하였다. 일기가 작성된 16개월 동안 188회의 손님이 왔는데, 남편의 친구들은 38회, 친족은 115회, 하민들은 35회 방문하였다. 누가 방문하는가에 따라, 그리고 방문객의 사회·정치적 위상에 따라 부인이 내오는 음식의 종류와 질이 차이가 있었다.

먼저 이 집에서 가장 환대를 받았던 그룹은 현직 지방 관료군이다. 일기에는 결성과 화산, 임천, 청양 현감이 총 5번 등장하는데, 이들 중 청양현감은 한번 내방할 때마다 2박3일씩 체류하고 귀가하였다. 제3부 2장 3절에서 확인한 바와 같이 청양현감은 金尙鉉(1811~1890)이다. 김상현은 광산김씨로 헌종의 능인 경릉(동구릉)을 조성한 자이며, 이후 인근의 청양현 현감으로 부임하였다.[15] 그는 대원군 집권기 공조판서, 경기감사, 평안감사로 승진하는 것으로[16] 보아 조대비 및 대원군과 가까운 관계로 보이며, 김호근과는 학맥과 혈연으로 맺어진 관계로 추정된다. 1850년 3월 23~25일까지 청양 현감 대접 내역을 확인해 보자.

① 청양원 온후 씨죽 실과 골독회 저녁밥의 오첩 조치ᄒ다.
(1850. 3. 23)
② 조반 국슈 대하노코 낫 것 송편 화전 둑텁단ᄌ 잡탕의 국슈 숙육 눌으미 가ᄌᆫ 실과 화면 슈란 어치 묵치 싱션찜ᄒ고 저녁 전과ᄀ치 ᄒ다.(1850. 3. 24)

---

15) 『승정원일기』 철종 즉위년(1849) 12월 23일, 철종 원년 3월 9일, 철종 2년 4월 5일.
16) 『비변사등록』 256책, 고종 12년 11월 6일; 258책, 고종 14년 10월 7일.

③ 청양 살옥나 그 원이 조도의 국슈 뇨긔ᄒᆞ고 가고 밤의 뎡쥬집 가
다.(1850. 3. 25)

위의 사료를 재구성해보면, 1850년 어느 따스한 봄날 청양현감은 현
청에서 아침 일찍 출발하였는지, 김호근 가에 점심 전에 도착하였다. 부
인은 점심으로 가볍게 깨죽, 꼴뚜기 회와 실과를 대접한 후 손님 접대를
위한 본격적인 음식 준비에 착수하였다. 막돌이를 인근 장시에 보내 식
재료를 구입하고, 여종들을 시켜 떡을 만들기 시작하였다. 아직 음식이
채 준비되지 않은 저녁에는 5첩 반상으로 내었다. 24일부터는 본격적인
접대에 들어갔다. 아침상에는 국수와 대하를 가볍게 내었고, 점심에는
총 12가지의 음식이 차렸다. 송편·화전[17]·두텁단자[18] 등 떡이 3가지, 수
육·생선찜·느리미(누르미)[19]·수란[20]·어채[21]·묵채[22]·화면[23]·잡탕의 국
수, 그리고 여러 과일들이 상에 올랐다. 저녁상도 이와 비슷하게 차려졌
다. 그러나 셋째 날 청양현에서 살인사건이 일어나 현감이 예정보다 빨

---

17) 찹쌀가루를 연하게 반죽하여 후라이팬에 얇게 펴 놓고 그 위에 진달래 등 제철에
   나는 꽃잎을 장식하여 지진 떡이다. 서울·경기 지역의 떡이다.
18) 두텁단자는 찹쌀가루를 익반죽하여 여러 가지 소를 넣고 둥글게 빚어 끓는 물에
   삶아 팥고물을 묻힌 떡이다.
19) 양념한 쇠고기, 데친 도라지 배추, 쪽파, 다시마 등을 같은 크기로 썰고, 모든 재료
   를 꼬치에 꿴 후 간장 양념을 한 후 팬에 지지는 음식이다.
20) 계란을 깨뜨려 끓는 물에 넣어 반쯤 익혀 초장을 친 음식이다.
21) 궁중 주안상 음식으로 각종 채소와 생선을 살짝 데쳐 양념간장에 무친 음식이다.
22) 묵채는 녹두, 도토리, 메밀 등으로 묵을 쑤어 미나리, 오이 등 각종 야채와 함께
   낸 음식이다.
23) 궁중의 잔치 음식 중 하나로, 녹두가루를 반죽하여 익힌 것을 가늘게 썰어 오미자
   국에 띄우고, 꿀을 섞고 잣을 곁들인 것을 화면이라고 한다. 혹은 진달래꽃을 녹
   두가루에 반죽하여 만들기도 한다.

리 가게 되자, 간단히 국수를 대접했다고 한다. 지방이라는 환경을 감안
해 볼 때 상당히 화려한 손님상이다.

청양현감은 1850년 10월 22일~24일에 늦가을에 또 김호근가를 방문하
였는데, 22일 저녁 무렵 도착 직후에는 간단히 국수로 요기하였다. 23일
부터 접대 음식을 나왔는데, 조반으로는 육개국(개고기)과 만두, 점심에
는 신설로 2틀을 차려 국수와 함께 대접하였다 한다. 오후 간식으로 유
자, 석류, 어채의 최고급인 화채, 그리고 사색정과(4가지 정과)24)를 함께
내었고, 저녁으로는 굴을 넣은 비빔밥 만들었다고 한다.25) 한편, 임천현
감이 방문했을 때는 깨죽, 수란, 조홍시26), 침채(물김치), 생니(햇배)를
내었다.

여기서 호서지역 양반 가문의 상차림을 엿볼 수 있다. 가문의 품격을
반영하는 다양한 찜, 채, 탕, 전, 편육, 떡, 화채, 정과 등이 등장하고 있
다. 즉, 식생활에 있어서 향촌 양반과 경화사족 간의 큰 차이가 없는 듯
이 보인다. 이 중 국수는 상당히 고급 음식으로 취급된 것으로 추정되
며, 조반이나 점심 등 가볍게 대접할 때 활용되었다. 또한 식탁에는 인
근 지역에서 생산되는 식재료를 활용한 음식들이 올라가고 있다.『신증
동국여지승람』을 살펴보면, 홍주목에서 청어, 넙치, 준치, 홍어, 오징어,
전복, 낙지, 조개, 굴, 토화(土花, 새우젓용 새우), 대하, 중하(中蝦), 자하
(紫蝦), 황소어(黃小魚), 전어, 삼치, 조기, 숭어, 김, 뱅어, 밴댕이, 게 등
다양한 해산물이 생산되고 있다고 한다.27) 유씨부인은 이러한 식재료를

---

24) 정과는 생과일이나 식물의 뿌리, 혹은 열매에 꿀을 넣고 조린 것이다.
25)『경술일기』1850. 10. 24. "쥬칙이 만두 조반 아츰의 육개국 나지 신션노 둘 출혀
    국슈 말아 점심 후 유즈 석뉴 비 너허 화쳐호고 스쇡졍과 내여가고 져녁의 운졍
    손님 신지 굴너코 부븨기 긱식 세 칠홉호다."
26) 충남 지역의 대표적인 과일로 감을 뜻한다.

활용하여 대접하는데, 손님상에는 대하, 생선찜, 꼴뚜기, 어채, 굴 등이 올라가고 있다. 또한 부인이 외부로 송출하는 선물 물목에는 김, 조기, 굴, 전복 등이 해산물들이 주요 품목으로 등장하고 있다. 아울러, 하민들의 밥상에도 청어, 새우젓(토하) 등 주변 자연 환경에서 구할 수 있는 식재료를 이용한 반찬이 제공되었다.

아울러 손님상에서 신설로, 수란, 화면, 어채, 두텁떡 등 서울의 궁중음식이 이 지역까지 전래되었다는 것 등을 확인할 수 있다. 아마도 이 집안이 서울의 경화사족 및 궁궐과 인맥이 닿는 집안이기 때문으로 보여 지며, 이러한 통로를 통해 서울의 궁중요리가 전국적으로 소개·전파되는 것으로 보여 진다. 이 점에 대해서는 다음 절에서 논하고자 한다.

2) 고급스러운 궁궐 음식의 전래

서울의 경화사족과 친족 관계 및 정치적 네트워크를 유지하고 있던 김호근가는 서울 궁궐의 조대비전과 음식을 상호 교류하고 있었다. 궁궐의 음식은 정·종 1~3품 관료들에게는 명절이나 임금의 탄신일을 기하여 하사되곤 하였지만, 지방의 양반들에게 하사되는 일은 흔한 것이 아니었다. 1849년 10월 말 조대비전에서는 어떤 연유에서인지, 4층 찬합에 음식을 가득 담아 김호근 가로 보냈다. 여기서 우리는 궁궐의 음식문화를 엿볼 수 있다. 먼저 1·2층의 찬합에는 산자, 약과, 다식이 들어 있었고, 3번째 층에는 갖가지 색깔의 마른 반찬, 네 번째 층에는 6가지 색의 자반(소금에 절인 해산물)을 고급스럽게 담아 있었다고 한다. 이 밖에도 귀한 전복젓과 숙게젓은 백 항아리에 따로 넣어 보내왔다.[28] 유씨부인

---

27) 『신증동국여지승람』 제19권, 충청도 홍주목.
28) 『경술일기』 1849. 10. 27.

은 이를 주변의 친족들과 나누어 먹었다. 이렇게 궁궐 음식의 송출은 궁중과 서울지역의 음식문화가 지방에까지 전파되는 계기가 되고 있다.

이에 대한 답례인지 모르지만 부인도 조대비전에 음식을 보내고 있다. 일기에는 1851년 9월 20일 것만 기록되어 있지만, 아마도 매년 가을 추석을 전후하여 궁궐로 음식을 보내는 것이 아닌가 추정된다. 음식은 男奴 4명이 등짐으로 서울까지 나르는데, 4층짜리 '왜 찬합'에 산자, 다식, 00다식, 타래과[29], 강병(생강 떡), 조판, 문어, 전복쌈, 광어포육을 가득 넣고, 굴젓, 굴김치, 감을 보냈다고 한다.[30] 倭찬합은 궁궐과 양반들이 의례적인 음식을 보낼 때 사용한 것으로 보여 지는데, 일본에서 수입한 것이지, 혹은 일본 찬합을 모델로 국내에서 제작한 것이지 확실하지 않다. 왜찬합은 19세기 들어와 문헌에 가끔 등장한다.[31] 조대비전에서 내려오는 음식은 이른바 궁중음식으로 지칭되는 고급스러운 것들이고, 부인이 궁궐로 보내는 것은 서해안 식재료의 특성을 십분 살린 문어, 전복쌈, 광어 포육, 굴김치 등 특산 음식이었다.

부인은 때때로 음식을 만들어 산후조리용 선물이나 인근 어른 생신 혹은 병문안 선물로 송출하고 있다. 서울의 윤댁에게 보내는 음식물 내

---

29) 타래과는 밀가루를 꿀물에 반죽하여 기름에 지진 유밀과로 매자과하고도 한다. 명절 음식이다.

30) 『경술일기』 1851. 9. 20. "뎐동과 궁의 굴젓과 감 지워 네놈 보닉는뒤 스층 왜츈합의 산즈 다식 ○○○○○ 다식 투릭과 강병 조판 문어 전복쌈 광어 포육 ᄀ득 너코 굴침치 큰 함에 담가 ○○○○○긔 보닉고 숑졍 감 흔졉 굴젓 이긔 찬합 쁙긔 조금 보닉다."

31) 왜찬합은 19세기 들어와 사료에 나타나는데, 아마도 수입품이 아닌가 싶다. 한양의 시전에는 청국이나 일본을 비롯하여 서양의 면포와 비단도 유통되고 있었고, 유씨부인은 인근 장시에서 서양목도 구입하고 있었다. 아마도 왜찬합도 지방 장시나 보상들을 통해 구매가 가능한 품목으로 추정된다.

역을 보면 관목 1항아리, 전어 1항아리, 000포, 북어무침 1항아리, 문어무침 1항아리, 파래지 1항아리를 산후 조리용 음식으로 보내고 있다. 그밖에 서울에 보내는 음식과 식재료로는 황률(밤), 조기, 포, 굴젓, 게젓, 꼴뚜기젓 및 각종 젓갈, 말린 전어, 건조 도미, 북어와 문어 무침, 파래 장아찌, 산적 장아찌, 전복 장아찌, 홍시, 참기름, 굴 식혜, 생복, 파래, 김 등이 등장한다. 이렇듯 외부로 송출하는 음식은 장시간의 수송 과정에도 상하지 않는 장아찌 류, 젓갈, 건어물, 지방 특산물, 고가의 식재료 등을 보낸다는 특징이 있다. 반면 외부에서 유입되는 식재료로는 황해도 해주에서 보내오는 약과, 중계, 유청, 생이정과, 포 2접, 문어, 전복이 있으며, 서울에서 보내오는 것으로는 포도, 복숭아, 고가의 오린어, 다른 지역의 말린 나물, 담배 등이 오고 있다. 이렇듯 장거리 간의 선물 교환은 지방 특산물, 상하지 않는 건어물과 젓갈류, 상대적으로 고가이자 구하기 어려운 귀한 물건 등이 주종을 이루고 있다.

3) 정성이 담긴 양반가의 생일상과 친족 상차림

집안의 어른이자 주인인 시부모와 가장의 생일은 명절과 함께 부인네들이 준비해 할 주요 행사 중 하나있다. 유씨부인도 남편인 김호근의 생일에 정성스레 생일상을 차려 인근 친지들을 초대하였다. 양반가의 생일상을 확인해보자. 아침 생일상에는 국수와 느리미, 전골이 올라갔고, 점심상에는 인절미·송편·갑피떡(개피떡)[32] 등 3종류의 떡과 갈비탕, 묵을 내었다. 흰떡까지 하였는데,[33] 떡은 대표적인 통과의례의 음식이었

---

32) 녹두소나 팥소를 넣어 반달 모양으로 만든 떡이다. 궁중에서는 갑피병이라고 하였다.
33) 『경술일기』 1850. 2. 11.

다. 일기에서 다양한 종류의 떡들이 등장하고 있다. 흰떡, 가래떡, 인절
미, 설떡, 편(제사), 약식, 콩무리 떡, 팥떡, 콩떡, 녹두떡, 송편, 두텁떡, 개
피떡, 화전, 느티떡, 수단34) 등을 만들었다. 이중 일부 음식은 참석하지
못한 주변 친족들에게 선물로 송출되기도 하였다.

방문한 친족에게 낸 접대 음식을 살펴보자. 친족의 중요도와 친밀도
에 따라, 방문 거리와 식재료의 여부에 따라 접대 음식의 차이가 있다.
몇 가지 사례를 보기로 하자. 인근 지역에 오곡댁 서방님이 내방할 때는
콩죽, 생복회, 갈비탕, 홍시 등을 대접하였고,35) 오곡댁 아가씨와 왔을
때에는 소고기로 불고기를 해주고, 떡이나 국수를 대접하기도 하였다.
다른 친족보다 오곡댁 친족에게는 정성스레 대접하는데, 아마도 오곡댁
과 혈연적으로도 가깝고, 개인적으로도 매우 두터운 친분을 유지해서
인듯 싶다. 그 밖에도 인근의 수한댁 진사님이 왔을 때는 흑임자 깨죽,
윤댁이 왔을 때는 인절미, 개장국, 닭탕을 하였다.

그 밖에 일기에 나타난 특이한 음식을 열거해보자. 부인이 수곡댁에
가서 대접받은 음식은 강분(생강즙 가루)에 좁쌀을 넣어 쑨 죽이다. 이
른바 생강죽인데, 현대 우리에게는 알려지지 않은 음식으로 보인다. 곳
죽도 나타나는데 아마도 곶감을 넣어 쑨 죽으로 보이며, 좁쌀죽, 녹두죽,
팥죽, 흑임자죽, 미음 등도 기술되어 있다.

'봉제사 접빈객'에 없어서는 안되는 것이 술이다. 부인은 남노를 시켜
술을 빚게 하는데, 백미 2말과 누룩 세 덩이로 청주를 빚는 기사나, 탁
주·소주·약주 등이 제사를 모시기 전이나 명절 전, 혹은 농번기에 빚어

---

34) 수단은 물에 떡이 들어 있다는 뜻으로 쌀가루나 밀가루를 빚어 한 푼 반 길이로
썰어 꿀물에 넣고 실백을 띄운 음식을 말한다.
35) 『경술일기』 1849. 11. 9. "밧겻 싱신 국슈 느르미 조반 견골ᄒ고 나지 인절미 엿되
송편 흔말 갑피썩 엿되 가옷 가리탕 묵 엿되 흰썩은 흔말ᄒ여 아니쓰다."

지고 있다. 김호근 가의 종부에 의하면 1960년대까지 제주로 청주나 약주를 빚었고, 일꾼들을 위한 술로는 탁주(막걸리)를 제작했다고 한다. 참고로 조선 초에는 소주가 고급술에 속했으나 후기에 들어 와서는 대중화되어 많은 사람들이 애용했다고 전해진다. 탁주는 누룩과 술밥을 섞어 만든 술인데, 위의 맑은 술을 약주 혹은 청주라 하고 가라앉은 술을 탁주 혹은 막걸리라고 부른다.36) 탁주는 일반인들이 주로 마셨고, 청주·약주·소주는 양반들이 마셨다고 한다.

4) 주식 중심의 하민 음식상

김호근 가에서 만들어지는 음식에는 생태·권력·신분관계가 반영되고 있다. 앞서 살펴본 양반들 음식들과는 판이하게 일꾼들을 위한 음식상은 다르게 준비되고 있다. 일단 반찬의 개수, 그리고 쌀의 품질에서도 차이가 난다. 일반적으로 뽕잎을 따거나 밭농사 등 농번기에 남자 일꾼과 남노에게 제공되는 식사량은 한끼 당 7홉, 여종에게는 5홉으로 정해진 듯이 보인다.37) 물론 때때로 밥을 많이 먹는 남자에게 큰되로 1되, 여종의 경우 7홉씩이나 1되씩 쌀이 한 끼 식사로 제공되기도 하지만,38) 대체로 앞서 언급한 대로 남자에게는 7홉, 여자에게는 5홉의 기사가 가장 빈번하게 등장한다. 그러나 이들에게는 낮은 품질의 쌀이 제공된다.

사료 ①을 보면 늦은 봄 산에서 비료와 땔감을 채취하기 위한 발매

---

36) 청주는 원래 약주와 동일어로 사용했으나 일제 강점기 일본인들이 우리나라의 탁주나 맑은 술(약주)은 조선주라 하고, 자기들의 맑은 술(정종)은 청주라고 구분하였다. 이것이 관례화되어 일본식으로 빚은 맑은 술만을 청주라 하여 재래주와 구별하고 있다.

37) 『경술일기』 1850. 4. 19; 1850. 5. 7; 1850. 6. 30; 1850. 9. 14

38) 『경술일기』 1850. 3. 21.

작업이 시작되는데, 이를 위한 하민들의 식량을 마련하기 위해 개금에
게 들충벼 한 섬을 찧게 한 내용이다. 들충벼란 쭉정이가 많은 덜 익은
벼를 뜻한다. ②에 나오는 구즌쌀은 작년의 묵은 쌀로 이를 비금이와 시
월이가 방아를 찧어 뽕잎 채취에 동원된 하민들에게 제공되었다. 들충
벼나 구즌쌀은 품질이 낮은 쌀을 의미하며, 농촌지대에서 봄에 묵은 쌀
이 있다는 것은 그 만큼 이 집안의 식량 형편, 즉 경제력이 양호했다는
것을 뜻한다.

> ① 발미흘 들충벼 흔섬 용정 기금 주다.(1850. 4. 1)
> ② 비금 용정 구즌쌀 닷말 흔되 흰쌀 두말 밧고 시월 용정은 구즌쌀 칠
> 두 오승 초십일 바다 긱냥ㅎ다.(1850. 4. 18)

고공들이나 노비들의 반찬으로는 새우젓, 관목, 청어 등 1인당 생선 2
마리가 제공된다. 아래 사료를 보면 겨울용 땔감을 준비하기 위해 막돌
까지 인부 31명을 고용하였는데, 쌀 3말과 청어 60마리를 주었다 한다.
이렇듯, 목화밭을 갈거나 김장 무를 등을 심는 등 본격적인 농사 활동
때에는 점심 외에도 새참으로 술과 안주 값이 제공되기도 한다. 즉, 1인
당 9.7홉의 쌀과 청어 2마리가 배당되는 것이다.

> ③ 나므드리기 막돌ᄭ지 삼십일명의 쌀 서말 청어 뉵십 주고
>   (1849. 11. 4)

19세기 농촌지대에서는 노비나 하민들의 노동력을 담보하고 충성도
를 높이기 위해서는 주인가에서 농번기나 추석, 설 등 명절에 밥과 술을
한턱낸다. 그것을 해자밥 혹은 호미씻이 등 여러 가지 용어로 불리 우는

데, 유씨부인도 가사노동에 종사하는 노비들을 위해서는 일 년에 여러 차례 해자밥과 설날에는 흰떡 등을 제공하였다. 즉, 해자밥을 활용하여 노비들의 충성과 결속을 다지고자 했던 것으로 보인다.

5) 발효식품과 육류의 소비

생산물의 저장과 보관시설이 미비한 탓에 전통적으로 각종 젓갈류가 만들어 지고 있다. 특히 이 집이 위치한 갈산면은 서해안 인접 지역이므로 각종 해산물이 풍부히 생산되었다. 이에 부인은 매해 정기적으로 꼴뚜기젓, 굴젓, 게젓, 전복젓, 굴 식혜 등을 담아 먹거나, 서울 등지의 친족들에게 선물로 송출하고 있다.

그 밖에도 된장, 간장, 고추장 등 우리나라 식생활의 기본 조미료가 되는 장 담그기가 일기에 가끔 등장하는데, 1년에 담그는 된장의 양을 확인하여 식솔의 규모를 가늠해 보기로 하자. 1849년 10월 27일 메주를 띄우기 위해 메주콩 2말을 쑤고 있다. 그리고 11월에는 6채의 행랑에 각각 5말 씩 총 3석5두의 콩을 쑤어 메주를 띄우도록 하였다. 이 같은 행위는 일종의 관습으로 많은 양의 장을 만드는 관청 등에서는 매년 11월 경 사찰에 콩을 지급하고 다음해 1~2월에 납부하도록 한 것과 맥을 같이 한다. 그런데 일기에는 춘강이가 3덩어리, 탱운이가 1덩어리를 축내어 덜 내었다고 기록하고 있다. 음식물을 중간에 착복하는 것을 고발하는 내용이다. 즉, 유씨부인은 한 해에 약 3섬 7말의 콩을 쑤어 된장을 담고 있었다.

1850년 3월 30일에는 된장 담기가 시작되는데, 큰 독 하나에 00말, 또 다른 독 하나에 20말을 넣고, 각 항아리에 소금 6말과 물 4동이를 넣어 된장을 담고 있다. 이와 함께 중간 크기의 항아리(중두리)에 메주 5말,

물 6동이, 소금 18두를 넣어 다른 종류의 된장을 담고 있다.[39) 며칠 후 고추장도 담그는데 이때 이쌀(좁쌀) 5되, 메주 1말, 고춧가루 2되를 넣어 담았다.[40) 고추장의 양은 그다지 많지 않으나, 무려 3섬 7말의 메주 양을 보아 김호근 가의 일년 손님 접대 및 음식 소비량을 가늠해 볼 수 있다.

김호근 가에서 소비되는 장류는 모두 자가 생산이지만 국수는 외부에서 공임을 주어 제작되거나 두부나 때에 따라 엿이나 술, 떡 등도 인근 장사치나 주막점 등에서 구매하는 것으로 보인다. 이 집안의 식생활 중 특이한 것은 예상 외로 육류를 많이 소비한다는 점이다. 1년 7개월 동안 육류 소비 기사가 무려 70여 차례 가까이 등장하고 있다. 제사를 지내기 위한 꾸미거리, 세육 등이 제일 많고 그 외에 손님 접대용 고기류, 선물용 육류, 부인의 원기 회복을 위한 개고기 소비 등 상당히 빈번하게 등장하고 있다. 그 중 소고기, 돼지고기, 콩팥이나 염통, 닭고기, 오리고기, 개고기 등 다양한 육류가 등장한다. 아래 기사를 보기로 하자.

> 지명일이 오곡 노인닉 진갑이시니 <u>뉵전의 갈비</u> 흔짝 가○○○○○밧은 우심흐고 전복 오기 고사리 두 드름 보닉엿더니 쩍 다엿가릭 오다.
> (1849. 11. 23.)

오곡댁 노인의 진갑에 고깃간에서 갈비 한짝과 우심 1개, 전복 5개, 고사리 2 두름을 보냈다는 기사이다. 인근에 정육점(육전)이 존재하고 있다는 것을 알 수 있으며, 선물용으로 소고기가 많이 송출되었음을 확인할 수 있다. 일기에는 제사용 소고기(세육 : 잘게 썬 고기)기사가 빈번하게 나온다. 대부분의 세육은 부인의 男奴나 인근에 거주하는 것으

---

39) 『경술일기』 1850. 3. 30.
40) 『경술일기』 1850. 4. 6.

로 보이는 백정 등이 준비하는 것으로 보인다. 김호근 가의 종부에 의하면, 제사 때는 돼지고기를 피하고, 주로 소고기와 닭고기를 사용하였다고 한다. 경제적 형편으로 인해, 또한 국가가 소의 도축을 제한했기 때문에, 조선후기에 양반들도 소고기를 많이 먹지 못했다는 우리의 통념은 수정될 필요가 있다고 하겠다. 이 시대도 요즘처럼 돈만 있으면 다 살 수 있고, 먹을 수 있는 그런 시대였던 것으로 보인다.

　지금까지 조선시대 사족여성의 주요 업무이자 일상 문화를 '봉제사 접빈객'과 음식문화를 통해 살펴보았다. 유씨부인은 일 년에 무려 26회(누락된 것을 포함하면 약 30여 회로 추정됨)나 여성의 중요한 의무사항이자 효의 실천으로 강조되었던 '봉제사'를 위해 노동력과 재화를 투입하고 있다. 물론 모든 제사가 기제사처럼 준비하는 것은 아니지만, 한 달에 2~3회 정도 찾아오는 제사를 위해 상당한 제물과 일손이 필요했던 것은 틀림없는 사실이다. 아울러 일기가 작성된 1년 반 동안 총 188명(하민 35명, 친족 115명, 남편 교우 38명)이나 방문하는 손님들을 접대하기 위해서도 상당한 재화가 소요되었을 것이다. 따라서 유씨부인은 가정 경제의 재화와 노동력의 대부분을 여기에 투여했던 것으로 보인다. 이 같은 상황은 일기에 나타나는 많은 양의 상품구매와 43명의 노비들(호구단자 기재 31명)로 증명된다. 따라서 노비제 해체기로 일컬어지는 19세기 중반의 노비제 문제를 제고해야 할 것이다. 즉, '봉제사 접빈객'의 의무가 사라지거나 현대사회처럼 기계화 혹은 음식물의 시장 구입이 가능하지 않는 한 19세기 노비제가 쉽사리 종말을 고하지는 않을 것으로 보인다. 물론 외부 노동력을 고용할 수 있으며, 유씨부인도 필요시 女雇를 고용하는 것으로 추정되나 일상 가사업무를 담당할 일정 규모의 충성스러운 전업 노동력을 확보해야 할 것이다. 그런 의미에서 예속 노동력의 해체는 서서히 진행되는 것으로 보여 지나, 변화의 조짐은 확실하게 나타나고 있다. 이 점은 본서 2부 1장에서 논의하였다.

김호근 가는 4대 봉사를 주로하고 있으며, 초하루 '차례', 천신제, '생신차례' 등을 빠지지 않고 모시고 있다. 이 집안에서 준비하는 제수와 제사 절차에 관해서는 김호근 가의 종손과 종부의 구술을 통해 재구성하였다. 대체로 노론가문의 제례 절차를 따르고 있으나 '우포좌혜'의 진설을 통해 독자성을 나타내고자 하였다.

유씨부인은 남편의 친구나 지인, 친족들이 방문하면 성심껏 음식을 준비하여 대접하였다. 음식의 종류와 가격, 식단을 확인해 본 결과, 지방 양반가에서도 매우 고가의 다양한 궁궐 요리들이 만들어지고 있었다. 물론 식재료는 지역의 자연과 환경에서 생산된 것이다. 따라서 바다 인접 지역이라는 생태적 특성을 반영하고 있었다. 한편 사족 및 친족을 대상으로 한 접대 음식과 하민을 대상으로 한 접대 음식에서 확연한 차이가 있었다. 즉, 요리 중심의 상차림과 주식 중심의 상차림에서 사회·경제적 권력관계가 배태되어 있음을 확인할 수 있었다.

제2장 여성의 '사회'와 네트워크

조선시대인들은 이웃 주민들, 나아가 친족 및 교우·동료 등과 다양한 연망을 통해 사회적 관계를 형성·유지하고 있었다. 이들은 지속적으로 왕래·선물 및 편지를 교환하면서 친분·협력관계를 유지하였고, 나아가 혼인관계를 맺기도 하였다. 그 중에서도 특히 조선의 양반가 남성들은 혈연·학연·지연의 촘촘한 관계망 속에서 삶을 영위해 갔다. 개인의 능력 보다는 그가 어떤 신분과 문중, 그리고 지역에서 태어났는지, 또한 누구에게 수학했느냐가 그의 관직 및 사회생활에 주요 변수로 작용하고 있었다는 점은 이미 기존 연구에 의해 알려진 바이다.[1] 이렇듯, 사회적 연망은 한 인간이 사회와 어떤 관계를 맺고 사느냐의 문제 뿐 아니라 개인 혹은 그 개인이 속한 집단의 예법과 생활 문화, 정체성 나아가 정치적 행위에 영향을 주기도 한다.[2]

조선 양반가 여성들은 사회와 어떤 관계를 맺으며 삶을 영위했을까? 기존 연구에서는 유교적 사회윤리와 규범이 전 사회에 확산되었던 18·

---

1) 전경목,『고문서를 통해서 본 우반동과 우반동 김씨의 역사』, 신아출판사, 2001; 김광억, 「관계의 망과 문화공동체」『조선양반의 생활세계』, 백산서당, 2004; 권내현, 「조선후기 동성 촌락 구성원의 통혼 양상」『한국사연구』 132, 2006; 고영진, 「양반관료 류희춘의 관계망」『사회적 네트워크와 공간』, 이태진교수 정년기념논총간행위원회, 2009; 전경목, 「미암일기를 통해 본 16세기 양반관료의 사회관계망 연구」『조선시대사학보』 73, 2015; 전경목, 「조선 후기 지방명문 출신의 관리와 경아전의 관계망」『장서각』 30, 2013.
2) 김용학, 「사회연결망 분석의 기초개념」『인문과학』 58, 연세대인문과학연구소, 1987; 이철우, 박상민, 「사회적 연결망의 연구동향과 공간적 함의」『사회과학』 10, 1998; 송경제, 「사회적 자본과 네트워크」『사회이론』 2004, 봄/여름; 박학래, 「사회관계망과 한국 유학연구」『율곡학회논문집』 26, 2013; 김용학, 『사회연결망이론』, 박영사, 2003.

19세기, 양반여성들은 일상생활에서 엄격한 통제와 규제를 받고 살았고, 따라서 이들의 사회적 관계 또한 매우 협애했을 것이라고 짐작할 따름이다. 남성들이 남긴 자료에 의한 연구 결과이다. 그러나 본 연구가 기초 자료로 삼고 있는 여성 일기에는 여성을 수동적인 존재로만 이해할 수 없는 많은 모습들이 등장한다. 비록, 양반여성들의 문밖출입 빈도수는 남성보다 낮더라도, 이들은 다양한 방법을 통해 자신들의 네트워크를 유지하고 바깥세상과 소통하고 있었다. 그들의 사회적 緣網은 자식들의 혼사 및 남편의 관직 진출, 정보 획득, 가정의 유지 및 운영 나아가 유사시 가족에게 닥쳐오는 위기를 관리하는데 긴요했기 때문이었다. 나아가 사회적 제 관계들은 각 집단의 문화적 정체성 및 정치적 입장, 그리고 개인·가족·친족·마을공동체의 항상성과 지속성을 담보하는데 주요하게 기능하고 있었다.

본 장에서는 유씨부인을 중심에 놓고 그녀가 직·간접적으로 관계를 맺거나 유지하는 연결망의 크기, 지역, 계층, 그룹 등의 분석을 통해 부인의 사회적 연결망의 패턴과 특징, 연결망의 기제, 나아가 연결망의 목적과 그 의미를 생각해보기로 한다.

1. 양반여성의 지인과 방문객 규모

1) 여성의 지인 규모와 범위

과연 조선시대 여성들은 평균적으로 몇 명이나 알고 살았기에 좁은 울안에 갇혀 있었다고 할까? 지인의 크기를 측정하는 다양한 방법이 있겠지만, 본고에서는 유씨부인이 일기를 작성하는 기간 동안, 즉 1년 반가량 만나고 접촉하는 모든 사람들의 수를 추적·조사하였다. 여기에는 집을 방문하는 남편의 교우들, 물건을 팔러 오는 보상들까지 포함하여, 일기에 기재된 모든 인물들을 친족그룹, 교우그룹, 하민그룹(평민/노비)으로 분류하여 지인의 수를 통계처리 하였다. 이 분류는 사회적 관계를 기준으로 하였는데, 해당 인물의 신분을 파악하기에도 적합하다. 즉, 친족과 교우 관계는 모두 양반 신분으로 판단되며, 이 중 교우는 모두 부인의 남편 친구들이다. 직업이나 교육의 기회가 차단된 조선시대 여성의 사회 관계망은 남편과 자식을 통해 형성된다는 점에서 남편의 교우 관계 파악도 중요하다고 하겠다. 한편 부인의 이웃들과 의원들 같은 중인들, 노비 등과 같은 예속민과 소작인들은 이름이나 호칭만으로 각각의 신분을 정확하게 판별하기 어렵다. 따라서 이들을 모두 하민이라는 범주로 묶되, 가능한 노비와 평민으로 세분하였다. 친족 그룹은 대부분 00댁으로 표기되고 있는데, 문맥상 여성이 확실한 경우를 제외하고는 모두 남성으로 처리하였다.

[표 15] 일기에 기재된 지인의 수(1849. 9. 20~1851. 9. 28)

그룹		명수	남	여	%
교우		13	13	0	5
친족		117	53	64	46
하민	노비	66	26	40	26
	평민	57	39	18	23
합계		253	131	122	100

1년 반 가량의 일기에는 총 253명의 인물들이 등장한다. 전체적인 성별 비율을 볼 때 여성이 약 48%, 남성이 52%를 차지하고 있다. 조선후기 유교 규범과 내외법을 감안해 볼 때 남성의 비중이 여성의 수치를 약간 상회하는 것이 의아스러울 수 있지만, 아마도 부인이 김호근가를 실질

적으로 경영하는 주체이기 때문에, 남편을 대행하여 손님을 접대하고, 업무를 처리하는 경우가 많이 발생하기 때문으로 보인다. 그러나 성별의 양적 규모만이 아닌 질적 내용을 살펴보면 부인의 상대 파트너는 주로 친족 여성인 경우이며, 이들과 정서적으로 긴밀한 관계를 맺고 의사소통을 주로 하고 있는 것을 발견할 수 있다. 즉, 여성은 여성과 긴밀한 사회적 관계를 맺고 있다는 점이다.

부인의 지인 중 가장 높은 비중을 차지하고 있는 집단은 친족그룹으로 전체의 46%를 차지하고 있다. 그녀가 정보를 공유하고 교류와 친목을 도모하는 대상은 친족이라는 것을 알 수 있다. 한편 부인과 관계를 맺고 있는 하민은 총 49%이다. 그 중 노비가 26%로 이웃의 주민들이나 예속민의 비중을 약간 상회하고 있다. 그것은 실생활에서 부인이 노비들과 관계를 맺으며 가계를 경영하기 때문으로 풀이된다. 한편 이웃 평민 그룹의 지인 내용을 보면, 교군, 장사치, 지관, 고공들이므로 남성의 비중이 높은 것으로 판단된다. 한편 남편의 친구는 주로 집을 방문하는 손님들로 이름을 모르는 빈객을 제외한 나머지 부인이 이름을 아는 이들은 총 13명이다. 이상과 같은 이들이 부인의 관계의 그물망 속에 놓인 '그녀의 세계' 구성원들이다.

1년 반 정도 기간에 여성이 관계를 맺었던 사람들이 약 250여명 정도라는 수치는 양반 남성에 비해서는 적은 수이지만, 다른 계층의 여성에 비해서는 그리 적은 수는 아닌 것으로 보인다. 특히 본 통계를 작성하면서, 00댁으로 표시되는 사람들을 계산할 때 구체적인 호칭이 00댁 서방님으로 명시되지 않을 경우 1명으로 추산하였으므로 실제로 유씨부인이 아는 사람은 훨씬 많을 것이다. 즉, 00댁의 가족 구성원은 해당 남성 외에도 적어도 5~6명은 될 것이기 때문이다. 따라서 부인의 교류하거나 인지하고 있는 지인의 규모는 이보다 훨씬 클 것으로 판단된다.

부인의 지인의 규모는 사회생활을 영위하던 남성의 것보다는 적었지만, 다른 신분의 여성에 비해서는 그리 적은 수는 아닌 것으로 보인다.

2) 방문하는 빈객들

다음으로는 부인을 중심으로 한 관계의 내용과 친밀성, 지리적 근접성 등등 구체적인 실태를 파악하기 위해 부인에게서 숙박이나 식사를 접대를 받은 방문객을 선별하여 통계 처리해보았다. 일기에 기록된 방문객들의 방문 빈도수를 [표 16]의 지인의 통계와 동일하게 친족, 교우, 하민(평민/노비)으로 구분하여 처리하였다. 하민 중에는 경작이나 가옥 수리, 벌목 등 노동행위나 물품 판매 혹은 고리대 획득 등 경제관계를 목적으로 방문하는 노비들과 고공들, 예속민들이 상당수 등장한다. 이들은 사회적 관계가 아닌 품삯을 주고받는 경제적 관계를 의미하는 것이므로 제외하였다. 물론 하민 중에서 유씨부인과의 사회적 관계를 목적으로 방문하여 숙식을 제공받았던 자들은 통계에 포함시켰다.

각각의 그룹은 시기별, 성별, 지역별, 접대 받은 내용으로 세분화시켰다. 통계는 숙박을 한 빈객들의 방문 빈도수 집계이므로, 방문객의 총 명수와 일치하지 않는다는 점을 밝혀둔다. 즉, 여러 손님이 동시에 방문해도 1일 1회로 계산하였다. 그러나 손님이 방문 후 귀가했다가 다음날 재방문하면, 2일 2회로 처리하였다. 아울러 이들이 대접 받은 사항, 즉 한 끼라도 식사를 대접받거나 숙박하였는지도 확인하였다. 마지막으로 월별 방문객 수와 남편과의 상관관계를 파악하기 위해 남편의 부재 여부를 기재하였다.

다음의 통계를 활용하여 방문객의 실태를 확인해보기로 하자. 먼저

[표 16] 월별 방문객 빈도수(기준 : 빈도수)

년도	월	남편 부재 여부	월별 방문객	교우 방문객	친족 방문객			하민 방문객		
					남	여	합계	남	여	합계
1849	9	x	2	0	0	1	1	0	0	0
	10	x	6	0	2	3	5	0	1	1
	11	x	6	0	6	1	7	0	0	0
	12	0	16	1	7	5	12	0	3	3
1850	1	0	15	5	3	3	6	1	3	4
	2	0	6	1	2	2	4	1	0	1
	3	0	14	6	4	1	5	2	1	3
	4	x	9	0	0	1	1	3	5	8
	5	0	13	4	6	3	9	0	0	0
	6	0	13	1	6	4	10	1	1	2
	7	0	11	0	7	4	11	0	0	0
	8	0	10	2	3	5	8	0	0	0
	9	0	18	5	5	5	10	2	1	3
	10	0	15	9	3	1	4	1	1	2
	11	0	13	3	6	0	6	2	2	4
1851	7	x	4	0	1	1	2	0	2	2
	8	x	8	0	3	3	6	0	2	2
	9	x	9	1	5	3	8	0	0	0
합계			188	38	69	46	115	13	22	35

* 일기 : 1849. 9. 29~1850. 11. 25; 1851. 7. 17~1851. 9. 28
* 김호근 1850년 5월 12일 귀가

전체 방문객 중 가장 높은 비중을 차지하는 친족 방문객은 전체의 61%
의 비중을 차지하고 있으며 이 중 남성 친족 방문객의 수는 전체의 37%
를 차지하고 있다. 이들의 대부분은 인근 지역에서 거주하고 있는 부계
혈통의 10촌 이내 친족들인 반면, 부인의 친정 쪽 남성 친족의 방문은
한명도 등장하지 않았다. 남성 친족의 수치가 높은 것은 남편이 수한리

집에 머물고 있을 때는 남편을 방문하기 위해, 남편이 부재할 때는 대신하여 봉제사의 업무를 대행하기 위해 방문하기 때문이다. 반면 여성 친족들의 방문은 전체의 약 25% 정도를 차지하고 있는데, 전체 방문객의 1/4을 차지하는 수치이다. 이들 대부분이 시가 쪽 친족들이라는 특징이 있다.

교우로 분류되는 그룹은 모두 남편인 김호근의 친구들이거나 손님들이다. 총 38회 방문했는데, 대부분 인근 및 원거리 지역에 거주하는 자들로 보인다. 방문자의 지역을 보면 결성, 면천, 공주, 보령, 황주, 부여, 임천, 청양, 화산 등 대체로 충남지역으로 모아지며, 방문 시 1박 2일의 숙박과 식사 및 술을 제공받고 있다. 대다수 경우 노복을 대동하고 방문하거나 다른 손님과 동반하고 있다. 교우 그룹으로 추정 사람의 수는 남편인 김호근의 부재를 감안한다면 실제보다 적게 기록된 것으로 보인다.

이미 알려진 바대로 손님의 수는 현직에 있을수록, 그리고 높은 관직일수록 증가한다. 또한 이들의 수는 주인의 사회적 권세와 추종자의 수를 상징하는 것이 되어 버렸다. 심할 경우 주인의 사랑방에서 십여 명의 빈객들이 수일에서 여러 달 체류하는 경우를 어렵지 않게 목도할 수 있었다. 이 때문에 19세기 말 조선을 여행한 많은 서양인들은 이구동성으로 이른바 식객 혹은 문객을 조선 지배층의 안일과 당파, 그리고 정치 파행성의 표상으로 그리고 있는 것이다.[3] 그러나 여관과 식당이 발달되지 않았던 시대에, 여행시 숙식을 해결하기 위해 지인의 가택을 방문하고, 주인은 손님을 통해 외부 뉴스를 접하고 인맥을 넓히는 기회로 삼았

---

3) 비숍, 신복룡 역, 『조선과 그 이웃나라들』, 집문당, 1999, 84쪽. "조선의 집은 남편과 아내, 그리고 아이들만으로 구성되어 있지만 않다. 거기에는 부모님과 하인은 말할 것도 없고 식객과 같은 친척이 살고 있다."

던 것을 감안해 볼 때 양반가의 수많은 빈객의 방문은 이해할 수 있을 것이다.

한편 유씨부인댁을 방문하는 하민들은 총 35회, 즉 전체 방문객의 19%를 차지하고 있다. 방문하는 하민 중 여성의 비중이 월등히 높다. 그것은 집안 살림을 관장하는 부인을 만나기 위해 오는 사람들이 많기 때문이다. 또한 사회적 관계 증진을 목적으로 방문하는 하민의 수가 의외로 많지 않은 것은 앞서 언급했듯이 방문 빈도수 표에 하민 중 노동이나 경제적인 청탁을 위해 방문하는 자들은 포함시키지 않았고, 식사와 숙박을 제공받은 자들만 계산하였기 때문이다. 그러나 이 중에서도 일부는 청탁이나 노동을 목적으로 방문할 수 있기 때문에 실제 수는 더 적을 것으로 예상된다. 이는 양반과 하민들 간의 사적인 친분관계가 발달하지 않았다는 현상을 보여주는 것으로 해석이 가능하며, 신분제 사회의 특징을 반영한다고 판단된다.

결론적으로 부인의 사회적 연결망의 내용과 특징을 보면, 시가 쪽 10촌 이내의 친족 그룹이 중심이 되며, 지리적으로 대면적 접촉이 가능한 근거리 거주가 더 많으며, 1 : 1의 관계 패턴을 보이고 있다.

2. 관계망 구축의 수단과 방법들

1) 방문

인간은 살아가면서 다양한 '관계'를 구축하고 유지하기 위해 다양한 방법을 창안했는데 그중 가장 효과적이고 선호했던 수단은 상호 방문, 즉 '만남'이다. 교통이 불편했던 조선시대 김호근 가에도 수시로 손님들이 오고 가고 있었다. [표 16]에서 보았듯이 본 일기가 작성된 16개월

(495일) 동안 총 188회의 방문객이 유씨부인댁을 다녀갔다. 20회나 되는
유씨부인과 95회로 기록되는 남편의 외출까지 포함한다면, '상호 방문'
은 관계 유지의 다양한 방법 중 가장 일반적이고 선호했던 것임을 알려
주는 대목이다. 이 집을 방문한 손님 중 남편의 친구는 약 20%를 점유하
고 있으며, 하민들은 19%, 대다수의 방문객은 친족들로, 약 61%를 차지
하고 있다. 전체 방문객 수와 월별의 상관성은 크게 두드러지게 나타나
지 않는다. 그 이유는 일기의 시계열이 매우 짧기 때문이며, 또한 방문
의 목적이 될 수 있는 봉제사, 생일, 명절 등이 대체로 일 년 동안 고르
게 분포되기 때문으로 추정된다.

월별 방문객 빈도수 표에서 우리의 예상대로 남편의 부재와 방문객
수치가 상관관계를 보이고 있다. 남편이 홍성의 본가로 귀향한 1849년
12월부터 그 다음해 3월, 그리고 5월부터 11월까지 방문객의 수는 1850
년 2월만 제외하고 두 자리 수를 기록하고 있다. 대체로 2.6일에 한번 꼴
로 손님이 방문한다는 계산이다. 특히 남편 부재 여부와 교우 방문 간의
상관관계는 뚜렷하다.

맛질의 농민인 박득녕가의 일기에 나타난 방문객과 비교하면 1834~
1843년 10년 동안 박득녕이 외출하여 타인을 만난 기록은 총 778건이며,
이 기간 동안 과거를 보러 외유한 날까지 포함하여 외박한 날은 323일이
다. 한편 이 집을 방문한 인원수는 총 1,200명이며 숙박한 인원수는 150
명이다.[4] 즉, 박득녕은 4.6일에 한번 씩 외출하였고, 3일에 1번씩 방문객
을 접대하였다. 이에 비해 김호근은 3.3일에 한번씩 외출하였고, 2.6일에
한번 씩 손님들이 방문했다. 김호근 가의 방문객과 외출일이 약간 더 빈
번하였다고 보여 지며, 이 수치는 평균적인 양반가의 접빈객 수치와 외

---

4) 박이택, 「농촌사회에서의 선물교환」 『맛질의 농민들』, 일조각, 2001, 350~351쪽.

출 수치로 보여진다.

2) 외출

유씨부인은 집에서만 방문객을 맞이하지 않았다. 조선 양반 여성들도 필요할 때는 문밖출입을 하였다. 물론 그 빈도수는 그리 높지 않았다. 그녀는 16개월 동안 20번 가량 시가 쪽 친족을 방문하였는데, 1달에 한 번이 약간 넘는 꼴이다. 유흥이나 여가를 목적으로 외출한 것이 아니라 주로 친족 어른들의 생신과 아기 백일잔치 및 혼례, 상례, 제사 등 집안 행사에 참석하기 위한 목적이었다. 이 때 원거리나 의례적인 행사에는 가마를 이용하였고, 나머지는 걸어 다녔다.

외출 내역을 잠깐 보기로 하자. 인근에 거주하고 있는 용암댁에 총 4회를 방문하였는데 용암댁은 남편의 생가로 보여 진다. 방문 내역을 보면 아기 백일이나 생신, 기타 방문으로 추정된다. 한편 방곡댁에도 4회를 방문하는데, 혼인과 대방 마님 생신 축하 방문이었다. 또한 월산의 장례식이나 후촌댁 제사 등 원거리 지역이나 밤에 진행되는 제사에 참석할 때에는 숙박하였다. 이와 같이 외출 목적은 친족의 행사에 공식적으로 참석하는 것이지 개인의 유흥이나 사교를 목적으로 하지 않았다. 다만 1859년 4월 1일, 차례를 지내고 신후댁에 들렀다가 귀가하여, 밤에 방곡댁에 가서 잔 것이 유일한 기록인데, 아마도 특정한 이유가 있지 않았나 싶다. 외출할 경우에는 목적지 부근에 위치한 다른 친족 집을 들러 문안 인사를 빠뜨리지 않는다. 이에 1회 외출에 2~3댁을 방문하는 형태를 취하고 있다. 대체로 부인 단독으로 외출을 하며, 부부가 함께 방문하는 것은 1회밖에 나타나지 않았다.

이상 그녀의 외출 빈도수와 장소를 확인해 본 결과 개인의 유흥이나 사교의 목적으로 한 방문이 아니라 성리학에서 강조하는 여성의 부덕을 실천하기 위해 즉, 인근 친족의 상례, 제례, 혼례 그리고 생신 등 친족 행사 참석을 위해 외출했던 것으로 보여 진다.

반면 남편의 외출 상황을 보면 여성과는 다소 다른 특징을 나타낸다. 김호근이 홍성 본가에서 거주했던 총 315일 동안 무려 95회나 외출을 하는데, 약 3.3일에 1회씩 외출을 한 셈이다. 방문 목적은 인근 지역에 세거하고 있는 친족들의 상장례 발생시 조문, 제사 및 차례 참석, 병문안, 생신 연회 및 혼례식, 복관직 참석 등으로 나타난다. 즉, 가족 내에서 남성들은 대외 업무와 의례에 동원되고 있다는 것을 알려 준다. 뿐만 아니라 헌종대왕의 소상 곡반에 참석하기 위해 결성 현청을 방문하는 것과 인근 청양 현감을 방문하는 등, 지역 양반으로의 소임과 사회적 위치를 반증해 주는 대목도 눈에 띈다.

김호근의 외출에서 중요한 비중을 차지하는 것은 장례 참석으로 총 9회를 차지한다. 이 밖에도 계속되는 상사로 인해 지관과 함께 묘 자리를 마련하러 다니는 모습도 눈에 띄는데, 당대 양반의 주요 업무 중 하나인 '봉제사'의 한 형태이다. 그 외에 다른 특징으로 인근 지역에 있는 수한 댁에 무려 37번이나 다녀왔다는 점을 들 수 있다. 수한댁 진사도 김호근을 총 23회나 방문하여 식사나 숙박까지 하고 가는데, 아마도 양인은 매우 가까운 친분을 유지하는 것으로 보인다. 아마도, 혈연과 학연, 지연이 중첩되고, 양자 모두 관직 진출과 대과 급제라는 공통의 목표로 인해 빈번하게 왕래하고 관계를 맺는 것으로 보여진다.

[표 17] 유씨부인의 외출 장소 및 내역

날짜	외출장소	외출 내역
1850.10.18	방곡댁	생신, 을현씨의 관례
1850.10.21	방곡댁(1박)	눈 폭풍으로 인해 귀가 못하고 숙박
1849.10.18	방곡댁	방곡댁 대방 마님 생신 방문
1849.10.18	송정댁	방곡댁 가는 길 방문
1850.04.01	방곡댁	마실로 보임
1849.10.10	수곡집	방곡댁 가는 길 방문
1850.04.02	수한댁	신례 맞이 구경
1850.10.20	수한댁	친족 방문
1850.04.01	신우댁	방문
1849.10.09	신촌댁	월산 가는 길 방문
1850.05.03	압곡댁	압곡 제사
1850.05.03	행촌댁	압곡댁 가는 길 방문
1850.05.03	오곡댁	압곡댁 가는 길 방문
1850.08.19	용암댁	밤에 방문
1851.07.29	용암댁	생신
1851.08.27	용암댁	밤에 이댁과 함께 다녀 옴
1850.09.22	용암댁	아기 백일
1849.10.09	월산댁(1박)	초빈 방문(장례식), 숙박
1849.12.04	후촌댁	부부 방문
1851.07.30	후촌댁(1박)	제사

3) 問安婢의 교환

그녀가 1달에 1회 정도만 외출하였다고 해서 조선 양반여성들이 폐쇄적인 삶을 살았다고 판단해서는 안 된다. 본 일기에는 그녀의 외출을 대행할 사람과 수단이 기재되어 있다. 그것은 바로 문안비였다. 문안비는 새해 등 명절에 양반 여성들이 친족 어른과 사돈댁에 얼굴이 고운 어린

계집종을 잘 차려 입혀 문안인사를 보냈는데, 이들을 문안비라고 불렀다. 대체로 정월 3일부터 15일 사이에 보냈는데, 청국에는 없는 조선 사회의 문화적 특수성에서 기인한 것이라 한다.5)

유씨부인은 노호댁에 복매를 보내거나 방곡댁에 판절이를 보내 새해 인사를 여쭙고 있다. 친족 어른들의 문병 인사차 문안비를 보내기도 하는데, 사점이와 개덕이를 수한댁과 오곡댁에 보내는 것이 확인되며, 상례 문안차 관손이를 오곡댁에 보내기도 하였다. 이러한 경우는 총 10번이 나타난다. 한편, 오곡댁에서도 유씨부인의 병문안을 위해 금매와 늦점이를 보내기도 하였다. 그 외 친족 소식이나 정보를 급히 전달하기 위해 하인을 보내기도 하였다. 이렇듯 부인의 경우 근거리 친족들과 문안비를 교환하고 있었다.

교통과 통신이 발달하지 않고 외출이 잦지 않은 시대에 살고 있던 양반 여성들은 새해인사나 문병을 위해 자신이 아닌 종을 보내 대행시키고 있었다. 이러한 문화가 이 일기에서도 그대로 드러나고 있는 지점이다. 문안비 교환은 대개 동일 지역 내에서 행해지고 있었다. 그러나 반드시 그런 것만은 아니었다. 1859년 9월 1일 서울 장동댁에 선물을 보내

---

5) 신장섭, 「세기풍속시를 통한 조선 후기 세시풍속의 의미와 양상」『비교문학』46, 2008, 190쪽; 성범중, 「새해맞이 한시 연구」『한국한시연구』18, 2010, 141쪽. 문안비 관련 내용은 이 일기와 동일 시기에 작성된 李子有의『東國歲時記』(1849)에 나타난다. 또한 柳得恭의『京都雜志』권2에도 나와 있는 바, 정월 초하루 아침에 소비(少婢)를 단장시켜 새해 좋은 인사로써 서로 축하했다고 한다. 연산군 때는 종친으로부터 보내오는 문안비가 매일 대궐 안에 모여들어 시장과 다름이 없어서 연신(筵臣)이 왕에게 5일에 한번씩 하자고 했더니 왕이 선조의 예를 들어 윤허하지 않았다는 기록도 있다. 문안비에 대한 논의는 다음 중종대에도 끊이지 않아 마침내 촌수를 제한하자는 논의까지 나왔고, 또 그들이 말을 타고 입궁하다가 궁문에서 부딪친 일도 있었다고 한다.

는데 남자 노복과 함께 금례를 보내어 서울 친족들에게 심부름과 대신 안부 인사를 하게 하였다.6) 물론 원거리에 문안비를 파견하는 것은 일 반적인 일이 아니었다.

[표 18] 문안비 교환 내역표

방문 가는 하인들				방문 오는 하인들			
날짜	방문 장소	하인 명	목적	날짜	보낸 댁	하인 명	목적
1850.01.04	노호댁	복매	새해인사	1850.05.05	오곡댁	금매	병문안
1850.01.04	방곡댁	판절	새해인사	1851.07.20	오곡댁	늦점이	병문안
1850.09.30	서울	금례	서울안부	1850.03.05	오곡댁	늦점이, 금매	?
1850.01.06	수한댁	사점	문병	1849.12.12	운정댁	종	?
1850.01.22	수한댁의 이집	개덕	?	1850.08.11	월계댁	종	소식 전달
1849.11.16	오곡댁	관손	장례 조문	1850.10.27	월계댁	종	소식 전달
1850.01.04	오곡댁	점례	새해인사	1851.07.21	월계댁	종	?
1850.02.09	오곡댁	종	문병	1849.12.12	지곡댁	종	?
1850.01.16	운정댁	개금	인사	1849.11.10	지곡댁	양금이	?
1850.01.16	지곡댁	개금	인사				

4) 서신 교환

조선시대는 서신왕국이라 할 만큼 남성과 여성들은 많은 편지를 주고 받았다. 유씨부인도 편지를 주고받고 있는데, 아마도 양반 여성의 평균 적인 편지 왕래의 빈도수를 보여 주는 것이 아닌가 싶다. 한 연구에 따 르면 여성들의 편지는 남편과 아내, 시아버지와 며느리, 어머니와 아들

6) 『경술일기』 1850. 9. 1; 1850. 9. 30. 이들은 야계댁 새댁의 근친 행렬과 함께 다녀 오는데, 여러 이유로 인해 장거리 여행은 그룹지어 다니는 것으로 보인다.

등 직계 가족에게 보내는 편지가 많으며, 대부분 집안 남성과 여성 간의 의사소통을 위해 이용되었던 것으로 알려져 있다.[7] 유씨부인의 사례에서도 기존의 연구와 비슷한 패턴을 보인다. 유씨부인이 보낸 편지는 총 25통이고, 받은 편지는 48통이다. 도합 73통이다. 그녀가 받은 편지 중 가장 빈도수가 높은 것은 남편의 서한으로 총 13통이다. 김호근은 약 6개월 정도 집을 비웠으므로, 1달에 2번 정도 부인에게 편지를 보냈고, 부인은 1달에 1번 답장을 하는 것으로 보여진다.

서신은 원거리 친족들에 한하여 교환되는 것은 아니다. 인근에 살고 있던 가곡댁, 후촌댁, 야계댁, 수한댁

[표 19] 서신 수발신 내역표

년도	월	서신 발송	서신 수신
1849	9	0	1
	10	7	3
	11	4	1
	12	1	1
1850	1	2	3
	2	0	3
	3	0	2
	4	2	4
	5	0	2
	6	1	2
	7	0	2
	8	0	4
	9	1	1
	10	2	3
	11	0	2
1851	7	3	7
	8	2	6
	9	0	1
합계		25	48

등에 위문편지, 사망이나 병 등 위급한 소식을 전달하기 위해 활용되고 있음을 알 수 있다. 그 빈도수는 의외로 상당히 높다. 이 같은 성격의 편지를 부인은 10번 보내고, 10번 정도 받고 있다.

그러나 대부분의 서신은 우리의 예상대로 원거리 친족들과 안부를 주고받는데 활용되고 있다. 서울의 친족 여성들인 격동댁, 교동댁, 재동댁,

---

7) 홍학희, 「17~18세기 한글 편지에 나타난 송준길 가문 여성의 삶」『한국고전여성문학연구』20, 72~3쪽.

4번 보내고 6번 받고, 그리고 예산으로 추정되는 송정댁, 원거리의 월산댁 등과도 서신을 주고받고 있다. 이 중 윤댁으로부터 받는 편지는 총 10번으로 남편 다음으로 빈도수가 높다. 그녀는 부인의 딸처럼 매우 가까운 젊은 새댁으로 득녀 소식와 안부 및 기타 청탁조의 편지를 수시로 보내고 있다. 친정과의 편지도 4번 수신되고 있다. 가장 먼 곳에 거주하고 있는 친족과의 서신 왕래는 황해도 해주이다. 그녀의 서신 네트워크는 서울을 넘어 황해도까지 확대되고 있음을 알 수 있다.

이러한 서신은 어떤 방법을 통해 교환되고 있을까? 편지를 전하는 방법에는 인편, 專人, 官便이 있다. 관편은 관인이 사용하는 공적인 통신수단이며, 전인은 삯을 주로 대행하는 것이다. 인근 보령에 거주하는 조병덕의 경우 전인의 삯은 만만한 것이 아니었기에 주로 인편을 이용하고 있다.8) 부인의 경우 자신의 종을 직접 보내 선물과 편지를 함께 보내는 경우도 있지만, 표에서 볼 수 있듯이 대부분 인편을 활용한다. 주변 친족들이나9) 종들이 한양에 갈 때 그 편으로 편지를 송부하거나 수신하는 것이다.

또한 황해도 등 원거리 지역으로 서한을 보낼 때에는 서울에 편지를 보내, 다시 서울에서 인편을 찾아 해당 지역으로 보내는 방법을 사용하고 있다. 예를 들면 서울 용산으로 가는 인편을 통해 황해도 해주로 가는 편지를 보냈는데,10) 서울에서 다시 인편을 물색하여 해주로 해당 편지를 송부하는 것이다. 이와 같이 19세기 중반 서울은 전국 편지의 집산지이자 재송부처 역할을 담당하는 것을 알 수 있다.

---

8) 하영휘, 『양반의 사생활』, 푸른역사, 2008 207~219쪽.
9) 『경술일기』 1849. 11. 17. "방곡댁 혼사의 혼행에 나리(남편)께 편지를 부쳤다."
10) 『경술일기』 1850. 10. 4.

5) 선물 교환

선물 교환은 예나 지금이나 사회적 유대관계를 형성·지속시키기 위한 효과적인 방법 중 하나이다. 조선시대 여성들은 지금 보다 훨씬 더 많은 선물을 서로 주고받았다. 이 같은 현상을 최근의 연구자들은 하나의 '선물경제'라는 교환 시스템으로 파악하고 사회경제적인 의미를 부여하고 있다. 본 연구에서는 사회적 연결망을 유지하는 한 기제로서 선물 교환 내역을 확인하도록 한다.[11]

먼저 이 집안의 선물 收受의 양상과 규모를 파악하기 위해, 선물 수수와 증여의 시기별 빈도수 및 선물 교환의 대상자의 그룹을 통계 처리하였다. 교환 대상자는 앞의 분석과 동일하게 친족, 교우, 하민의 세 그룹으로 나누었다. [표 20]에서 볼 수 있듯이 총 53건의 선물 수수 중 친족 그룹으로 부터 제공받은 비중은 무려 70%(37건)나 차지하며, 다음으로 하민 17%(9건), 교우 13%(7건) 순이다. 선물의 증여도 비슷한 추세를 따르고 있다. 친족에게 증여되는 선물은 총 113건 중 무려 86%(97건), 하민에게는 6%(7건), 교우는 8%(11건)으로 나타난다. 표에서 나타나는 선물 수취는 1개월 당 평균 약 3회, 선물 제공은 1개월 당 평균 6.2회 정도로 선물의 총 수수량은 월 9.2회이다. 즉, 3일에 한번 씩 선물이 오고 가고 있다는 것이다.

표의 추세는 앞서 살펴 본 [[표 16] 월별 방문객 표]와 비슷한 경향성을 띠고 있다. 일반적으로 고위직 남성 관료의 경우 친족보다 동료 및 하급 관인들로부터 받는 선물의 비중이 높이 나타나는 경향이 있으

---

11) 유씨부인의 선물교환 실태와 사회경제적 의미는 다음의 논문에서 다루었으며, 본 절에서는 이 논문의 표와 일부 수치를 활용하고 있다. 김현숙, 「조선 여성의 선물 교환 실태와 연망」 『조선시대사학보』 75, 2015.

[표 20] 대상별 선물 교환의 비중   (단위 : 건)

	선물 수입	%	선물 지출	%
교우	7	13	11	8
친족	37	70	95	86
하민	9	17	7	6
	53	100%	113	100%

나,12) 유씨부인의 경우 여성이며, 남편이 관직에 진출하지 못한 상태이
므로 친족 비중이 매우 높다는 특징이 있다. 비록 남편 쪽 교우와의 선
물 교환 빈도수는 낮지만 고급 식재료나 생활용품을 교환한다는 측면에
서 특징이 있으며, 부인이 대행한다는 성격을 갖고 있다.

선물의 교환 목적은 대체로 사회적 유대 강화, 청탁, 상장례의 부조,
친목 도모를 위한 것으로 간추려진다. 특히 선물은 다른 방법 못지않게
사람 간의 관계성을 긴밀하게 만들고 지속시키는데 탁월하다. 이 중 친
족 간에는 관계를 유지하고 유대를 강화하기 위한 항목의 선물교환이
총 101건이나 이루어진 것을 확인할 수 있다. 아울러 선물 교환망은 전
국으로 확대되는 특징을 갖고 있다. 즉, 부인의 사회적 연결망의 범위가
전국적이라는 뜻인데, 이 점에서 일반 평민 여성들과 차이가 있다고 하
겠다. 선물 교환 대상자는 충남 예산, 청양, 화산, 보령, 부여, 공주, 서울,
해주, 황주 임실 등지이다. 그것은 친족들의 관직 진출과 혼맥에 따라
연결망의 범위가 서울과 전국으로 확대되고 있기 때문으로 보여 진다.
이러한 선물 교환의 범위는 유씨부인의 서신 교환망, 방문객의 주거지
와도 일치하고 있다.

---

12) 이성임, 「16세기 양반사회의 선물교환」『한국사연구』130, 2005, 65쪽; 박이택,
「농촌사회에서의 선물교환」『맛질의 농민들』, 일조각, 2001, 335~7쪽.

3. 그룹별 사회적 관계의 양상과 특징

1) 친족관계와 네트워크

(1) 인근 지역 친족망

본 장에서는 유씨부인을 중심으로 한 여성의 사회적 네트워크와 관계
망의 제 양상을 분석해보기로 한다. 먼저 상호 방문, 선물·서신·문안비
교환 등의 부분에게 가장 높은 접촉 빈도수를 보여주는 시가 쪽 친족망
의 교제 범위와 내용을 구체적으로 확인해 보기로 하자. 일기에서 보여
지는 친족망은 지역을 기준으로 두 가지 유형으로 구분이 가능하다. 첫
째가 친족으로 홍성 일대에 거주하는 자들이다. 이들은 공통의 스승과
당파, 지역을 공유하는 자들로 지역 사회에서 사회적 지위나 명망을 유
지하기 위해 결속하고, 중앙 관직 진출을 위해 서로 도움을 주는 친족
그룹이다. 바로 일기에 나오는 이름들, 즉 행촌댁, 용암댁, 압곡댁, 수한
댁, 오곡댁, 후촌댁, 방곡댁 등은 인근 지명에서 유래된 택호들이다.[13]
따라서 부인은 홍성군 갈산면 일대에 거주하고 있는 시댁 친족들과 수
시로 왕래하고 서신과 선물을 상호 교환하고 있다는 것을 알 수 있다.
위의 택호를 갖고 있는 친족들과 어느 정도 가까운 관계일까? 일기에
서 이들은 ~댁 서방님, ~댁 진사님, ~댁 참판님, ~댁 마님으로 기재되고
있다. 이들 중 방곡댁, 신우댁, 용암댁, 행촌댁, 후촌댁의 남성들은 남편
의 부재시 제사를 대행하러 내왕하는 것으로 보아 동일 5대조 金盛益의
후손, 즉 10촌 이내의 매우 가까운 친족관계로 추정된다. 수한댁의 새댁
도 신행시 이 집을 방문하여 사당 참배를 하는 것으로 보아 수한댁 역시

---

13) 김우철 역주, 『여지도서』 10, 충청도, 홍주, 方里, 고북면 수한리, 흐름, 2009, 327쪽.

동일 조상 하의 후손으로 보여 진다. 따라서 부인은 70~86%의 선물 교환과 상호 방문을 인근 지역의 10촌 이내 시댁 쪽 친족들과 하고 있다고 판단된다. 이렇듯 10촌 이내의 친족들은 친족 관계망 내에서의 접촉 빈도수와 밀도가 가장 높은 것으로 보이며, 부인은 특히 이들 친족 여성들과 의사소통과 친목을 도모하고 있는 것으로 보인다.

구체적 사례를 통해 확인해 보기로 하자. 김호근가를 가장 빈번하게 방문하는 인물은 수한댁 진사이다. 앞서 언급했듯이 그는 총 23번이나 방문했으며, 김호근 역시 그를 37번이나 방문하였다. 수한댁 진사도 서울을 자주 방문하는 것으로 보이는데, 부인은 그 인편으로 남편에게 의복과 버선 등을 만들어 보내고 있다.14) 가장 많은 방문 빈도수를 보이는 이 두 사람은 매우 친밀한 관계를 유지하고 있는 것으로 보인다. 수한댁의 여성들도 부인을 찾아 왔다. 수한댁의 이집이 4차례나 오고, 새댁이 와서 사당 참배를 하고 갔으며, 항렬이 동일한 것으로 보여지는 수한댁도 1회 방문하였다. 부인도 수한댁의 혼례에 참석하고 있으나, 선물교환은 다른 댁에 비해 빈번하게 나타나지 않는다. 퇴선 음식이나 장례음식을 보내주고 그쪽에서도 송편이나 생선 정도를 답례로 보내는 것이 고작이다. 즉, 여성의 친소에 따라 선물교환이나 방문회수가 차이난다고 하겠다.

한편 오곡댁 서방님으로 기재된 자는 총 12번 방문한다. '오곡'이라는 지명은 인근 지역으로 추정되는데, 현재 어느 법정리 소속인지 알 수 없다. 다만 오곡댁 서방님은 종종 방문하여 숙박하고 떠나는 것으로 보아 지역적으로 다소 거리가 있는 듯이 보인다. 오곡댁 서방님이 방문할 때는 갈비탕, 생복회, 두죽, 소고기 전골을 대접하고 그녀의 말처럼 '성심

---

14) 『경술일기』 1849. 10. 19.

껏 정답게' 대접하는 것으로 보아 신경을 써서 대접해야 할 대상으로 판단된다.[15) 결론적으로 이 그룹의 친족 남성들은 김호근과의 정치·혈연적 네트워크를 유지·강화하기 위해 상호 방문하는 것으로 보인다.

위에 언급한 친족보다 혈연적 특성이 보다 강하게 나타나고 그룹이 있다. 그 예로 용암댁 서방님은 5번 방문하는데 용암댁 남성들은 제사와 차례를 지내기 위해 방문하며, 김호근의 부재시 제사를 대행하고 있다. 용암댁은 김호근 생가의 택호이다. 따라서, 용암댁 서방님은 김호근의 친형인 준근(金駿根 : 1803~54)이나 둘째 형인 우근(金愚根 : 1806~71)으로 추정된다.[16) 그밖에 봉제사를 대행하거나 참여하기 위해 방문하는 사람은 신우댁 서방님, 방곡댁 서방님, 후촌댁 진사님, 행촌댁 진사님 등으로 표기되는 자들로, 대체로 10촌 이내의 친족으로 보여진다. 즉, 이 그룹의 남성 친족들은 대체로 봉제사 의무를 함께 하기 위해 오는 것으로 판단된다.

이들과의 선물 교환은 의외로 약 2~3회 정도로 나타나는데, 안주인의 친밀도와 남편의 정치·사회적 목적에 따라 선물 교환의 빈도수와 상품의 가격이 높아지는 것을 알 수 있다. 인근 지역에 살고 있는 친족들과의 서신 교환은 빈도수가 높지 않다. 수한댁에 상례에 대한 위문편지, 인편이 있을 때 야계댁에 4회, 월산댁 1회, 월계 형님 1회 정도로 편지를 보내고 있다.

다음으로는 부인과 관계를 맺고 있는 여성 친족을 살펴보기로 하자. 이들 역시 부계혈통으로 맺어진 친족들이 주를 이루고 있으며, 친정 쪽 여성들은 거의 등장하지 않는다. 친족 중 유씨부인과 가장 친밀하게 지

---

15) 『경술일기』 1849. 11. 9; 1849. 12. 7; 1849. 12. 10.
16) 김희동, 『나의 뿌리를 찾아서』, 목민, 2008, 590쪽.

냈던 집은 앞서 언급한 오곡댁으로 보인다. 오곡댁과의 선물교환도 매우 빈번하다. 부인은 오곡댁으로부터 17회의 선물을 주고 8회의 선물을 받고 있다. 이 댁의 어린 아가씨, 오곡댁 소저는 6번이나 방문하여 십여 일씩 장기 투숙하였다. 유씨부인은 그녀와 국수 내기 윷놀이도 하고 떡도 해주는 등 정성껏 대접하고 있다.

이집으로 불리우는 여성도 4번 방문하고, 그 외 운대댁이나 용암댁 아주머님는 인근 지역에 살면서 1박2일 혹은 2박3일 방문하는 경우이다. 대부분이 유씨부인과 친분이 깊은 사람들로 사교나 친분을 공고히 하기 위해 방문하는 듯이 보인다. 그 밖에 방곡댁 신부나 수한댁의 새댁처럼 갓 결혼한 새댁이 사당에 인사를 올리고, 유씨부인에게 인사차 방문하는 케이스나 유씨부인의 문병을 위해 오는 경우도 있다. 친족 관계망이므로 구성원간 상호인지도가 높다고 보여 지며, 따라서 관계망의 밀도가 상당히 높다고 할 수 있다. 즉, 공적인 공간에서 모임이나 학교 등지에서 친구를 사귈 기회가 차단된 조선 여성들은 친족 그룹 중 비슷한 또래 집단에서 정서적 관계를 맺을 대상을 찾는 것으로 보인다. 부인도 윤댁이나 오곡댁과 그러한 관계를 유지했던 것으로 보인다.

(2) 원거리 지역의 친족망

유씨부인의 사회적 네트워크는 일반 평민들과 다음과 같은 점에서 차이가 있다. 앞에서 언급했듯이 본 친족 간의 선물과 서신교환, 그리고 상호 방문은 홍성과 충청도를 넘어 전국으로 확대되고 있다는 점이다.

대흥댁 서방님으로 표기되는 자는 예산 대흥리, 공주 가곡댁 조카는 공주 가곡리, 화산현 진사는 화산, 황주댁 서방님은 황해도 황주, 남포 진사는 보령 등이 거주지로 추정된다. 이 중 보령 남포 진사는 김약행

(金若行)의 둘째 아들, 이상(履庠)이 남
포로 이주했으므로, 김호근의 6촌 친
족으로 판단된다. 한편 서울 쪽에서는
전동댁 둘째 오라버니, 가회동 조카,
공조 참의,[17] 윤은양 등이 방문한다.
이들은 일족들이 집중 세거하고 있는
갈산 지역에 장례 혹은 혼례 등의 이
유로 방문하다가 김호근 가에 들려 사
당 참배하거나 문안 인사를 하러 들리
는 것으로 보인다.

[그림 25] 유씨 부인의 사회적 관계망

　이렇게 부인의 사회적 관계망은 그림에 보이듯이 공주, 청양을 넘어
경기, 서울, 해주, 황주, 임실 등 전국적으로 분포되고 있다. 방문 대상자
의 거주 지역을 살펴보면 충남 예산·청양·화산·보령·부여·공주, 서울,
황해도 해주·황주, 전라도 임실 등지이다. 이 중 서울이 가장 많은 빈도
수를 보이고 있다. 일반적으로 평민의 경우 친족 緣網 범위가 인근 지역
이나 면 이내에 분포하고, 향반일 경우에는 군·道 이내에 분포하지만,
부인의 연망은 넓은 지역에 까지 확장되어 있다는 특징이 있다. 그것은
시댁이 안동김씨 세도정권기 관직에 진출했던 가문이므로 친족망이 서
울과 전국에 포진하고 있기 때문으로 보여 진다. 아울러 김호근 가는 선
대부터 서울 쪽에 집을 보유하고 있는 것으로 보인다. 혼맥으로 인한 관
계망 또한 부인의 사회적 네트워크를 확대시키는데 일조하고 있다.
　원거리에 거주하고 있는 친족과는 선물이나 서신교환이 특히 중요한
수단으로 나타난다. 그 중 매해 황해도 황주에서 봉물을 보내는 자가 기

---

17) 『경술일기』 1851. 7. 20.

록되어 있는데, 황주목사인 김헌순(金獻淳 : 1793~1852)으로 추정된다. 일기에서 '어른'으로 표현되는 이 인물은 황해도 해주에서 황주로 승차했다고 기재되어 있는데,[18] 당시 해주와 황주목사로 재직했던 자는[19] 김헌순이다. 그는 김호근의 친동생 학근의 양부이기도 하다. 일기에 따르면 김헌순은 1849년 11월 해주에서 두 차례 약과, 중계, 촉궤, 유청, 생이정과, 백지, 포 두접, 문어, 전복 등을 보내 왔고, 1850년 11월 황주에서도 봉제사를 위한 봉물을 보내왔다. 그 외 김호근의 9촌인 전라도 임실현감 金韋淳[20]으로 추정되는 인물이 임실에서 제수전 2냥을 보내오고 있다. 봉물이라는 표현으로 불리 우는 이 선물은 외직에 진출한 이 집안의 후손들이 봉제사에 일조하기 위해 제태전과 祭需錢을 제공하는 것으로 보인다. 봉물이지만 유씨부인은 이에 대한 답례로 매해 가을 해주와 황주로 선물을 잊지 않고 보내고 있다. 선물은 친족 간에 우애와 친밀감, 봉제사 참여의 상징으로 상호 교환되고 있다.

서울 거주 친족들과는 수시로 편지와 선물교환, 상호 왕래를 통해 빈번하게 교류하고 있다. 이들이 얼마나 자주 소식과 정보를 교환하고 있었는지 전동댁 아주버님의 사례로 확인해 보기로 하자. 아래 사료는 전동댁 아주버님에 대한 기사이다.

① 듕쳔만 드러와 나으리 잘가신 문안 드르나 참판 아주바님긔서 녕남

---

18) 『경술일기』 1849. 10. 16.
19) 한국역대인물종합정보시스템, 김장순 편.
20) 『승정원일기』 철종 2년 6월 19일자; 국립중앙도서관 소장, 『임실읍선생안(任實邑先生案)』에 따르면 김장순은 1848년 11월에 到任하여 1851년 6월에 교체되었다고 한다. 그는 성익-시눌-락행-이정-장순으로 이어지는 가계이며, 그 후손으로 김좌진장군이 있다. 이 집안과는 매우 가까운 친족으로 왕래가 잦은 편이었다.

　　어스 조셕여의 논박만나 졍비지경이라니 졀분 어히 업다.(1850.4. 6)

　② 뎐동 빅소는 셔홍 졍ᄒ여 쩌나시다니 ᄆ음이 ○○○○○.(1850. 4. 14)

　③ 낫 후 명쳔 와 나오리 문안 드르니 뎐동 빅소는 셔홍도 갓가워 쟝연
　　으로 가시게 흔일 분ᄒ고.(1850. 4. 20)

　④ 뎐동셔 은샤를 닙으시어 ○○○○○.(1850. 6. 19)

　⑤ 참판 아ᄌ바님 졍비 플니신 치하로 완북 뎐동 보ᄂ기 나도 격동 조
　　긔 열다ᄉ 포흔졉 보ᄂ고 위장ᄒ다.(1850. 6. 24)

　⑥ 나연 쳥안 되 새되 신네요. 뎐동 아ᄌ마님 둘지 오라바님이 쓸 드리
　　고 오셔 편지 ᄒ엿다고 식후 가 밤의 오시고….(1850. 9. 27)

　　제①의 사료에는 중천이가 서울에 다녀와 전하는 바 영남으로 간 암
행어사 曹錫興가 '참판 아주버님'이 해당 민을 토색하였다고 조정에 탄
핵하였고, 이로 인해 유배당하게 되었다는 기사이다. 『왕조실록』과 『비
변사등록』을 확인한 결과 '참판 아주버님'은 전 경상감사였던 김대근(金
大根 : 1805~1879)으로 확인된다.[21] 김대근은 1836년에 병조참의, 개성유
수를 역임하였고, 이 무렵 경상감사를 지내고 있었다. 그의 부친은 공조
판서 金漢淳이다. 부인은 김대근이 모함을 받았다고 단정하고 원통하고
분하다고 토로하고 있는데, '참판 아주버님'이라는 표현에서 김대근이
김호근 가와 가까운 친족관계라는 것을 확인할 수 있다. 김대근은 時訥-
樂行-履祐-漢淳-大根으로 이어지는 가계이며, 김호근의 가계는 동일한
金壽賓의 후손으로 8촌의 친족이다. 한순의 둘째 아들 賢根은 순조의 첫
째 딸 明溫公主와 결혼하였다.[22] 따라서 친족 김대근의 유배 소식은 남

---

21) 『비변사등록』 철종 1년(1850). 4월 3일, 4월 21일; 『철종실록』 2권, 철종 1년 3월
　　30일. 경상우도 암행어사 曹錫興를 불러 보았으니 전전감사 金大根을 죄주어야
　　한다고 서계한 때문이었다고 한다.

22) 김학근은 김한순의 친동생 김헌순에게로 양자를 갔다. 이로 보아 김호근 집안과
　　이 집안은 매우 가까웠던 것으로 판단된다. 실제로 시눌-락행 가계와 시일-약행

편의 관직 진출 문제와 연좌죄가 적용되던 당시로서 부인에게는 중요한
문제였다.

　그의 소식은 멀리 충남 홍성에까지 실시간으로 전달되고 있다. ②와
③의 사료에서는 김대근의 귀양지가 황해도 서홍으로 정해졌다가 너무
가까워 황해도 장연으로 가게 되었다는 소식, ④에서는 이후 은사를 입
어 한달 반 만에 풀려나게 되었다는 소식이 사건 발생 후 일주일도 채
되기 전에 전해지고 있다. 참고로 일기에 나타나듯이 男奴 천만이의 경
우 서울과 홍성을 6일 만에 왕복하고 있었다.23) ⑤번 사료에서 부인은
'참판 아주버님'의 석방에 대한 축하 인사로 종 완복이를 서울로 보내고
있다. ⑥번 사료는 그 이후 것으로 김대근의 부인 전동 아주머님이 친족
의 결혼식 참석차 갈산에 와서 부인 집에서 유숙하였다는 내용이다. 양
집안의 가까운 관계를 반증하는 자료이다.

　전동댁으로의 선물 증여도 수차례 이루어지고 있다. 아래 사료를 보
기로 하자.

> ① 청녹 나귀 주어 서울 보내기 황뉼 칠승 까 너되 보내고 ○○○○○
> 돈의 이빅 바다 말니워 뎐동 보내고 격동 희의 흔톳 보내고 ○○○
> ○○첩 보내다.(1850. 4. 12)
> ② 두 놈 서울 보내는되 뎐동 조홍 석졉, 나으리긔는 조홍 흔 ○○○○
> ○ 뉵십 오곡서 월하침시 두졈 너가 게졋 송이 보선 누비비즈 토슈
> ○○○○○.(1851. 8. 19)
> ③ 뎐동과 궁의 굴졋과 감 지워 네놈 보내는되 스층 왜춘합의 산즈 다
> 식 ○○○○○ 다식 투릭과 강병 조판 문어 전복쌈 광어 포육 ᄀ득
> 너코 굴침치 큰 함에 담가 ○○○○○긔 보내고 숑졍 감 흔졉 굴졋

가계는 수차례 교차 입후하고 있어 동일 집안의 정체성을 갖고 있다고 한다.
23) 『경술일기』 1850. 2. 27. "천만이가 엿새 동안에 한양을 다녀와 시방 돌아왔다."

이긔 찬합 뜩긔 조금 보닉다.(1851. 9. 20)

제① 사료에는 노비 청록이에게 나귀를 주어 서울에 보내는데, 황율 7승을 까서 4되와 돈의(?) 200을 받아 말려 전동에 보냈다는 기사이다. ②사료는 서울에 2명의 奴를 보내는데 전동에는 조홍시 3접(300개)를 보냈다는 기사이다. ③은 전동과 궁에 선물을 보내는데 奴 4명에 굴젓과 감, 그리고 기타 선물을 보냈다는 기사이다. 전동과 궁이 함께 기재되고 선물이 송출되는 것으로 보아 아마도 김대근을 통해 조대비전과 관계를 맺는 것이 아닌가 추정된다. 앞서 언급했듯이 김대근의 동생 현근은 순조의 부마였기 때문에 왕실과 연결되어 있었다.

이렇듯 김대근가로 보내는 선물은 친족 간의 유대관계 유지라는 성격 외에도 정치적 緣網 유지 및 강화라는 요소가 복합적으로 작용하고 있다. 바로 이 지점에서 부인의 사회적 관계망이 서울의 궁궐에 까지 연결되어 있으며, 친족 간 관계망과 선물교환이 단순한 의례 혹은 유대 강화라는 차원을 넘어서 정치적 기제라는 성격이 복합적으로 혼재되어 있다는 것을 알 수 있다. 그것은 일방적인 고가의 선물 증여로 반증된다.

그 외에 서울의 장동의 친족에게는 치전 5냥과 포 한접, 굴젓 2사발, 저고리 등을 보내는 것으로 보아 아마도 10촌 이내의 친족이 아닌가 판단된다. 또한 서울 격동댁, 교동댁과도 종종 서신이 왕래되고 선물을 보내고 있지만, 어느 정도 가까운 친족인지 확인할 길이 없다.24)

서울에 거주하는 친족 여성들은 가끔 갈산 지역을 방문하고 있다. 앞서 언급한 金大根의 부인인 전동 아주머님과 해주의 황주댁 동서도 유

---

24) 『경술일기』 1850. 5. 22. "서울 편지와 격동 진슈의 악보 드르니 참악 비샹홈 뎡치 듯 흐다."

씨부인댁을 방문하고 숙박을 하고 갔다. 그 외 교동댁으로 불리우는 여성과 서울에 거주하는 것으로 추정되는 윤댁은 약 12박 13일 동안 이 집에 숙박하면서 인근 신우댁, 행촌댁, 방곡댁, 후촌댁, 용암댁 등 친족들에게 문안 인사를 다니고 있다. 이처럼 일기에 등장하는 양반 여성들은 그야말로 집에만 갇혀 있는 것이 아니라 필요에 따라 시장이나 사찰을 방문하며, 멀리 떨어져 있는 친족 방문을 위해 여행길에 나서기도 하였다.

유씨부인은 서울 쪽 친족 네트워크를 유지하고 관계를 공고히 하기 위해 더 노력을 한 것으로 보인다. 바로 남편 김호근의 중앙관직 진출의 기반이 되는 자들이기 때문이다. 이들과의 선물과 서신이 빈번하게 교환되며, 선물 내역도 인근 친족 보다는 고가의 지역 특산물을 시장에서 구매하여 가공하여 송출하는 특징을 띠고 있다. 특히 서울의 참판댁, 장동댁, 전동댁에게는 매해 가을이나 생애 주기마다 부딪히는 각종 어려운 일들이 있을 때마다 문안편지와 선물이 전달되고 있었다.

2) 교우 네트워크

교우로 분류되는 그룹은 모두 남편인 김호근의 친구들이거나 손님들이다. 이들은 대부분 인근 및 원거리 지역에서 방문하는 것으로 보인다. 방문자의 지역을 보면 결성, 면천, 공주, 보령, 황주, 부여 임천, 청양, 화산 등 대체로 충남지역으로 모아진다. 이들 교우들도 몇가지 그룹으로 구분된다. 첫째, 손님으로 표기되는 방문객들이다. 유씨부인이 아는 방문객은 공주 이진사, 면천 손님, 보령 남포 진사, 윤진사로 표기되지만, 대다수의 방문객은 손님, 혹은 손님 2명이나 손님 4명으로 표기되고 있다. 총 17회의 손님들은 노복 등을 대동하고 와서 당일, 1박2일 혹은 2박3일의 숙박과 식사, 그리고 술을 대접 받았다.

두 번째 그룹은, 인근 오곡댁이나 운정댁, 지곡댁의 남성들을 방문하고 김호근 가를 들리는 경우이다. 그럴 경우 운정댁 손님, 혹은 지곡댁 손님, 오곡댁 손님 등으로 기록되어 있다. 이들은 총 9번이 나타난다.

세 번째 그룹은 현직 지방 관료들이다. 총 5번의 현감들이 방문했는데, 결성 현감이 1회, 화산 현감이 1회, 부여 임천 현감이 1회, 청양 현감이 2회 등장한다. 다른 빈객이 올 경우 식사와 술, 떡, 갈비탕 등이 기입되어 있지만, 현감이 방문할 경우에는 유씨부인이 지극 정성으로 준비하는 것을 볼 수 있다. 여기서 현감의 면면을 확인해 보기로 한다. 이 시기 결성 현감으로 尹行敬이[25] 기록되어 있다. 부여 임천 군수는 李行翼으로[26] 보인다. 그 중에서도 청양현 현감과의 관계가 우리의 눈길을 끈다.[27] 청양 현감은 남편인 김호근과 매우 가까운 사이인 듯 보이며, 유씨부인 집에 수일씩 체류하면서 다른 현감보다도 더 지극한 접대를 받고 가는 인물이다. 양자 간의 선물 교환은 16개월간 총 8번이 이루어지며, 한번 방문할 때는 2박 3일씩 체류한다.

어느 정도 대접을 받았는지 1850년 3월의 사례로 보기로 한다. 유씨부인은 점심에 깨죽, 실과, 꼴뚜기회를 대접하고 저녁밥상은 오첩반상으로 내었다. 그 다음 날 아침상에는 국수와 대하, 점심상에는 송편, 화전, 두텁떡 단자, 잡장, 국수, 수육, 늘임이 전, 각종 과일, 화면, 수란, 어채, 묵채(메밀묵 채), 생선찜 등 화려한 밥상이었다. 이렇게 지극 정성어린 대

---

25) 『승정원일기』 철종 즉위년(1849) 8월 4일, 철종 원년(1850) 7월 9일, 철종 원년 6월 29일.

26) 『승정원일기』 철종 즉위년(1849) 11월 3일, 철종 원년 10월 9일. 한국역대인물종합정보시스템, 이행익 편.

27) 『경술일기』 1850. 1. 18. "쟉하 산능도감의 동관 김 쥬부 쳥양 원 흐엿기 굴 침치 굴졋 싱굴 주어 어제 청뇩 가더니 오늘 오고 육쵸 담비 황육포 가져오다."

접을 받은 청양 현감은 그 답례로 소고기, 육축(초), 제육(돼지고기), 흰 떡을 보내왔다.

청양 현감은 누구인가? 이 사례를 통해 김호근이 교우관계과 남편의 통한 유씨부인의 연망도 엿볼 수 있을 것이다.『승정원일기』에 기록된 당시의 청양현감은 김상현(金尙鉉 : 1811~1890)[28]이다. 김호근과 불과 4살밖에 차이 밖에 나지 않는 자로, 광산김씨이다. 일기에 의하면 지난여름 산릉도감, 즉 왕릉을 조성·감독하는 업무를 맡았던 김주부로 기록되어 있다. 즉, 헌종의 산릉도감이 1849년 6월~11월까지 설치되는 것으로 보아,[29] 工曹의 冬官(선공감의 동관, 종 6품)으로 재직하던 김상현이 헌종의 산릉도감으로 파견 나가 업무를 끝낸 후 종 6품직인 청양현 현감으로 부임하는 것으로 보인다.[30] 고종의 즉위 후 김상현은 공조판서, 경기감사, 평안감사로 승진하는 것으로[31] 보아 김호근과 김상현은 조대비 및 대원군 세력과 가까운 관계로 보이며, 아마도 양자는 학맥과 혈연으로 맺어진 관계가 아닌가 싶다.

이러한 교우 간의 관계망은 어떤 기능을 할까? 교우 관계 중 또 하나 우리의 주목을 끄는 인물이 있다. 비록 직접 방문하지 않지만, 일기에서 포착되는 네트워크이다. 바로 서울 조대비전과의 관계로 양자는 매년 선물을 교환하고 있는 것으로 보인다. 1849년 10월 조대비전에서는 찬합에 약과, 다식, 산자를 넣고, 각색의 마른 반찬을 한층 넣고, 육색 자반을 한층 넣은 것과 전복젓와 숙게젓을 넣은 백항아리 등을 김호근가에 보

---

28) 김상현은 광산김씨로 서울에 거주하였다. 17세에 진사, 1859년 증광문과에 급제하였는데, 고종 재위기에 대제학, 도총관, 경기도 관찰사, 이조판서를 역임하였다.
29) 규장각한국학연구원 규장각서고(古書) 奎 13793,『헌종 산릉도감 의궤』.
30) 『승정원일기』 철종 즉위년(1849) 12월 23일, 철종 원년 3월 9일, 철종 2년 4월 5일.
31) 『비변사등록』 256책, 고종 12년 11월 6일; 258책, 고종 14년 10월 7일.

냈고, 유씨부인은 이에 대한 답례로 그 다음 해 종 4명에게 음식을 가득 지워 보내고 있다.[32)]

본 연구의 논지에서 다소 벗어날 수 있지만, 여성의 일기자료를 통해 19세기 중반 정치사의 이면을 본다는 의미에서 다음을 덧붙이기로 한다. 조대비와 이 집안과의 관계 및 유씨부인의 사회적 연결망 부분이다. 궁궐에서 왕실의례 및 행사 후에 고위급 관료들에게 사송을 내려 보내는 경우는 흔히 있는 일이지만,[33)] 중앙의 고위 명문 대가집도 아닌 지방의 일개 양반가에게 조대비는 왜 사송을 내려 보냈을까? 그리고 그 사송의 내용이 고위급 관료들이 받았던 음식재료가 아닌 왕의 생일에 극소수에게만 하사하는 진귀한 궁궐 음식이었다는 점에서 더욱 의아하게 느껴진다. 과연 유씨부인 측이 남편의 출세를 위해 보낸 선물에 대한 답례라고 단순하게 해석할 수 있을까? 아니면 이를 통해 그동안 우리가 몰랐던 역사의 이면을 볼 수 있지 않을까?

헌종 즉위 후 왕실의 대표적인 외척으로는 외가인 풍양조씨와 할머니 純元王后의 친정인 안동김문이 있었다. 기존 연구에 따르면 이 두 가문은 순조대부터 협력관계에 있었고 순원왕후의 균형정책으로 인해 표면상 세력 균형을 이루는 것처럼 보였다고 한다. 그러나 권력의 중심은 안동김씨에게로 쏠렸고, 풍양조씨와 안동김씨의 대립은 헌종 말기부터 현

---

32) 『경술일기』 1849. 10. 27. "됴대비 던 스송 초오일 ᄂ리오샤 스층 찬합의 약과 다식 산쟈ᄒ고 각식 마른 것 흔층 반찬 뉵식 좌반 흔층 너흔 것과 전복 슉게졋 너헛던 빅항 왓기 찬합은 지친의 난호다."

33) 일반적인 명절이나 특별한 날에 관료들이 사송받은 물품은 주로 꿩, 호두, 생노루, 생전복, 소고기, 계란, 생선류 등 음식재료들이 대부분이다. 한편 왕족이나 특별한 친분이 있는 경우에만 음식물을 하사하였다. 언더우드, 신복룡 역, 『상투의 나라』, 집문당, 1998, 53~54쪽; 칼스, 신복룡 역, 『조선풍물지』, 집문당, 1999, 214, 220쪽.

저하게 드러나기 시작했다. 이는 풍양조씨의 대표격인 조병현이 탄핵받고 유배되었다가 철종 즉위 직후 사사되었고, 풍양조씨의 측근인 권돈인도 철종 원년 趙寅永의 사망 후 탄핵당한 일련의 사건들이 이를 반증하고 있다.[34)]

　이와 같은 연구를 토대로 볼 때 1849년 가을 조대비전의 사송은 조대비 측의 세력이 약화되고 도태되는 시점과 일치한다. 趙寧夏와 趙成夏 정도 밖에 남지 않는 시점에서 조대비 측은 후일을 도모하기 위한 세력기반을 구축해야 했고, 이에 세도정권의 핵심인 청음파 김조순가가 아닌 그에 대한 대항마로서 선원파를 주목한 것이 아닌가 싶다. 실제로 대원군이 안동김씨 청음파 세도정권을 전복하고 실권을 장악할 당시 선원파의 金世均과[35)] 결탁하는 등 선원파의 세력을 활용하는 것으로 알려져 있다.[36)] 선원파 중에서도 김호근이 속한 金光鉉의 후손들은 일명 '갈미김씨'로 자기 정체성을 갖고 고종 즉위 이전과 이후에도 꾸준히 득세하고 있다.

　김세균은 선원 김상용의 직계손 중 한명이며 趙鎭寬의 외손, 즉 신정왕후 조대비와 이종사촌이 된다.[37)] 조대비의 조카 조영하는 김호근의

---

34) 한국역사연구회, 19세기정치사연구반, 『조선정치사』, 청년사, 1990, 106~122쪽; 김명숙, 「세도정치기(1800~1863)의 정치행태와 정치운영론」 한양대 박사논문, 1997, 176~179쪽; 김명숙, 「운석 조인영의 정치운영론」 『조선시대사학보』 11, 1999; 임혜련, 「조선후기 헌종대 순원왕후의 수렴청정」 『한국인물사연구』 3호, 2005, 228쪽; 임혜련 「철종대 정국과 권력 집중 양상」 『한국사학보』 49, 2012, 146~149쪽.

35) 『고종실록』 고종 1년 5월 30일.

36) 대원군 집권기에 안동김씨 세력이 모두 좌천된 것은 아니다. 청음파의 金炳學, 金炳國 형제와 선원파의 金世均은 대원군 집권 세력의 핵심 인사로 중용되었다.

37) 연갑수, 『대원군집권기 부국강병정책 연구』, 서울대출판부, 2001, 59쪽.

동생 학근과 함께 출사하면서 잘 아는 관계였다. 앞서 언급한 김대근의 동생은 東寧尉 김현근(金賢根 : 1810~1868)은 순조와 순원왕후 사이에 태어난 첫째 딸 온명공주의 부마였다.[38] 둘째 공주인 복온공주는 청음파의 金炳疇와 정혼하였다. 즉, 조대비의 첫째 시누이가 선원파로 시집을 온 것이다. 이렇듯, 이 집안은 조대비와 인척·교우 관계로 얽혀 있었고, 김대근은 김호근과 조대비 세력을 연결시켜주는 중간 인물이다.

그러나 헌종 이후 특히 1850년 철종 즉위 후부터 김조순 - 김좌근 가계에서 정치권력을 독점하기 시작했고, 청음파의 독주에 동일 친족 내에서 갈등·질시·대립의 싹이 트기 시작했다는 점이다.[39] 선원파들은 친

---

38) 김현근은 김광현의 후손으로 時術-憲行(한성판관)-履陽(한림원 제학, 보국이조판서, 奉朝賀, 領中樞)-漢淳(공조판서, 판의금부사, 중영의정)-賢根의 가계에 속한다. '갈미김씨'와 왕실과는 겹혼맥이 있었으며, 선원 김상용의 외손녀딸이 효종의 비 인선왕후이다. 이후 대부분의 왕비는 청음파에서 배출되었고, 순조의 둘째 딸 복온공주는 청음파 중에서 사위(昌寧尉 金炳疇; 1819~1853)를 간택했다. 김희동, 『나의 뿌리를 찾아서』, 목민, 516, 519, 520쪽.

39) 필자가 판단하기로는 안동김씨 세도 집권기 핵심 권력이 김조순 가계에 집중되면서 안동김씨 경파 내에서의 갈등과 알력이 발생한 것으로 보인다. 기존 연구에 의하면 경파에 중 고위관직에 등용된 주요 파는 선원파, 청음파, 휴암파인데, 이중 청음파가 세도 정권의 핵심 세력이다. 반면 휴암파는 이후 문과 급제자와 당상관 진출 수가 현저히 떨어지면서, 세력이 퇴조하고 있다. 한편 김상용 계의 선원파의 관직 진출자의 수를 보면, 초창기 세도정권이 출범할 때까지 광범한 지원 세력으로 기능했던 것으로 보인다. 파조인 선원 김상용 대부터 본 일기의 김호근 대까지의 문과, 생원·진사, 무과, 유일·천거, 음직을 통해 관직에 진출한 자는 선원파가 총 436명의 후손 중에서 154명, 청음파가 192명의 후손 중에서 116명, 휴암파가 154명의 후손 중에서 53명이 관직 진출에 성공하였다. 이 중 고위관직에 등용될 수 있는 문과를 통해 관직에 진출한 수는 선원파의 경우 32명이고, 청음파는 33명, 휴암파는 7명이다. 음직으로 진출한 관원의 수를 보면, 선원파에서 11명, 청음파에서 10명이다. 그러나 고위 관직인 당상관 수에서는 청음파의 진출이 눈부시다. 선원파는 파조인 김상용대부터 김호근대까지 총 45명의 당상관이 배출되었는

족 청음파와 공조하면서 안동김씨 세도정권의 지지기반 역할을 담당하
였지만, 내심 자신들의 파조인 선원 감상용이 절의를 지킨 顯節臣이며,
문장이나 가격 면에서도 청음파에 크게 뒤지지 않는다는 입장이었다.
뿐만 아니라 앞서 언급했듯이 김호근의 후손들은 일명 '갈미김씨'로 자
기 정체성을 유지하고 있으며, 두터운 친족망으로 결속되어 있는 특징
이 있다. 따라서 조대비나 대원군 측에서는 청음파 정권 독점에 대항·견
제할 세력으로, 이후 국가 운영 관료로 선원파들을 주목한 것이 아닌가
싶다. 앞서 살펴본 바와 같이 갈미김씨들은 왕실과 인척관계를 맺고 있
었다. 또한 후일 갈미김씨의 김병일(時哲-友行-履實-慶淳-靖根-炳日)의 딸
이 대원군의 손자며느리(李載冕(1845~1912)의 둘째 며느리)가 되었다. 양
집안이 인척 관계를 맺은 것은 두터운 관계를 반증하는 것이다. 부인의
남편 김호근과 靖根과는 8촌지간이다. 여기서 흥미로운 점은 흥선 대원
군 측이 안동김씨 내부의 갈등·경쟁을 이용하기 전부터 조대비 측에 의
해 양쪽의 유대관계가 이미 형성·유지되고 있었다는 점이다. 이것이 정
조의 스승이었던 김약행의 본가에 조대비 측에서 사송을 보내는 것으로
나타난 것이 아닌가 추정해보았다.

데, 청음계에서는 56명이 배출되었다. 선원파 후손들의 인구수가 청음 후손에 비
해 3배에 가깝다는 것을 감안해 볼 때 청음파의 당상관 진출은 25~30% 정도에
달한다. 이 수치에서 볼 수 있듯이 기존 연구에서 권력이 청음파 김창집 가계로
고착화되는 경향은 1840년대 根자 항렬대부터 두드러지게 나타난다고 한다. 이에
대해 선원파 계열에서는 고위 관직을 독점한 김창집계 친족 집단에게 부러움과
경쟁의식을 가졌을 것이며, 이러한 점이 조대비와 대원군 파와 연결될 수 있는 계
기가 되었을 것이다. 실제로, 김호근 가 종손 김희동씨의 구술에 의하면, 세도정
권이 극성할 당시 김조순 파에서는 자신의 지파와 타 지파를 구별·차별하기도 하
였고, 이에 대한 갈등이 약간 있었다고 한다. 이경규,『조선후기 안동 김문 연구』,
일지사, 2007, [표 2-1], [표 2-2], [표 2-3], [표 3-1], [표 3-2], [표 3-3], 54~60쪽; 김
희동 구술, 2015년 5월 8일, 서울 관악구 서원동 자택.

한편 유씨부인 측은 남편과 가문의 출세를 위해 서울의 실세 및 후일의 실세와 연줄을 맺을 필요성이 있었다. 이에 조대비 측의 사송에 대한 답례로서 특별 음식을 만들어 노비 4명으로 시켜 궁궐로 보내고 있었다. 결국 이러한 노력은 결실을 맺어 김호근의 동생 김학근이 조대비의 수렴청정기 동안 이조참의[40]로 제수받고, 아들들도 고종 집권기 관직에 진출하고 있는 것이 아닌가 싶다. 앞서 언급한 김대근도 조대비의 수렴청정기 동안 형조판서에 제수되고, 이후 대원군 집권기에는 예조·이조판서를 역임하였다.[41] 이와 같이 갈미김씨들의 관직 진출은 대원군 집권기에도 계속 되고 있으며,[42] 대원군의 손자며느리로 간택되기 까지 하였다. 이는 안동김씨(청음파) 세도정권기가 막을 내린 대원군 시대까지도 김호근 가는 부유했다라는 후손들의 증언과 일치한다. 이와 같은 배후에는 갈미김씨 부인들의 적극적인 관계망 유지 노력이 숨어 있다. 바로 조선시대 여성의 부덕이란 남편이나 부계혈통에 의해 형성되고 지속되는 관계망을 잘 유지하고 발전시키는 것으로 상정되었기 때문으로 보여진다.

---

40) 『고종실록』 고종 2년 9월 2일. 김학근은 1856년도 한권에서 뽑혔다. 1859년에는 도당록을 행하여 그를 뽑기로 낙점하였고, 1860년 6월에는 시상도 받았다. 1867년 홍주목사로 부임하였고, 1874년에는 형조참판, 1878년에는 이조참판 등을 역임하였다.

41) 『고종실록』 고종 1년 7월 20일, 6년 9월 15일, 6년 12월 26일.

42) 이들은 대원군 집안과도 사돈을 맺고 있는데, 대원군의 장자 李載冕은 2자 李汶鎔의 둘째 며느리를 선원파(時哲-友行-履實-慶淳-靖根-炳日-斗漢)에서 간택하였다. 이 집안은 일명 난정댁으로 대원군과 사돈을 맺은 후 갈산 지역 친족 집단 내에서 위세가 높았다고 전해진다. 아울러 김호근의 인척인 金會根(1849~1886. 생원)의 딸은 이후 尹德榮과 혼사를 맺고 있다. 김회근은 김호근의 동생 학근이 양자로 간 가계(盛益-時訥-樂行-履禕(목사)-周淳-會根)이다. 김희동, 『나의 뿌리를 찾아서』 517쪽, 526쪽. 김희동 구술, 2015년 5월 8일.

3) 하민 네트워크

마지막으로 부인과 하민들 간의 관계망을 확인해 보기로 하자. 이들은 전체 방문객의 35회, 즉 19%(표2)를 차지하고 있으며, 부인의 지인 통계표(표1)에서는 123명(49%)으로 집계되고 있다. 흥미로운 점은 이 중 여성의 비중이 높다는 점이다. 그것은 부인이 집안 살림을 실질적으로 관장하며, 결정권을 갖고 있기 때문으로 보인다. 특히 부인은 고리대 행위와 물건 판매 등의 상행위를 노복을 통해 하기 때문에 주 대상 층인 하민들과의 접촉이 많을 수밖에 없을 것이다.

하민들은 세 그룹으로 세분할 수 있다. 첫 번째로 부인에게 돈을 받고 의료, 무속, 가구나 울타리 제작 등 각종 서비스를 제공하거나 농사일에 투입되는 그룹이다. 화산현의 무녀나 박윤정 의원, 땔감 채취나 김매기를 동원되는 고공들이다. 두 번째 그룹은 부인에게 돈이나 식량을 꾸거나 다른 청탁을 위해 방문하는 경우이다. 이들이 방문하면 식사나 혹은 1박 2일 숙박을 제공받는다. 그 중 춘금이나 치달의 처, 귀점이 같은 경우 도미나 갈치 등 선물을 들고 와 돈을 빌려가는 경우가 종종 나타난다. 한편 세 번째 그룹은 장기간 체류하는 여성들인데, 일손을 돕기 위한 목적인지, 부인과의 말벗을 하기 위한 목적인지 확실치 않다. 이중 경화는 8번이나 방문하면서 짧게는 3박 4일, 길게는 보름 넘게 장기 투숙하고 있다. 또한 물화 모로 기재된 여성의 경우 수일 동안 체류하면서 가사 일 혹은 바느질 등을 돕는 것으로 추정된다. 일기에는 이들의 급료가 기재되지 않아 경제적 관계인지 확실치 않으나, 손님 접대를 위한 요리나 의복 제작 등을 일부 돕지 않을까 판단된다.

이와 같이 부인 집을 방문하여 체류하거나 음식을 대접받는 하민들의 수는 불과 35명밖에 안되지만, 부인이 알거나 경제적인 서비스를 제공하는 하민들의 수는 123명에 달한다. 즉, 신분제에 의한 제약으로 두 신분계층 간에는 공적인 관계망은 유지되고 있지만 사적인 관계망이 제대로 형성되지 않았다는 뜻을 함축하고 있으며, 이것이 일기에 그대로 반영되고 있다.

조선 후기 양반여성들은 다른 신분의 여성들보다 가부장제의 속박 속에서 사회적 활동을 차단당하면서 그 지위와 사회적 관계망이 상당히 협애한 것으로 이해되어 왔다.43) 유씨부인의 일기에는 거의 매일 친족, 하민, 혹은 남편의 친구들의 방문이 이어지고 있고, 이들과의 서신과 선물 교류가 빈번하게 나타나고 있다. 활기차고 역동적인 종가집의 일상과 여성을 중심으로 하는 폭넓은 사회적 연망이 짐작되는 부분이다. 이에 19세기 중반 '그녀의 세계'의 실태와 양상을 분석해 보았다.

먼저 일기에 기재된 지인의 규모는 작은 편이 아니었다. 1년 반 동안 총 253명(남 131명, 여 122명)의 지인이 기재되어 있었다. 부인의 전 생애기를 감안하거나 통계 처리 기준을 달리한다면 실제 지인의 규모는 이보다 훨씬 클 것으로 판단된다. 한편 부인에게서 숙식을 제공받은 방문객의 규모는 이보다 작은 188명으로 합산되었다.

유씨부인의 사회적 연결망의 중심축은 부계 혈통의 친족망이었다. 친족들은 지인의 규모에서나 월별 방문객 수나 선물교환, 그리고 부인의 외출 장소, 문안비의 교환, 서신교환에서도 가장 높은 빈도수와 비중을 차지하고 있다. 결혼한 이후 여성의 사회적 관계망은 대개 남편과 시가

---

43) 김경숙은 조선은 성리학의 이념이 지배하는 사회였지만, 그 영향의 정도는 신분층에 따라 상당한 격차를 지니고 있었으며, 그들 각각의 삶은 다양한 모습을 띠고 있었다고 지적하고 있다. 김경숙, 「조선후기 여성의 정소활동」『한국문화』36, 서울대 한국문화연구소, 2005.

친족을 중심으로 재편되는 조선후기의 사회적 현상을 그대로 반영한다
고 하겠다. 부인은 남편의 사회적 관계망을 공유하고 있으며, 따라서 관
계망의 범위가 서로 중첩되는 현상이 나타나고 있다는 특징이 있다. 즉
부인의 관계망은 남편의 망에 속한 하위망으로 이해할 수 있으며, 부인
의 독자적인 관계망을 뚜렷하게 확인하기 힘들었다. 유씨부인의 고유의
관계망이라 할 수 있는 친정 쪽 사회적 네트워크가 의외로 활발하게 가
동되지 않고 있다는 점에서 친정의 정치·경제적 위상이나, 당대의 사
회·문화적 배경을 가늠해 볼 수 있다.

　부인의 사회적 관계망의 지역적 범위는 일반 향반이나 평민들의 관계
망과도 차이를 보이고 있다. 대체로 평민의 경우 친족 관계망 범위가 인
근 지역이나 면 이내에 분포하고, 향반일 경우에는 군·道 이내에 분포하
지만, 부인의 관계망은 근거리에 가장 밀도 높게 분포하고 있지만, 서울
과 황해도, 전라도 임실에 까지 확장되어 있다는 특징이 있다. 그것은
시댁이 안동김씨 세도정권기 관직에 진출했던 가문이므로 친족 망이 서
울과 전국에 포진하고 있기 때문으로 보여 진다. 또한 김호근 가는 선대
부터 서울에 집을 보유하고 있고, 남편이 과거 등의 명목으로 서울에서
장기 체류하기 때문에 서울과의 네트워크도 긴밀하고 빈번하게 가동되
는 것으로 보인다.

　이 같은 부인의 사회적 관계와 관계망의 특징을 한마디로 요약한다
면, 지역 경계를 넘어 다양한 방식으로 활발하게 교류가 이루어지고 있
지만, 그 관계망은 소모임 형태가 아닌 1 : 1의 관계, 친족망 중심, 동성
여성들과의 친밀도가 높은 네트워크 형성, 다양한 수단을 통한 관계 유
지와 높은 접촉 빈도를 보여주고 있다고 하겠다. 물론 그녀의 관계망은
남성들에 비해 협소하며, 규모나 밀도 등에서 차이가 난다. 그것은 공적

인 부분에 참여를 차단당한 조선 여성들에게서 나타나는 예측 가능한
결과이다.

일반적으로 조선 여성들은 결혼을 계기로 부계 혈통의 친족망과 교유
망에 편입되어 이 관계망을 잘 유지하는 것이 여성의 부덕으로 강요받
았는데, 유씨부인도 이 역할에 매우 충실한 모습을 보여주고 있었다. 그
러면 그녀는 무엇을 목적으로 관계망을 가동하였고, 그 목적은 충족되
었는지 마지막으로 살펴보기로 한다. 일기에 나타나는 그녀는 자신과
자신의 책임 하에 있는 남편의 사회적 네트워크를 매우 능동적·자발적
으로 관리하고 있다. 그것은 사회 관계망이 사회적 자본이 되어 남편과
자식의 정치적 영달, 배타적 통혼권과 사회 기득권 유지[44] 등 여러 특권
이 주어지거나 유지될 수 있기 때문이다.

첫째로, 부인의 내조 덕인지 김호근은 생원진사시, 대과 초시에 합격
한 이후 동창의 낭청, 莊陵參奉을[45] 지낸 것으로 알려져 있다. 한편 아
들 병대(金炳大: 1842~1914)는 東部都事[46], 홍산현감[47], 4품직[48], 대한제
국기 중추원 의관직을 역임하였고, 둘째 아들 병두(金炳斗: 1847~1924)는
義禁府都事, 정릉참봉을[49] 지냈다. 즉, 남편과 자식의 관직 진출에 든든
한 지원군 역할을 했던 것으로 판단된다.

둘째로, 부인의 셋째사위는 연안이씨의 이도재(李道宰: 1848~1909)로

---

44) 권내현, 「조선후기 동성촌락 구성원의 통혼 양상-단성현 신등면 안동권씨 사례」『
    한국사연구』 132, 2006.
45) 莊陵은 강원도 영월군 영월면 영흥 4리에 있는 조선 제6대왕 단종의 능이다. 비
    록 능참봉이지만 장릉참봉은 상당한 명예직이었다 한다.
46) 『승정원일기』 고종 26년 4월 29일.
47) 『승정원일기』 고종 31년 2월 27일.
48) 『승정원일기』 고종 39년 3월 28일.
49) 『승정원일기』 고종 27년 8월 10일.

19세기 말 군부대신과 학부대신을 역임한 자이다. 큰 사위는 은진송씨, 둘째 사위는 연안이씨이며, 큰 며느리는 연안이씨, 둘째 며느리는 덕수이씨이다. 이와 같이 부인은 당대 노론의 명문가문들과 겹혼사를 맺으면서 배타적 통혼권 형성에 일조하고 있다.

셋째로, 부인은 부계 혈통의 친족망 관리에 충실한 모습을 보여 주고 있다. 친족들의 경조사나 통과의례의 부조 및 명절 인사를 잊지 않았고, 수시로 음식과 선물을 전달하였다. 본 연구에서 지면관계상 언급하지 않았지만 이러한 여성들의 행위는 친족 내의 음식, 예법, 문화의 교류 및 정착에도 기여하고 있다. 또한 친족 간의 긴밀한 관계망 구축은 안동김씨 수북공파의 정체성 형성에도 기여하는 것으로 보인다. 이 집단은 스스로 '갈미김씨'로의 정체성 갖고 있으며, 노론에 속하지만 '우포좌혜'[50]의 제사상 진설을 통해 노론 내에서도 독자성을 드러내고자 하고 있다. 즉, 이 집단의 정체성은 여성들 간의 긴밀한 관계망을 통해 유지·강화되고 있다고 보아도 과언이 아닐 것이다.

마지막으로 부인은 남편의 지인이나 친구들이 방문하면 다양한 음식을 대접하고 선물을 증정하기도 하였다. 남성들의 관계망 유지 및 확대가 결국 여성들의 내조에 기인한다는 점을 확인해 주는 대목이다. 또한 서울 조대빈전 간의 세찬 교환은 남성들만의 관계로는 파악되지 않았던 19세기 중반 정치적 상황들이 여성들의 관계망을 통해 그 사실관계가 명확해질 수 있다는 측면에서 주목을 받는다고 하겠다. 아울러 이는 지역을 넘어서 전국 단위로의 음식 문화 교류와 궁중요리의 지역 전파 경로를 확인할 수 있다는 점에서 유의미하다고 하겠다.

---

50) 노론 집안의 제사상 진설 규칙은 '좌포우혜(왼쪽에 포, 오른쪽에 식혜)'이다. 그러나 갈미김씨들은 '우포좌혜'로 노론 내에서도 스스로를 구별하려고 하고 있다.

제3장 삶과 죽음의 사이에서

1. 질병의 일상화

의료시설이 부족하고 위생 관념이 부족했던 19세기 조선에는 질병 발병률과 사망률이 높았다. 두창(천연두)과 온역(장티푸스), 홍역, 호열자(콜레라)는 많은 희생자를 낸 대표적인 질병이었고, 회충이나 소화기 계통의 질병은 흔한 것이었다. 본 일기에는 부인을 비롯한 많은 환자의 발생, 사망, 그리고 새로운 생명의 출생 소식이 전해지고 있다. 일기의 시작부터 끝까지 부인의 병환에 대한 이야기가 지속적으로 언급되고 있다. 부인의 병환이 너무나 심해져 결국 일기도 중간에 반년 정도가 중단된 정도였다. 본 장에서는 부인의 질병을 통해 호서지역의 의료진과 약재 등을 확인해 보는 기회로 삼고자 한다.[1)]

총 1년 6개월의 일기 분량 중 부인의 질병에 관련된 기사는 무려 34회나 등장한다. 부인이 앓고 있는 병명으로는 감기, 풍전,[2)] 빈혈, 기침, 담,

---

1) 신동원, 「한국 전근대 의학사 연구 동향」 『의사학』 19권 1호, 2010; 신동원, 「한국 근현대사 연구동향 : 한국 근대 병의 일상 개념사, 어떻게 연구할 것인가」 『호환 마마 천연두 - 병의 일상 개념사』, 돌베개, 2013.
2) 풍전은 간증(癇證)과 오전(五癲)의 하나이다. 대부분 혈기(血氣)가 이지러져 사기가 음경(陰經)으로 들어가거나 임신했을 때 산모가 갑자기 놀라 정기(精氣)가 쏠림으로써 발생한다. 발작할 때 엎어져 게거품을 무는데 스스로는 깨닫지 못하고 눈을 안쪽으로 모아 뜨고(眼目相引) 팔다리를 버둥거리다 몸이 뒤로 젖혀져 뻣뻣하여지며 양처럼 우는데 한식경 지나야 비로소 풀어진다. 한국전통지식포탈 : http://www.koreantk.com

중풍, 설사, 풍열 등이 기술되어 있다. 감기와 두통으로 가볍게 시작했던 부인의 병은 이후 더 중한 병으로 옮겨 간 듯 보인다. 초기에는 큰 병으로 판단하지 않아 집안에 전래되는 和劑(처방전)를 이용하여 약재를 구입한 후 다려 먹었다. 이때 여름 감기와 식욕부진, 전신 권태에 특효약으로 알려진 곽향정기산3) 3첩을 지어 먹었다. 그러나 별 차도가 없자 다시 인삼 두 돈을 넣어 먹고 있다. 당시 인삼은 고가의 한약 재료로 원기를 회복하기 위해 많이 사용된 약재이다. 그러나 이 약 역시 별로 효험을 보지 못한 듯하며, 부인의 병은 점점 심해지며, 몸은 점차 쇠약해진 듯하다.

1850년 2월 16일 박의생이라는 의원이 이 집으로 왕진하러 온다. 박의생은 진맥 한 후 가감소요산을4) 처방하였고, 인근 약방에서 약을 지어 와 먹었다. 병환에 큰 차도가 없자 3월 14일 박의원이 다시 왕진을 와서 가감소요산 15첩을 처방하였다. 그러나 병환은 지속되었고, 부인은 5월 4일에 다시 가감소요산 5첩을 직접 지어 먹었다. 아마도 전에 받은 처방전을 이용하여 약재를 구입한 듯하다.

그해 6월 17일 부인은 또 다시 병에 걸렸다. 풍전은 풍기가 있는 병으로 보여 지는데, 6월 22일 윤정이라는 의원이 1박2일로 내방하였다. 하루 숙박을 하는 것으로 보아 먼 지역에서 용한 의원으로 이름난 자를 부른 것이 아닌가 싶다. 윤정의원이 진맥한 결과 부인은 원기가 약하고 빈혈이 있으므로, 가미사물탕을5) 처방하였다. 용한 의원이 처방한 약을 먹

---

3) 곽향정기산은 곽향, 자소엽, 백지, 대복피, 백복령, 후방, 백출, 진피, 반하, 길경, 자감초, 생강, 대추 등으로 구성된 약재이다. 이 약은 위장염, 여름철 감기, 토사, 설사, 산전산후의 신경성 복통, 기침, 안질, 치통, 인후통에 잘 듣는다 한다.
4) 가감소요산은 기혈이 허하고 땀이 있고 열이나는 자를 치료하는 처방약이다.
5) 가미사물탕은 당귀, 천궁, 작약, 숙지황 등으로 허혈을 치료하는 보혈제이다.

었음에도 불구하고 부인의 병은 별 차도가 없었던 것으로 보인다. 여름 내내 원기를 회복하기 위해 가물치에 인삼과 찰밥을 넣고 푹 고아 먹기도 하고, 개를 무려 5차례 잡아 장기 복용하고, 소고기 등을 먹고 있다. 기침이 그치지 않고 혈붕이[6] 심해지자 윤정의원은 9월 3일 다시 왕진하여 당귀백출산을[7] 7첩 지어 주고 떠났다.

부인은 9월 6일 다시 번기대산 3첩을 먹고 나아졌다고 좋아 하였으나, 10여일 후 또 다시 발병하였다. 윤정의원에게서 별 효험을 보지 못하자, 부인은 새로운 신의원을 불러 진맥하게 하였다. 신의원의 진맥 결과 역시 원기가 허했다는 것이었다. 이에 그는 처방전으로 가미대보탕을 내었다. 9월 20일부터 신의원이 처방한 약을 먹었으나 24일 부인은 약하게 풍을 맞는 것으로 보인다. 부인은 "눈에 000 또 어두(말소리)로 중풍을 맞아 몸이 괴로우니 내 일생에 마음 고생이 너무 심하다."고 신세 한탄을 하고 있다.

다시 부인은 개 한 마리를 사서 개장국을 끓여 먹고 다리는 불에 구워 먹는 등 보신에 심혈을 쏟았다. 개고기를 먹고 조금 낫는가 싶더니 다시 설사와 담으로 1달가량 고생하였다. 부인은 다시 향소산[8] 3첩을 먹었고, 감기약으로 정기산을[9] 먹었다. 그 밖에도 무려 20냥이나 하는 烏鱗魚라는 보신약을 윤댁이 보내주어 먹었고, 이후 부인은 또 다시 이 비싼 보신약을 구매하여 먹고 있다. 이 오린어라는 고가의 검은색 물고기는 당

---

6) 혈붕은 출혈이 심한 부인병이다.
7) 당귀백출산은 당귀, 인삼, 백출, 황귀, 천궁 등으로 구성되어 있으며, 황달과 虛汗에 특효약이다.
8) 향소산은 감기, 위장 장애형의 유행성 감기와 기가 울체했을 때 먹는 것으로 향부자, 자소엽, 창출, 진피, 자감초, 생강, 총백 등으로 구성되는 약 처방전이다.
9) 정기산은 뇌풍 또는 몹시 센 풍사 또는 혈이 허해서 생긴 풍병을 치료하는 처방이다.

시 병중에 있는 어머니에게 효자가 구해 드리는 특효약의 대명사로 일
컬어졌던 것으로 보인다.[10] 이와 같이 유씨부인은 일기가 쓰는 내내 감
기와 기침, 풍, 허약 등으로 고생하고 있다. 결국, 병이 너무 심해져
1850(庚戌)년 11월25일부터 1851(辛亥)년 7월 17일부터 약 8개월 간 일기
를 중단하고 있다.

이 같은 부인의 질병 기사를 통해 우리는 몇 가지 사실을 확인할 수
있다. 먼저, 호서지역인 이 지역에 의원들과 약방이 포진해 있다는 사실
이다. 일기에 나오는 의원도 박의생, 윤정 의원, 신의원 등 3명이 등장하
고 있고, 이들은 불편한 병자를 위해 집으로 왕진하였다. 또한 부인은
필요할 때마다 인근 약재상에서 약재를 쉽게 구입하고 있다. 즉, 조선중
기만 해도 지방에서 약재와 의원을 구하기 어렵고, 주로 관아를 통해 약
재가 분배되고 있다고 알려져 왔다. 그러다 18세기 후반에 이르면서 지
역 민간 약재상을 통해 약재가 유통되고 있다는 선학들의 주장을 뒷받
침하는 기사라 하겠다.[11] 그러나 서울에 비해 고가의 약재나 다양한 종
류의 약재가 부족했던 것으로 보여 진다. 부인은 비싼 인삼 외에도 서울
에서 구입하여 보내 온 20냥짜리 오린어를 두 번이나 먹고 있다. 지방의
부호나 양반들은 평민들에 비해 의료 혜택과 선택의 기회가 더 많았던
것으로 보인다.

또한 대부분의 양반가처럼 이 집에도 일상적인 병에 대한 의학지식이
나 화제(처방전)가 전해지고 있다는 점을 확인할 수 있다. 김호근 가 종

---

10) 烏鱗魚는 귀한 검은색 물고기로 민간에서는 보약으로 먹은 것으로 보인다. 제천
    시지편찬위원회, 「제천의 인물, 장동필」『제천시지』, 2004, 423쪽.
11) 김호, 「약국과 의원」『조선시대 생활사』 2, 역사비평사, 2000, 268쪽; 신동원, 「조
    선후기 의원의 존재양태」『한국과학사학회』 26-2, 2004; 김성수, 「『묵재일기』가
    말하는 조선인의 질병과 치료」『역사연구』 24, 2013.

손의 기억에 의하면,[12] 조부, 즉 김호근의 손자 철규는 집안에 『동의보감』과 기본적인 약재가 들어 있는 '약장'을 갖고 있으며, 집안 식구는 물론 마을 주민들에게 감기약이나 소화제 등을 지어 주었다고 한다. 병원 문턱이 높았던 당시 유학자 중 약간의 의학적 식견을 가진 이들은 집안에 상비약과 기본적인 병력에 사용하는 화제를 갖추어 놓고 마을 사람들을 치료했다는 기존의 연구와 동일한 맥락이다.

일기에는 부인 외에도 수많은 병자가 등장한다. 근대적인 의료시설과 위생이 열악한 상태에서 많은 사람들이 수시로 병에 걸렸다. 부인의 남편은 4회, 시월이라는 종은 4회, 비금이는 4회, 판금이와 판절이는 각각 1회씩 아픈 기사나 나온다. 노비가 아플 경우 이들은 2~5일 병가를 다녀온다. 그래도 고된 노동, 열악한 식생활과 부족한 의료 시설 탓에 많은 하민들과 지인들이 죽어 가고 있었다.

일기에는 수많은 사망 기사가 등장한다. 여종인 금섬이는 아이를 출산하다가 사망하였다. 신우댁 아주머님의 병환과 사망 소식, 오곡댁 노인의 사망, 수한댁의 사망, 오두댁의 사망, 월산댁의 초빈, 냉동 경언의 장례, 헌종의 사망 소식 등등 죽음은 늘 가까이 있었다. 이에 부인은 자신의 노비와 친족들의 죽음에 애도를 표하며, 자연의 현상으로 담담히 받아드리고 있다. 그리고, 그에 대한 자신의 마음을 표하기 위해 장례식이나 소상·대상 등의 큰 제사에 음식을 부조하고 있다. 특히 친족의 장례식에는 장례가 끝날 때까지 빈객을 위한 밥, 국, 김치, 각종 반찬을 보내고 있다. 즉, 음식 부조인 셈이다.

일기에는 흥미로운 사실이 하나 기술되었다. 바로 '초빈'에 관련된 기

---

12) 종손 김희동, 종부 김정환 구술 채록. 2016년 10월 8일 서울시 관악구 서원동 김희동 자택.

사이다. 부인의 기술에 따르면 "월산(月山·홍성읍 서쪽 산, 구항면 뒤쪽 산)에 있는 형님의 초빈에 가는데 빈손으로 가기에 민망하여 곰탕거리를 외상으로 5전어치 사고, 포 한접과 호두 한말 4되를 가져갔다고 한다. 신촌댁에서 점심을 먹고 저녁때 월산에 들어가 초빈을 방문하였는데, 그녀는 "악수(幄手·小斂할 때에 시체의 손을 싸는 검정색 천)를 잡고 통곡하니 형님의 참혹한 정경을 어찌 차마 바라볼 수 있겠는가. 가마 메는 교군 네 명에게 돈 열두 닢을 수고비로 주었다."[13]라고 적고 있다.

이 기사는 서해안과 도서 지역에서 일반 민들이 행했던 장례 방식이라고 알려진 초분에 관해 새로운 사실을 알려 주고 있다. 일반적으로 돈이 없는 평민들이 묘자리를 구매할 수 없어 초분을 만들어 시체를 놓았다고 알려졌는데, 실제로는 양반들이 행했던 장례 방식이라는 것이다. 전자의 주장이 일반화된 것은, 20세기 이후 일반민들에게 확산되었던 풍습을 20세기 중반 이후 민속학자들이 채록한 것에서 비롯된 것이 아닌가 싶다. 다른 역사민속학자에 의하면,[14] 양반가에서 초빈을 설치하였다는 것은 일리가 있는 것이라고 한다. 그것은 좋은 묘자리와 날짜를 잡기 위해서는 시간이 필요했기 때문에 그러한 방책을 썼을 것이라는 것이다. 실제로, 장례를 두 번이나 치루기 위한 비용과 시간을 일반인은 감당하기 쉽지 않았을 것이다. 참고로 인근 갈산면 오두리 사혜마을에는 초분골이라는 지명이 남아있는데, 이 곳이 바로 초분을 설치했던 곳이라 한다.

---

13) 『경술일기』 1849. 10. 9. "너가 월산 가고 공슈로 가기 답々 고음거리 외자로 닷돈에치 엇고 포 흔접 호도 말 너되 가져가다. 신촌서 점심 먹고 져녁 씨 드러가서 몬져 쵸빈의 드어 드러가 악수 통곡ㅎ니 형님 정경 츠마 엇디 보리. 교군 죵 넷 열두 닢 주다."

14) 강성복(역사민속학자), 2012년 8월, 여수.

죽음과 함께 새 생명의 탄생 소식도 들려온다. 윤댁의 출산 소식, 행촌댁 아기의 백일, 큰댁 장손의 출생 소식, 부인의 여종 5명은 이 시기 각각 아들 한명과 딸 네 명을 출산하였다. 이렇듯, 출생과 질병, 죽음은 함께 보듬고 살아가야 하는 통과의례였다.

2. 죽음과 민간신앙

질병과 죽음에 대한 공포, 기이한 자연현상에 대한 두려움, 미래에 대한 걱정 등은 사람이 살아가면서 맞닥트리는 요소들이다. 과학과 의술이 발달하지 않았던 전통 사회에서는 다른 방식으로 이러한 현상들을 이해하고 극복하고자 하였다. 부인도 자연의 현상을 겸손한 마음으로 받아들이고 몸가짐을 조심스럽게 처신하고자 하였다.

몇 가지 기사 내용을 보기로 하자. 부인은 닭을 잡으려다가 암탉이 대낮에 우는 것으로 보고 길흉화복이 올까 잡지 않았다.[15] 또한 미시(오후 1~3시) 경 집 뒤에 무지개가 섰다고 하기에 나가 보았더니 사라지고 다만 푸른 안개만 끼었는데, 너무 괴이한 일이라고 하였다.[16] 이렇듯, 이 시대 여인들은 자연 현상을 보면서 신의 뜻을 알고자 하였고, 몸과 마음을 삼가고 있다.

예측할 수 없는 미래와 신의 뜻을 알기 위해 부인은 수시로 점을 보거나 무녀를 불러 와 굿을 하였다. 굿을 하는 목적은 3가지였다. 먼저 아들을 낳기 위해, 둘째로 자신의 병을 고치기 위해, 마지막으로 남편의 과거 급제를 위한다는 목적이 있었다. 일기에는 종종 아들을 낳기 위해 기

---

15) 『경술일기』 1849. 9. 29.
16) 『경술일기』 1850. 10. 2.

도하거나 점을 치는 이야기가 나오는데, 부인은 이미 2명의 아들을 낳고
있었다. 대한제국기 중추원 의관직을 역임한 큰아들 炳大는 1842년, 義
禁府都事를 지낸 둘째 아들 炳斗은 1847년에 태어난 것으로 족보에 기재
되어 있다. 그러나 가계부 성격을 내포한 생활일기라는 특성때문인지
아들들에 대한 언급이 없고, 다만 아이를 낳기 위해 빌고 있는 기사만
나온다. 아들을 더 낳기 위한 기도일 수도 있겠다.

> 니됙 권임의 신촌 무녀 불너 흔돈 주고 겸ᄒ니 희살노 닙후를 써린다고
> 살프리 ᄒ라ᄒ니 거림ᄒ여 심긔 더 난다.(1849. 10. 5)

위의 사료는 부인이 신촌에 살고 있는 무녀를 불러 와 돈 1전을 주고
점을 치니 오히려 戲殺(잘못하여 죽임)로 입후(양자)를 꺼리니 살풀이를
하라는 소리를 듣고 더 심기가 불편함을 느꼈다는 이야기이다. 부인은
마음이 심히 불편하였던 듯, 이틀 후 다시 청룡산 보살에게 5푼을 주고
아들을 낳을 점을 치고 있다. 그러나 그 보살의 횡설수설에 부인은 자신
이 점을 치기 시작한 것을 크게 후회하고 있다.[17] 아이러니하게 이 무렵
부터 부인의 기나긴 병환이 시작되었다. 약을 먹고 보신을 해도 병에 차
도가 없자 결국 부인은 이듬해 3월에 푸닥거리를 하기 위해 벼 한 섬을
찧었다. 약 8개월간의 심한 병환 이후 1851년 7월 부인은 다시 백미 7승,
돈 5푼, 북어 5마리, 김 1첩, 백지 5장, 명주실을 주어 굿을 하게 하였
다.[18] 이 굿이 효험을 보았는지, 부인은 병석에서 일어났다.

---

17) 『경술일기』 1849. 10. 7.
18) 『경술일기』 1850. 3. 15; 1851. 7. 24.

[그림 26] 신윤복의 굿

　무속은 여성들만의 전유물이 아니다. 유교적 합리성을 내세우고 미신 타파를 외치는 양반 남성도 뒤를 돌아서서는 무속이나 신수점을 보았다. 남편 김호근은 밖에서 부인의 신수나 병환, 운수를 보아 오기도 하였는데,19) 주로 아들 낳는 것을 물어 보는 듯싶다. 무려 8번의 점을 본 기사가 일기에 등장한다. 이밖에도 김호근이 과거 시험을 보러 떠나자 부인은 남편의 문과 급제를 조상에게 빌기 위해 두 차례나 백미 5되와 팥 2되를 내어 떡을 하여 빌고 있다.20) 천신에게 향한 고사도 진행되는데 모두 3차례이며, 화재를 방지하기 위한 기도도 행해지고 있었다.

19) 『경술일기』 1850. 1. 10; 1850. 3. 19.
20) 『경술일기』 1850. 2. 28; 1850. 3. 1; 1850. 4. 20.

수시로 다가오는 자연재해와 병마, 예측할 수 없는 미래와 죽음 앞에서 인간은 한없이 작아질 수밖에 없었고, 겸손해질 수밖에 없었다. 전반적으로 유교적 생활문화가 강하게 영향력을 발휘하지만, 이면에서는 무속이 여전히 작용하고 있었다.

사족 여성의 여가 생활은 잘 나타나지 않는다. 유씨부인은 봉제사 접빈객에 바쁘고, 틈이 나는 대로 바느질을 하여 의복을 판매하였고, 귀금속 판매 및 고리대놀이도 하는 등 쉴 틈이 없었다. 뿐만 아니라 계속되는 병환으로 인해 여유조차 없었다. 그러나 일기 곳곳에 양반 여성들이 어떻게 소일하는지 추정할 수 있는 기사가 눈에 띈다. 먼저 인근 지역 여성 친족들이 종종 부인을 방문하여 담소를 즐기고 있다. 이들은 당일 혹은 3박4일, 심지어는 10박씩까지 하고 가는데, 오곡댁 소저로 불리우는 어린 소녀를 데리고 부인은 종종 국수내기, 떡과 감내기 윷놀이를 하고 있다. 이 윷놀이에 남편도 참여하였는데, 부인이 져 국수를 내고, 소녀에게는 불고기를 해주었다고 한다. 심심할 때는 윷으로 신수점을 떼기도 하고 언문으로 된 책을 보기도 하는 듯이 보인다.[21] 김호근 가 종손의 구술에 의하면, 어릴 적 밤마다 집안의 여성을 비롯하여 마을 여성들이 모여 할머니가 읽어 주는 국문학 소설책에 모두 귀를 기울였다고 한다.[22] 그 때 들었던 책으로 사씨남정기, 홍계월전, 삼국지, 장화홍련전, 심청전, 흥부전 등이 기억에 남는데, 아마도 일상적인 여성들의 여가생활로 보여 진다고 한다. 그 밖에도 종손에 의하면 집에 거문고와 비슷한 악기가 전해져 내려왔다는 것으로 보아 음악생활도 했던 듯하다.

---

21) 『경술일기』 1850. 2. 4.

22) 당시 사족 여성들은 역서를 본 것으로 추정된다. 유씨부인은 역서 2권을 월계 형님에게 보내고 있다. 『경술일기』 1850. 12. 23.

　본 장에서는 조선시대 사족여성의 일상문화와 삶을 '봉제사 접빈객', 음식문화, 질병과 민간신앙을 통해 살펴보았다. 위생이나 의료시설이 발달되지 않은 전통시대에는 출생과 질병, 사망 소식이 빈번하게 들려온다. 총 1년 6개월의 일기 분량 중 부인의 질병에 관련된 기사는 무려 34회나 등장한다. 부인의 치료 과정과 상황을 통해 지역의 의료 실태를 확인할 수 있었다. 그렇지만 죽음과 질병은 우리의 삶과 지근거리에 있었고, 이를 극복하기 위해 약을 쓰는 것 이외, 결국 초월적인 신에 기댈 수밖에 없었을 것이다. 유학을 신봉하는 유학자도 마찬가지이다. 본 일기에는 남편이 점을 보는 것이나 부인을 통해 조상신에게 기도하는 것도 그와 동일한 맥락이다. 이렇듯 유교의 나라 조선에서 민간신앙은 여성에 의해 존속·계승되고 있었다.

에필로그 : 19세기 사족 여성과 지역 사회

본 연구는 "근대 전환기의 국가와 민"이라는 대 주제 하에 19세기 중반 호서지역 사족 여성의 치산과 가계경영을 분석하였다. 개항 직전 한 가정을 경영하고 사회·문화생활을 영위하고 있는 호서지역 양반가의 일상생활에서 포착되는 전환기 국가의 규정력이 로칼(local) 차원의 사회·경제 시스템 상에 어떻게 투영되고 있는지, 또한 어떠한 변화의 양상이 포착되는지, 타자로 지목받은 여성이 19세기 중반을 조선사회를 어떤 방식으로 살아가고 있었는가를 확인하는 작업이었다.

본 연구는 필자가 최근 발굴한 『경술일기』를 주 분석 텍스트로 삼고 있으며, 동일 집안에서 생산된 문집, 족보, 호구단자 및 보고사에서 출판된 『여성생활사자료집』을 보조 자료로 삼고 있다. 『경술일기』는 충남 홍성군 갈산면 지역에서 세거한 안동김씨 김호근의 부인인 유씨부인이 1849~1851년에 작성한 언문 생활일기로 가계부적인 성격이 강하다. 불과 1년 반 정도의 일기이지만, 가계의 지출과 치산의 행위, 봉제사 접빈객, 선물 교환 등이 내용이 비교적 충실하게 적혀 있을뿐더러, 여성이 작성한 극히 드문 문서라는 점에서 귀중한 자료로 평가되고 있다.

유씨부인과 그녀의 가족이 거주했던 곳은 홍주목 고남면 수한리(홍성군 갈산면 대사리로 비정)이다. 본서 제 1부에서 이 지역의 인문·지리적 배경을 현지조사와 문헌조사를 통해 확인하였다. 이 지역은 서해안과 직선거리로 2킬로 이내에 위치한 곳으로 농산물과 수산물을 주로 생산·판매한 곳이다. 또한 유통경제가 상당히 발달한 선진지역으로, 19세기에는 무려 6군데의 지역 장시들이 열리고 있었고, 이 장시들은 홍주·예덕 상권으로 연결되고 있었다. 갈산면은 안동김씨 세도가로 유명했던 김상헌계를 측면 지원하고 관료군을 지속적으로 공급했던 金尙容의 셋째 아들인 수북공 김광현의 후손들이 집단 세거했던 곳이기도 했다. 이들을 '갈미김씨'로 칭하는데, 해당 지파로부터 무려 43명의 문과급제자와 21명의 판서(실직)와 1명의 정승이 배출되었고, 이 지역 최대 지주로 성장하였다.

유씨부인의 남편인 김호근의 신분적 위상 및 가계를 확인해 본 결과 파조 김상용은 병자호란 당시 강화도에서 순절하여 顯節臣으로 명망이 높은 자이며, 직계 증조부인 金若行은 문과에 급제하여 정조의 스승이자, 승정원 승지를 역임하다 유배지에서 생을 마감한 인물이다. 동생인 金鶴根은 문과에 급제하여 이조참판을 역임한 인물이며, 사위인 李道宰는 19세기 군부대신과 학부대신을 역임한 자이다. 이렇듯, 이 집안은 호서지방의 유력가문으로 중앙과의 정치·혈연적인 네트워크, 3대 이내의 문과급제자와 당상관 입격자의 존재, 성리학적 명분론과 顯節臣 후손으로서의 입지, 학문과 문집의 간행 및 서원에 배향되는 조상의 존재, 경제력 등 당대의 유력가문으로서의 기본적인 조건을 두루 갖추고 있었다. 본 일기의 주인공인 유씨부인은 기계유씨로, 양재공 金時逸(1698~1742)로부터 若行-履寓-華淳-好根으로 이어지는 가계의 종부로 시집왔다. 그녀의 친정 가계를 확인해 본 결과 증조부는 홍주목사로 양반 신분이지만 당대 10촌 이내의 친족 중에서 당상관직에 진출한 자는 없는 것으로 나타난다.

일기를 분석하기에 앞서 김호근 가의 경제력 파악이 우선일 것이다. 아쉽게도 전체 수입현황을 파악할 수 있는 당대 기록이나 추수기가 전해지지 않으므로, 일기를 통해 전해지는 파편들과 후손의 증언을 통해 재구성해 보았다. 또한 식민지기 전답이 약 56,000여평, 임야가 10만여평(약 300석 규모로 추정)에 달하는 재산을 보유하고, "대원군시대까지는 부자였다."라는 후손의 증언으로 볼 때, 이 집안은 수많은 '봉제사 접빈객'과 선물 송부에 따른 지출에도 불구하고 상당히 양호한 가계 경제를 유지하고 있었다. 아마도 지역에 산재한 농지에서 해마다 소작료를 수취했던 것으로 보이며, 농업 경영은 남편인 김호근의 몫으로 추정된다. 일기에 종종 나타나는 '구즌쌀'의 존재, 즉 지난해에 먹다 남은 쌀과 유씨부인의 대부업 및 상업을 통한 상당한 이윤 획득은 이 집안의 넉넉한 경제적 상황을 가늠케 하고 있다.

앞서 총론에서 언급했듯이 본 연구는 세 가지 층위로 진행되었다. 먼저 국가의 규정력의 양상과 변화를 지역 차원의 사회·경제 시스템에서 확인하고자 하는 것이다. 둘째로, local(지역 단위) 층위에서 형성되는 인적 네트워크와 사회적 자본, 그리고 호혜와 갈등의 양상을 확인하는 작업이다. 셋째로, '사적 공간'인 가정에서 '民', 즉 여성의 실체와 위상을 이해하고자 하는 것이다. 이에 각 장의 요약은 생략하고 세 가지 층위로 분석된 내용을 정리하고 의미를 파악하고자 한다.

1) 19세기 국가와 지역, 그리고 사회·경제상의 변화 조짐들

유씨부인의 일기에는 13개의 행랑채와 43명의 노비들이 등장한다. 그들의 작업과 임금, 가사노동과 물자수송, 병과 휴가, 출산과 사망 등이 낱낱이 기재되어 있다. 생생하게 그려지는 노비들의 일상을 통해 우리는 19세기 중반 노비들의 존재양태의 단면을 엿볼 수 있으며, 노비에 대한 국가의 규정력 변화를 감지할 수 있었다.

김호근 가에 소속된 노비들은 주인가의 행랑채에서 임시 거주하거나 인근 독립가옥에서 거주하면서 상전가의 가내사환업무에 종사하였다. 독립가옥에 거주하는 노비들은 출퇴근 하는 것으로 보이며, 행랑채에 임시로 거주하는 자들도 자신의 가족과 가사를 돌보거나 농사를 짓기 위해 집에 주기적으로 귀가하고 있었다. 일기에는 누가 몇 일 동안 나갔다 들어오는지 기록되고 있었다. 노비들이 종사하는 업무는 가사노동, 사환업무, 용정(정미 작업), 물품 수송, 연락업무, 가작지 농업 등 대체로 일반 노비들이 담당했던 업무들과 대동소이하다. 그러나 유씨부인의 노비들은 대부업, 의복 및 귀금속 판매 등에도 동원되고 있다는 점에서 일반 노비와 약간의 차이를 보이고 있다.

노비에게 노동을 시킬 때 일정한 규칙이 작동하는 듯이 보인다. 부인은 업무를 일정한 작업 기준과 배분 원칙에 따라 공평하게 분배하고자 하며, 추가로 노동을 할 경우 대가를 계산하려 했다는 것을 확인할 수 있었다. 김장 및 김매기, 추수 등과 같은 강도 높은 노동 행위를 요구할 때나 울타리나 지붕 수선, 다리미질, 빨래 등 추가 노동을 시킬 때에는 식사가 제공되고 있었다. 유씨부인은 정확히 제공되는 식사의 수와 양을 기재하고 있는데, 이때의 식사는 임금에 포함되는 것으로 어느 노비가 몇 끼를 얼마나(양) 먹는가는 최종 임금 계산에 중요한 사안이기 때문이었다.

이 집의 노비들은 일정기간 무급으로 노동을 하는 존재들이 아니었다. 이들은 자신들의 노동 대가로 料를 화폐로 지급받고 있었다. 이것이 무상의 무한노동의 생계유지비인지, 유상의 유한노동의 임금인지 학자들 간에 이견이 있을 수 있겠지만, 유씨부인은 할당량 외에 더 많은 노동을 시킬 경우에는 품값을 추가로 지불하고 있다. 즉, 料를 산정하는 방식이 노동의 양과 결과물에 따라 엄격하게 계산되고 있었던 것이다. 이는 노비 노동의 성격이 給價雇傭으로 서서히 변하고 있음을 시사하며, 당대 유상의 유한노동의 대가로 料를 지급하는 사회적 경향을 반영한다고 하겠다. 아울러 지나치게 싼 당대의 노비 매매가, 불과 6냥 밖에 되지 않은 가격은 노비 노동이 임금노동자인 고공에 비해 생산성이 떨어진다는 의미를 함축하는 것이 아닐까? 이 같은 노비노동의 변화는 개항과 노비제 폐지 이후 본격적인 임금노동자의 출현의 전조가 되는 것으로 판단된다.

노비노동의 변화는 이 지역 고공의 존재와도 맥을 같이 한다. 이 집에서는 대규모 노동력이 집중 투하되는 농사철, 양잠철, 연료 준비 등에는 외부의 단기 노동력을 대량 구매하고 있다. 소규모의 가작지 농사만 진행하는데도, 농사철인 4월과 7월경에는 20명 이상을 고용하고, 겨울철 땔감을 준비하는 10월에는 3차례씩 각각 34명, 15명, 31명의 일군을 고용하고 있다. 이는 갈산 지역에 유휴 노동력이 대량 존재하다는 뜻이며, 추가 노동이 필요할 경우 노비를 더 확보하는 것 보다는 임금노동자로 해결한다는 뜻을 갖고 있다. 이들에게 지불되는 1일 임금은 화폐 7.7전, 술값과 식사를 포함하는 것으로 경상도 지역을 약간 상회하는 것으로 추정된다. 농사에 있어서 고공을 활용했다는 뜻은 고용 노동력의 생산성이 높다는 뜻이며, 이런 측면에서 작개노비들의 해체가 먼저 진행되었던 것으로 보인다.

노비 노동의 변화는 감지되지만, 이를 노비제의 해체로 해석하기에는 무리로 판단된다. 김호근 가의 사례에서 볼 수 있듯이, '六足', 즉 노비와 말은 양반이 행차할 때 동반해야 할 필수품이었고, 일년에 약 30여 차례의 제사 준비와 120여명이 넘는 접빈객 업무를 위해 많은 노동력을 확보해야 하기 때문이다. 한 가지 사례를 들기로 하자. 유씨부인은 1850년 5월 27일 제사를 위해 노비를 시켜 백미 4말, 찹쌀 1말, 고물 20되를 빻아 편(떡)을 준비하고 있다. 물론 그 이전에 벼를 정미하여 백미로 만들어야 함은 물론이고, 이를 다시 가루로 빻아, 기타 부재료를 준비하여 떡을 찌는데 상당한 노동력과 시간이 투여된다. 떡 하나 준비에도 이러한 노력이 필요한데, 다른 제물들을 준비에는 더더욱 그러하다. 이렇듯, '봉제사 접빈객'의 문화가 사라지지 않는 한 양반가에서는 항상적으로 동원할 수 있는 일정 규모의 통제된 노동력은 불가피했던 것으로 보인다. 따라서 앙역노비의 해체는 신분제가 종말을 고하기 전까지 쉽지 않은 것이었고, 가정에서 해방된 여성 임금노동자가 대량 확보될 때까지 기다려야 하지 않았는가 추정된다. 따라서 일반적으로, 노비제의 해체는 자유로운 임금노동자 층의 대량 확보, 생산의 기계화·자동화, 그리고 완제품의 시장 구매가 가능한 자본주의 사회의 도래와 맞물리는 것으로 보인다.

김호근 가의 노비와 관련하여 19세기 중반기 국가의 호구 기록에 대해 언급하고자 한다. 이 부분은 필자가 본 서와는 독립적으로 분석하여 학계에 보고한 내용이다.[23] 필자는 일기에 기재된 노비의 이름 43명과 이 시기 작성된 김호근 가의 호구단자의 노비 31명의 이름을 비교해 보았다. 그 결과 노비명의 일치율은 0%로 나타났다. 물론 일기의 노비명이 모두 노비 이름이 아닐 수도 있지만, 양 자료의 시차가 불과 8~9년 밖에 되지 않은 시점에서 노비명이 하나도 일치 않는다는 것은 의외의 결과라 하겠다. 이와 같은 결과는 18세기 말 ~ 19세기 초 호적대장의 노비명이 30~40%만이 실재와 일치한다는 기존의 연구보다 더 극단적인 수치이다. 이 사례는 학계에서 추정하는 것 보다 19세기 중반 호적의 형해화 현상은 상당히 진전되고 있다는 것을 보여준다고 하겠다.

19세기 지방 군현에서는 戶와 口를 기준으로 상당한 양의 조세를 수

---

23) 김현숙, 「19세기 중반 호구단자에 기재된 노비명의 검토」 『향토서울』 91, 2015.

취하고 있었다. 지방 관아에서는 중앙정부에 제출하는 호적대장에는 관행적으로 전 식년의 호구총수를 '도이상조'에 따라 기입하고 있지만, 실제로는 해당 군현의 家座冊(호구장부), 計版(지방 조체장부)를 작성하여 관할 구역 주민들의 호구와 경제적인 형편을 정확하게 파악하여 조세 수취에 반영하고자 하였다. 이 간극은 본 호구단자에 그대로 반영되었다.

노비주는 국가에 소유 노비들의 실제 이름을 그대로 기재할 필요가 없었다. 국가는 별로 알고자 하지 않았기 때문이었다. 그리하여 노비주는 전 식년도의 내용을 그대로 옮겼다. 특히 19세기 들어 호구단자의 또 다른 용도, 즉, 노비 추쇄나 노비의 소유권 분쟁에 대비하여 관련 공식 문건을 확보하기 위한 방편이라는 의미도 점차 퇴색해졌다. 만약 노비 소유권 소송에 대비한다면, 노비명과 노비모의 이름을 다르게 기재할 리 없는 것이다. 이 말은 노비의 소유권을 증명할 수 있는 다른 문서가 있다는 것이며, 이것이 현실에서 일반적으로 활용되고 있었다는 것을 뜻한다. 19세기 들어 노비 추쇄가 이루어지지 않는다는 점과 1801년 공노비 혁파와 동학농민전쟁 당시 정부와 농민군들은 각각 노비안만 소각하였다는 점이 이를 반증한다. 따라서 노비주는 전부터 내려오는 노비들의 이름을 호구단자에 관습적으로 기재하였던 것이다.

이와 같이 호구단자에 기재되는 노비의 이름은 허명이지만, 흥미로운 것은 주호는 매 식년마다 일정한 변주를 가하며 호구단자를 작성하고 있다. 김호근 가의 辛酉式 호구단자와 丁卯式의 호구단자에서 그 차이가 감지되는데, 주인가는 辛酉式 노비에서 4명을 삭제하는 대신 새로운 이름을 한명 넣고 있다. 그것은 호구단자가 이전의 것을 그대로 답습하며 형식적으로 작성되고 있지만, 나름의 기준과 내용을 가지고 변주를 계속하고 있다는 뜻이다. 문서상 주호는 자신의 노비 소유 변동 상황을 국가에 충실히 보고하는 형식을 띠고 있다는 것이다. 부연 설명하자면, 이 말은 노비의 호적 등재에서는 주인의 의도가 강하게 관철되지만, '핵법'을 계속 주장하는 중앙정부의 요구를 일정 부분 반영하고 있고, 바로 그 접점이 국가와 민이 타협한 지점으로 해석할 수 있지 않을까라는 것이다.

다음은 호구단자에 기재된 노비의 총수 문제이다. 노비는 모두 주호 밑에 率로 기재되었으며, 솔거하는 奴가 15인, 婢가 16인이다. 기존의 연구에 따르면 19세기 들어 지주가와 양반가에서 소유하고 있는 노비의 수는 대폭 감소하여 호구대장에도 많게는 10구 이내로, 적게는 1~2구 정도의 노비만 기재되고 있다고 한다. 김호근 가의 31명의 노비 수는 19세기 중반의 시대적 상황을 감안해 볼 때 상당히 많은 편에 속한다. 물론 호구단자에 수록한다고 하여 호적대장에 그대로 기재되는 것은 아니다. 그렇지만 호구단자에 가공의 노비명을 31구 기재한 것은 이 집안의 경제력 및 사회적 위상, 아울러 조세를 많이 부과하고자 하는 官과 적게 납부하고자 하는 民의 절충이자 타협의 결과였다. 또한 31명의 노비 수는 이 집안에서 실제 앙역하고 있는 노비의 수를 어느 정도 반영한 것이다. 이러한 모습은 19세기 중반 조선사회의 한 단면을 그대로 반영하고 있었다.

다음으로 본 일기에 나타난 선물경제의 잔영에 대해 언급하고자 한다. 이 문제 역시 필자가 별도의 논문을 통해 분석한 것을 토대로 하고 있다는 점을 밝히고자 한다. 최근 학계에서 조선시대 선물과 관련하여 '선물경제'라는 하나의 경제시스템으로 파악하는 경향이 있다. 이에 필자는 본 일기에 무수히 많이 나타나는 선물교환을 추적하고 그 성격을 분석하였다. 결론적으로 부인이 송출하고 수증하는 선물들은 '선물경제'라는 명칭을 사용할 만큼의 교환이 이루어지지 않고 있다. 대부분의 선물교환은 유대를 강화하기 위한 일상적 음식 교환과 길흉사의 상호부조, 그리고 의례적이며, 일상적인 성격이 있다는 특징이 있다. 또한 선물교환에서 장시의 규정성, 즉 시장에서 구매하여 송출한다는 특성이 강하게 나타난다. 대부분의 식료품과 생활용품들은 또한 시장에서 구매하여 사용하고 있다. 이러한 점은 이 집안의 특징이자 장시가 발달한 호서지역의 특징이기도 하겠지만, 19세기 중반이라는 시대적 상황을 반영하는 것이 아닌가 판단된다. 즉, 김호근 가에서는 '선물경제'라 일컬을 만큼의 선물 교환은 없지만, 그 잔영은 남아 있다고 하겠다. 하지만 부인이 시장에서 구매한 물품을 선물교환 형태로 전환시켜 운용하였다는 점에서 선물교환이 사장경제의 발달과 배치되는 현상이 아니라 시장과 함께 변화하는 모습을 보여준다고 하겠다. 이같은 현상은 국가 차원의 시장경제의 발달과 전국적인 화폐 유통과 연관성이 있다고 보여 진다.

마지막으로 생활일기를 통해 확인된 지역 사회의 유통망과 민의 소비생활 및 화폐 유통에 관해 언급하고자 한다. 필자는 『경술일기』에 기재된 상품구매일과 구매액, 상품 종류 등을 모두 DB화하였다. 일기에는 물품 구입의 양, 지불방법과 가격 등이 대체로 기입되었으나, 누락된 부분이 많아 아쉽게도 전체를 수치화하기에는 어려웠다. 따라서 구매의 빈도수와 상품의 종류, 구매 장소, 지불 방법 등을 통계로 작성하였다. 이상 다음과 같은 점들이 확인되었다.

먼저 유씨부인은 다양한 물품들을 장시를 통해 구매하고 있다. 곡물, 해산물, 특용 작물, 옷감류, 신발류, 야채류 등이었다. 다음의 구매처는 집으로 찾아오는 도부장수나, 산지 구매 혹은 인근 포구 장터 등이었다. 주로 해산물이나 옹기 등을 구매하였는데, 앞서 언급했듯이 이 지역은 지역 보부상들의 유통과 해상을 통한 원격지 유통이 발달한 지역이다.

일부 포구에서는 어선이나 기타 배들이 닿을 때에는 부정기적 도소매업이 행해지는 포구장이 열렸고, 인근 부상들이 이를 구매하러 왕래하였다. 이 지역에는 기존 문헌에 기재되어 있는 지역 장시 외에도 수많은 소규모 포구장이나 소상인들이 존재하고 있었고, 이들은 원홍주육군상무사들과 함께 이 지역 유통망을 형성하고 있었다.

부인이 구매하는 물품 중 흥미로운 품목이 눈에 띤다. 일상적인 생활필수품이나 식재료 외에도 서양목, 당목, 안경, 귀금속, 왜찬합 등을 구매하고 있는 것이다. 이들 품목을 지방 장시나 유통업자를 통해 구매했다는 것은 지방에까지 서양이나 청국, 나아가 일본에서 생산된 물품들이 유통되었음을 의미하며, 우리가 추정했던 것보다 지방의 상품유통경제가 상당히 발달되었다는 것을 의미한다. 아울러 우리의 주목을 끄는 것은 인근에 존재하고 있는 소상품 생산자들의 존재이다. 부인은 이들로부터 국수, 두부, 술, 떡 등 음식들을 구매하고 있다. 조선후기 여행객과 장시 방문자를 위한 음식 판매가 이루어지고 있었다는 것은 이미 알고 있었던 바였지만, 가정에서 일상적으로 소비하는 음식까지 판매를 위한 상품으로 전환되고 있었다는 것은 상당한 역사적 함의를 내포하고 있다고 하겠다.

아울러 본서 2부 3장을 통해 확인한 부인의 대부 활동을 통해 우리는 19세기 지역 내 금융화폐의 변화 요소들을 감지할 수 있다. 본 일기 대출자의 2/3정도가 10냥 이하를 빌려간 하민들이었다는 사실은 마을 내 노비나 하민 등 저변까지 화폐경제 속에 깊숙이 편입되었다는 점을 반영한다. 숙종 이후 본격화된 화폐주조와 조세의 금납화 현상, 즉 화폐로 표준화하여 세금을 걷고 상품거래에 이용되는 것은 상업과 무역을 촉진시킬 뿐 아니라 대부를 통한 이식 행위와 부익부 빈익빈 현상을 초래하고 있었다. 이 같은 현상은 부인의 집에서도 그대로 재현되고 있었다.

마지막으로 부인은 약 93% 정도의 물품을 모두 화폐로 구매하고 있다는 점을 지적하고자 한다. 16~17세기 면포나 곡물 화폐가 교환생활에서 차지하는 비중이 높았지만, 동전의 유통 이후 점차 화폐 유통 구역이 확대되어 19세기에 다다르면 지방에까지 확산·일상화된 화폐 유통 상황을 반영하고 있다. 이 같은 점은 이와 같이 『경술일기』는 개항 직전 이 지역의 시장경제가 일반 민에게까지 널리 확산·침투되어 가고 있음을 보여주고 있으며, 일상화된 민들의 화폐 사용과 수요, 그리고 상품화폐 경제의 진전은 民을 화폐 유통망에 깊숙이 편입시키고 있음을 확인할 수 있었다. 즉, 후일 자본주의 경제에 대한 친연성이 어느 정도 확보되었음을 의미한다고 하겠다.

2) 여성의 'local' 네트워크와 호혜성

지역 연구를 진행하다 보면, 의외로 쉽게 마을공동체 구성원들이 마을의 조직과 네트워크, 그리고 규범(합의된 통념)을 통해 상호 부조하고, 협력하고, 보호받는 모습을 쉽게 관찰할 수 있다. 국가 권력이 지역 기층민의 복지나 권리를 보호해 줄 수 없었던 전통 사회에서는 더욱 그러하다. 그렇기에 3~4년을 주기로 반복되는 자연재해나 인공적 위기(수탈, 전쟁), 수로·가옥의 건축과 농지개간, 그리고 대규모의 노동력이 집중적으로 필요한 농사철에 대비하기 위해 민들은 공동체 조직이나 지연·혈연적인 관계망을 통해 협력과 상호부조 관계를 형성하고 있다. 바로 종족마을(친족 공동체)과 마을 조직으로 신설되는 동회와 동약, 종회와 종약, 품앗이 조직, 혼상계, 의창과 사창 등이 그 사례들이다.

조선후기 민들도 지역 내의 사회적 네트워크와 자신이 확보한 사회적 자본을 개인이나 가족이 당면하는 생존의 위기나 재난에서 그들을 보호해 주는 보호막으로 활용하고 있다. 물론 이들 내부에서도 권력관계·갈등·빈부의 차가 존재하지만, 역사적·경험적으로 민들은 상호 균형을 이루며, 갈등을 해소시키는 훌륭한 조직과 기제·규범·논리들을 발전시켰고 장기간 동안 삶을 유지해 왔다. 이렇게 확보한 내적 안정성이 바로 조선사회를 500여년간 유지시켰고, 바로 호혜와 공존의 원리는 조선을 지속가능한 사회로 만든 것으로 보인다.

유씨부인의 일기에도 이러한 공생과 호혜의 메커니즘과 흔적들이 곳곳에 포착된다. 19세기 여성과 그녀의 가족을 보호하고 사회적 위상을 유지시켜주는 기제로 친족공동체의 상호부조 원리, 그녀가 공들여 관리하는 사회적 네트워크, 그리고 확보한 사회적 자본 등이 있다. 먼저 19세기 중반 호서지역 양반가 종부를 중심으로 하는 사회적 관계망과 호혜의 흔적을 정리해보기로 한다.

유씨부인의 사회적 관계망 범위는 지역의 경계를 넘어섰고, 다양한 방식으로 활발하게 교류하고 있다는 특징을 갖고 있다. 평민의 경우 친족 관계망 범위가 인근 지역이나 면 이내에 분포하고, 향반일 경우에는 군·道 이내에 분포하지만, 부인의 연망은 서울과 황해도, 전라도 임실에까지 확장되어 있다. 그것은 시댁이 안동김씨 세도정권기 관직에 진출했던 가문이므로 친족 망이 서울과 전국에 포진하고 있기 때문으로 보여 지며, 이들과의 교류와 네트워크가 긴밀하고 빈번하게 가동되는 것으로 보인다.

이 같은 부인의 사회적 관계와 네트워크의 특징을 한마디로 요약한다면, 관계망은 소모임 형태가 아닌 1 : 1의 관계, 동성 여성들과의 밀도 높은 관계, 중심축은 부계 혈통의 친족망이라는 점이다. 친족들은 월별 방문객 수나 선물교환, 그리고 부인의 외출 장소, 문안비의 교환, 서신교환에서도 가장 높은 빈도수와 비중을 차지하고 있다. 앞의 두 개의 항목에서는 각각 61%와 86%를 차지하고 있고, 뒤의 3개의 항목에서는 거의 100%에 육박하고 있다. 결혼한 이후 여성의 사회적 연망이 대개 남편과 시가 친족을 중심으로 재편되는 조선후기의 사회적 현상을 반영한다고 하겠다. 이같이 부인의 사회적 관계망은 남편의 것을 공유하고 있다는 특징이 있다.

부인은 자신과 가족의 사회적 네트워크를 자발적으로 열심히 관리하고 있다. 그것은 1년 반 동안 180여회 찾아오는 손님에 대한 정성스러운 '접빈객'으로 표현된다. 일기에는 결성과 화산, 임천, 청양 현감이 1년 반 동안 5차례 방문하는데, 부인은 최선을 다해 접대할뿐더러, 1년에 한 차례씩 서울의 조대비전에 각종 진귀한 음식물을 보내고, 또한 조대비전으로부터 세찬을 받고 있다. 뿐만 아니라 서울에 거주하며 중앙 및 지방 관료로 입사하고 있는 친족들과도 끊임없는 선물과 서신 교환이 이루어지고 있다. 정치 집단과의 친밀한 관계 형성과 유지는 바로 부인이 가동할 수 있는 사회적 자본의 크기를 의미하는데, 바로 남편과 자식의 입사와 영달, 배타적 통혼권과 기득권 유지, 양반의 사회적 위상과 연결되기 때문이었다.

부인의 남편 김호근은 일기가 작성된 1년 6개월 중 7개월 동안 고향인 갈산을 떠나 서울에 있었다. 고향 본가에 귀향했을 때에도 3.3일에 한 번씩 외출하였는데 주로 인근 친족과 교우, 관료들의 상장례와 혼례식 참석 및 친목을 목적으로 하고 있다. 이때 가장의 빈자리를 친족 남성들이 메워주고 있다. 특히 차례나 제사 때 제주인 김호근이 부재할 경우 친족 남성들이 대행하고 있으며, 기타 외부와의 연락 사항 및 잡다한 대소사 등에 많은 도움을 주고 있다. 바로 유씨부인의 일차적 보호막은 주변에 세거하고 있는 친족 그룹들이었다.

호혜의 관계는 일방적으로 받는 관계는 아니다. 크고 작은 위기 상황이 도래하면 상호 부조하는 것이 관행이다. 부인도 자신이 받았던 여러 도움에 대한 보답으로, 혹은 미래에 닥칠 재난에 대한 보험 격으로 주변인들과 친족들에게 많은 도움을 제공하고 있다. 제일 빈번하게 나타나는 것은 선물교환과 장례식 때의 음식과 노동력 부조로 나타난다. 장기간 많은 손님을 접대해야 하는 조선 후기 장례식을 위해 부인은 장례 첫날부터 끝날 때 까지 밥, 국, 떡, 전, 김치 등 손님 접대 음식을 만들어 보내고 있다. 뿐만 아니라 김장이나 장 담그기 등 일시적으로 노동력이 많이 투하되는 시기가 도래하면 자신의 노비를 보내어 돕도록 하고 있다. 이와 같이 유씨부인의 호혜의 관계와 대상은 주로 신분적으로 동급이자 혈연으로 맺어진 친족들이었다는 특징이 있다.

일기에는 부인과 친족 간의 관계 외에도, 부인과 노비/하민 간의 다양한 모습들도 그려지고 있다. 43명의 노비를 경영했던 부인은 노비들의 생존을 책임지고 있었다. 출산 직후 죽은 여종을 위해 부인은 젖 값을 지불하여 영아가 생존하도록 돕거나, 식량이 없는 하민들에게 식량을 대여하는 일, 급전이 필요할 경우 소액 단기 대부를 해주는 일 등이 일기에 빼곡히 적혀있다. 즉, 노비주는 노비의 생존과 가계의 위기를 타계해 주고, 사회경제적 위험에 대한 보호의 의무가 있었던 것이다. 대신 노비는 노비주에게 충성과 노동력을 제공하였다. 양자 간의 정교한 보호 – 의존의 장치는 전근대시기 생존 위협에 대처하는 일종의 사회 보장책이기도 하고 노비제를 장기간 유지하게 하는 메커니즘이기도 했다.

그러나, 양자의 관계는 늘 평화롭거나 순조롭지 않았다. 이들의 관계는 근본적으로 지배와 복종의 수직적인 관계로 노비들은 신분적으로나 경제적으로, 그리고 인신적으로 예속된 자들이었다. 이들은 사족의 修身과 齊家의 대상이 되어 보호를 받기도 하였지만, 상황에 따라 지배와 수탈의 대상이 되는 자들이었다. 일기에도 양자 간에는 갈등과 불만, 긴장이 감지되고 있다. 특히 노동 상황이 열악하거나 노동 강도가 높을 경우 발생하였으며, 유씨부인은 이러한 긴장관계를 회유와 식사 제공 등으로 다양한 방법을 통해 풀어 나갔다. 이렇듯, 노비와 노비주 간에는 상호 호혜관계가 성립되기 힘든 것으로 보여 지며, 이들의 관계는 후원자 - 의존자의 성격이 더 강하게 나타나는 것으로 판단된다.

3) '사적 공간'의 실세, 종부

조선 양반의 삶은 도덕과 명분에 입각한 '겉으로의' 삶과 드러나지 않은 '안에서의' 사생활, 즉 이중적으로 구성되어 있었다. 여성 또한 순종적이며 희생적인 겉으로의 삶과 자신과 자식의 권리와 이익을 보호·추종하는 내밀한 사적인 영역으로 구성되어 있다. 그 중 여성의 사생활은 다양한 편차를 갖고 있었다.

본 연구의 유씨부인은 반가의 종부답게 '봉제사 접빈객'에 충실하고, 친족 어른들을 잘 모시며, 남편의 교유와 사회적 연망을 유지·확대하는 여성이었다. 거의 매일 출타하는 남편을 대신하여 가정도 계획적으로 잘 경영하였고, 검소하고 부지런하며, 노비 관리 능력도 뛰어났다. 남편의 문과 급제와 출세를 위해, 득남을 위해 떡을 놓고 빌기도 하고 점도 쳤다. 또한 첩이 있는 서울로 자꾸 발걸음을 돌리는 남편이 원망스러워 조용히 눈물을 짓는 여성이기도 했다. 이런 여성을 '공적인 공간'에서 남성들이 묘사할 때는 평범한 조선의 현모양처로 그렸을 것으로 짐작된다. 남성에 의해 '만들어진' 상을 살짝 걷어 내고 속살을 보면 아주 다른 상이 눈앞에 펼쳐진다. 19세기 '갈미김씨'로 홍성지역에서 위세를 떨었던 종부가 주변 노동력을 이용하여 면포를 생산하고 의복을 제작·판매하며, 노비를 시켜 서울에서 귀금속과 안경을 도매로 가져와 판매하고, 거기고 창출된 수익금을 다시 고리대로 재투자하여 가계경제를 운영했을 것이라고 누가 상상이나 했을까? 이렇듯 여성 개개인의 성격과 능력에 따라, 신분적 지위와 경제력에 따라 다양한 편차를 보이며 '유자의 나라' 조선사회를 살고 있었던 것이다

먼저, 앞장의 연구를 토대로 부인의 가계 운영을 최종 정리하고, '사적 공간'인 가정에서의 부인의 역할과 위상 및 19세기 중반 종부의 실상을 확인해 보고자 한다. 홍주의 김호근 가에서는 종부인 유씨부인이 가계운영의 총 결정권자이자 감독관이다. 그 아래 首奴인 막돌이가 집사로서 부인의 명을 집행하는 집행자이고, 최하층에는 직접 업무를 담당하는 노와 비로 구성되어 있다. 총 43명의 노비와 필요시 고용하는 임금노동자들, 그 외 정주댁, 정화, 물화 어멈 등이 그녀의 명을 받아 업무에 종사하고 있었다. 부인은 실질적인 권한을 갖고 가계를 경영한 실권자였다.

부인은 이른바 '사적인 영역'으로 인정받고 있는 안살림에 대해서는 가장이나 다른 어느 누구로부터 간섭이나 지시를 받고 있지 않은 것으로 나타난다. 그것은 시집살이를 시킬 수 있는 시부모가 사망한 상태이며, 남편 또한 상당 기간 서울에 체류하거나 외출 중이기 때문이다. 뿐만 아니라 조선시대 유교 교리가 남성과 여성의 일을 명확히 구분해 주고 있었다. 『주자가례』나 『소학』에 명시된 내외법에는 남녀가 구별되어 있다. 그 중 한 항목은 "남자는 집안의 일을 말하지 않고 여자는 밖의

일을 말하지 않는다."이다. 즉, 여성이 어떤 방식으로 가정과 가계를 운영하든지 남성으로부터 간섭을 받지 않는, 즉 가계 경영의 독자성을 확보해 내었다는 뜻이다. 비록, 밖에서는 구별 당하고 차별 당하고 있었지만, 안에서는 독자적인 영역을 인정받은 것이다.

김호근 가에는 가장의 일과 부인의 일이 정확하게 구분되고 있다. 가장인 남편은 과거 준비와 가례 수행, 소작지 관리 및 기타 대외적 업무 등을 담당하고 있었다. 한편 부인은 '안'의 업무를 관장하는데, 일기에 나타난 총 43명의 노비들을 경영하면서 3명의 자녀들을 키우고 있다. 또한 내방한 133명의 손님들, 일 년 30여 차례의 봉제사 준비, 외부로의 수많은 선물 송부와 사회적 네트워크의 관리 등 부인의 가계 업무량은 소가족 기준의 가계 경영과는 질과 양적으로 차이가 난다. 즉, 부인과 같은 19세기 중반의 종부는 해당 집안의 경제력과 사회적 위치에 따라 관장해야 할 업무의 종류와 양에 있어 차이가 있는 것으로 판단된다.

부인의 가계 경영은 나름 구조화되어 있어 보이며, 계획 하에 운영되는 것으로 보인다. 그것은 가계부의 성격을 갖고 있는 본 일기의 작성으로도 확인된다. 앞 장에서 언급되었듯이 부인은 매일매일 지출과 수입 등을 꼼꼼히 기입하고 있다. 심지어 노비들의 휴가 일수를 비롯하여 먹는 끼니의 수와 양까지 기재하였고, 남편이 외부에 가서 먹은 식사인데, 후일 갚아야 할 것들은 기재되었다. 앞서 언급했듯이 노비에게는 공평하게 업무량을 배분하고자 하는 등 일정한 작업기준을 갖고 있는 듯이 보여 지며, 제사나 기타 행사에는 미리 계획을 하여 준비하고 있다.

김호근 가의 1년 지출규모는 상당한 것으로 파악된다. 1년에 30여 차례 행해지는 '봉제사', 수시로 방문하는 손님들의 '접빈객', 선물 송출, 서울로의 여행경비, 서울집의 생활비, 1회에 30~40냥 소요된다는 과거시험, 부조금, 첩의 존재 등 무시할 수 없는 지출 항목들이다. 이중 가장인 김호근이 지불하는 것은 경조사비, 서울 여행비 및 과거시험 경비, 서울 생활비 및 첩의 생활비 등으로 보여 지며, 유씨부인은 수한리 본가의 생활비와 노비의 급료, 접빈객 봉제사에 소요되는 경비, 선물 송출 등을 지출한 것으로 추정된다. 부인의 지출하는 생활비는 상당 부분 가장인 김호근이 가을에 송부해주는 소작료와 공물에서 충당되는 것으로 보인다. 일기에는 전국 각처에서 공물이 들어오는 것이 부분적으로 기록되어 있으며, 부인의 넉넉한 지출과 '궂은 쌀(묵은 쌀)'의 존재는 여유 자금을 의미하는 것이라 하겠다. 그러나 시장에서 상품을 구매할 때에는 부인이 직접 확보한 자금을 사용하고 있다. 그것은, 남편이 고공들의 임금을 지불하거나, 소고기나 조기 등을 구매할 경우 명확하게 '밖에서 품 한냥 어치 사 매어 주시니', 혹은 '사시다'라는 표현으로 일기에 기재하고 있는 것으로 보아 알 수 있다. 따라서 기본 생활비는 가장이, 기타 보조비는 부인이 충당하는 것으로 생각된다.

홍미롭게도 부인은 자신의 재산을 남편과 구분하여 기록하고 확보하고 있다. 앞서 언급했듯이 집안의 수입과 지출이 가장과 부인의 것이 각각 따로 계상되고 있다. 남편의 돈과 지출 등을 정확하게 기록하고 있으며, 심지어는 자신의 돈으로 산 논에 대해서는 '내 논', 부인의 돈은 '내 돈', 남편이 고리대로 놓아달라고 준 돈은 '임자 돈 30냥'이라는 등, 소유권을 확실히 구분하고 있다. 이 같은 현상을 해석해본다면 조선후기에도 일부 여성들은 자신의 재산을 소유·처분하고 상속시킬 권한이 있었다는 의미이며, 실제로 영조대에 편찬된 『속대전』에서도 남녀균분상속제가 확인되고 있다고 한다.[24]

---

24) 윤진숙, 「조선시대 균분상속제도와 그 의미」『법철학연구』 16-2, 2013.

이에 부인은 직접 생산 활동에 참여하여 자신의 부를 적극적으로 축적하고 있었다. 본 서 제3장에서 분석했듯이 부인은 면화 재배와 방적과정을 통해 실을 생산하였고, 이를 주변의 방직업자에게 제공하여 면포를 짜게 하였다. 그러나 부인은 수익을 극대화하기 위해 이 면포로 의복을 제작하였다. 아울러 시장에서 다양한 옷감을 구매한 후, 유휴 노동력을 고용하여 의복을 제작하여 시장에 판매하였다. 그 과정을 통해 확보한 수익은 농사 수익률보다 훨씬 높은 것이었다. 그 외에도 부인은 비녀, 안경, 노리개, 반지 등을 판매하여 거의 100%의 판매 수익을 올렸고, 이를 통해 확보한 자금을 종자돈으로 고리대에 투자하였다. 이러한 상품 제작, 유통 및 대부업 활동은 모두 믿을만한 노비가 대행하고 있었고, 그는 그 대가로 구전을 받았다.

대부업 수익은 상업 활동 보다 훨씬 쉽고, 수익률 또한 높았다. 물론 50%의 수익률을 모두 확보하는 아니었고, 일부 돈은 떼이기도 하였다. 흥미로운 것은 부인은 자신의 돈만 대출금으로 활용하는 것이 아니라 주변의 지인들로부터 자금을 예탁 받아 대출하고 있다. 아마도 그 과정에서 구전을 수수했던 것으로 보인다. 결론적으로 부인의 치산과 경제 활동은 생산의 다각화와 수익의 극대화를 꾀하고 있었다고 볼 수 있다.

이 같은 유씨부인의 치산 행위는 그동안 학계에 확실하게 알려지지 않은 부분이었다. 유학자들이 기술한 여성의 행장에는 남성들이 이상화한 여성상만 그려지곤 했다. 그 중 양반들이 제일 금기시 한 금전문제와 경제활동은 더더욱 가려졌다. 그래서 이윤을 추구하는 상인들을 천시하고, 고리대 행위를 비난하였다. 그렇다하여 그들이 실제로 돈을 싫어하거나 이윤을 추구하지 않은 것은 아니다. 현실에서 실질적인 힘은 돈과 양반 신분에서 나오기 때문이었다. 그래서 남성들은 하인을 시키거나,

혹은 부인의 고리대 활동이나 상업 행위를 짐짓 모른 채 눈감고 있었다. 겉으로 드러나지 않으면 괜찮기 때문이었다. 양반 남성들의 이중성은 여성으로 하여금 생존 전략을 모색하게 하고 능력을 배가 시켰다. 자신과 자식을 지켜야 했기 때문이었다.

　뿐만 아니라 상품 제작, 유통 및 대부업 활동은 유씨부인에게 실질적인 힘을 제공하였다. 부인에게 대출을 요청하는 수많은 친족들과 하민들, 심지어 자신의 돈까지 증식시켜 달라는 요청은 그녀의 사회적 연망의 유지 및 하민들의 결속을 위해서도 중요하게 기능했을 뿐만 아니라 자신의 권위를 높이는 것이기도 했다. 예나 지금이나 여성의 실질적인 힘은 경제력과 개인의 능력에서 창출되기 때문이다.

　이렇게 구축한 부인의 사회적 자본과 네트워크는 일반 여성의 것에 비해 규모가 크다. 부계 친족집단과 가장의 교우 집단을 기본으로 하는 그녀의 네트워크는 전국으로 확대되어 있고, 이를 잘 관리함으로써 그녀가 활용할 수 있는 사회적 자본이 형성되었다. 결국 이러한 노력은 결실을 맺어 가장인 김호근의 관직 진출과 두 아들의 관직 진출 및 후일 학부대신이 되는 사위 이도재와의 혼사로 이어지는 것이 아닌가 싶다.

　마지막으로, 조선 사족여성의 위상을 우리는 어떻게 이해해야 할까? 본 연구에서 살펴보았듯이 조선 후기 양반가의 종부는 상당한 실권과 독자성을 가지고 가계를 운영해 갔다. 그리고 유씨부인의 경우에서처럼 조선의 많은 여성들은 가정 경제의 핵심적이며 실질적인 주체였다. 여성들은 가사노동과 육아 외에도 가족의 의복생산, 밭의 경작, 여공의 경우에는 품팔이를 통해 임금을 획득하였다. 그렇다면, 가정의 주된 경제 활동을 담당한 조선 여성의 사회적 위상은 생각보다 높았다고 볼 수 있을까?

일반적으로 여성의 지위는 다음과 같은 요소들에 의해 규정된다고 한다. 생산방식, 생산물의 통제와 처분 권한, 가계의 공식 대표성, 가족구조와 양육방식, 성에 대한 이데올로기와 통치 담론, 여성의 생산활동 참여 정도가 중요한 요소로 지적되고 있다. 여성이 가정 경제에 결정적으로 기여했더라도, 이에 대한 사회적 평가는 남성 중심의 담론에 의해 여성에게 불리하게 행해지고, 정치력을 확보하지 못한다면, 여성은 재화분배에서 소외되고 결과적으로 사회에서 정당한 평가를 받지 못한다는 것이다 즉, 경제력은 여성의 지위에 필요조건이지 필수조건은 아니라는 입장이다.25)

아울러 서구의 페미니스트나 젠더 연구는 남성과 여성을 이항대립적인 구조로 이해하고 있는데, 근대 이전의 유교사회에서는 이분법적인 구도로 설명할 수 없다는 주장도 나타나고 있다. 즉, 유교문화권인 한국과 중국에서는 부계 혈통적 친족제도의 복합적인 위계구조 속에서 家를 중심으로 한 관계적 범주에 들어 있었고, 여기서 장유유서와 같은 연령 중심의 위계질서는 젠더 질서를 완화시키는데 기여했다는 해석이다.26)

본 연구에서 보았듯이 유씨부인은 상당한 능력을 지니고, 영민하며, 경제관념도 있고, 주체적·적극적으로 자신의 역할을 수행하는 능동적인 여성으로 보인다. 부인은 '사적 공간'에서 행해지는 모든 행위와 업무들을 독자적으로 관장하고 있었고, 가장인 남편은 대외적 업무 등을 담당하고 있었다. 양반 부부의 역할은 '안과 밖'으로 구분되고, 각자 상대방의 역할과 행위에 간섭을 자제하였다. '사적 공간'인 가정 내에서 부인의 위상은 상당히 높았다. 가족 구조상 시부모가 사망하고 남편 또한 대

---

25) 정현백, 김정안, 『처음 읽는 여성의 역사』, 동녘, 2011, 34쪽.
26) 정현백, 「'여성사 쓰기'에 대한 (재)성찰」『역사교육』 102, 2007, 179쪽, 185쪽.

체로 부재중이었던 그녀는 실질적으로 생산물의 통제와 배분을 담당할 권한이 있었다. 또한 종손을 출산한 그녀는 자녀 양육에 대해 전권을 쥐고, 그녀의 노동을 대행할 노비가 43명이나 존재하고 있었다. 30세라는 나이, 여성의 가내 독자성을 인정해 주는 '내외법'과 종부라는 사회적 위치, 그리고 적극적인 치산을 통해 가정경제에 상당히 기여하고 있었다는 점에서 그녀는 가정 내에서 상당한 권력을 행사하고 있었다. 그러나 가정 내에서의 권력과 위상이 곧바로 사회 권력으로 연결되는 것이 아니었다.

사회·정치적 대표성과 공식 권력에서 소외되고, 유교 통치 이념을 통해 차이가 차별로 정당화되고, 사회와의 접촉이 남성에 의해 중개되면서 조선여성의 위상은 하락하게 되었다. 특히 경제적·신분적·성적으로 중층적인 차별과 억압 대상이었던 기층 평민 및 노비 여성의 경우 그 처지는 더욱 열악했을 것이다.

결론적으로 부인의 위상은 사회적으로 타자이지만, '사적 공간'의 실력자로서 19세기 여성의 양가적 실태를 반영하는 것으로 보인다. 이러한 문화와 전통은 현재에까지 전승된 것으로 보인다. 대한민국 여성들이 남성에 비해 정치·경제 분야의 진출은 현저히 뒤처지고 있지만, 가정 내에서의 가계 운영과 재화 처분 및 양육에 있어서 어머니는 아버지 못지않게 실권과 주도권을 행사하는 이유가 바로 이런 전통 유산 때문이 아닌가 싶다.

참고문헌

1. 1차 사료

『영조실록』, 『순조실록』, 『헌종실록』, 『고종실록』, 『비변사등록』, 『목민심서』, 『고문서집성』, 『승정원일기』, 『비변사등록』, 『신증동국여지승람』, 『호구총서』, 『여지도서』, 『山林經濟』.

국사편찬위원회 편, 『묵재일기』 상·하, 1998.
金羲東家 소장 ; 『경술일기』, 『적소일기』, 『호구단자』, 『토지장부』, 『安東金氏世譜』 권6.
金履庤, 김희동 편집, 『僅安集』, 2011.
전형대·박경신 역주, 『병자일기』, 예전, 1991.
민족문화추진위원회, 『한국문집총간』 33, 민추, 1989.
송재용, 『한국 의례의 연구』, 제이앤씨, 2007.
_____, 『홀로 벼슬하며 그대를 생각하노라』, 사계절, 2003.
신작, 『석천유고』, 한국문집총간, 279, 민추, 2003.
杞溪兪氏大同譜編纂委員會, 『杞溪兪氏』 5편, 권14, 회상사, 1991.
이화여대 한국여성사 편찬위원회, 『한국여성관계자료집』, 근세편, 이대출판부, 1990.
이경하 역주, 『18세기 여성생활사자료집』 1~10, 보고사, 2010.
홍학희 역주, 『19·20세기 여성생활사 자료집』 1~10, 보고사, 2013.

2. 저서 및 논문

갈산면지편찬위원회, 『갈산면지』, 2010.
고문서학회 편, 『조선시대 생활사』, 역사비평사, 1996.
고동환, 『조선시대 시전상업연구』, 지식산업사, 2013.
고영진, 『조선중기 예학사상사』, 한길사, 1995.
권태억, 『한국근대면업사연구』, 일조각, 1989.

김상보,『조선시대의 음식문화』, 가람기획, 2006.

_____,『한국의 음식생활문화사』, 광문각, 1997.

김성희,『한국여성의 가사노동과 경제활동의 역사』, 신정, 2002.

김희동,『선화자 김약행 선생의 꿈과 생애』, 목민, 2002.

_____,『나의 뿌리를 찾아서』, 목민, 2007.

남미혜,『조선시대 양잠업 연구』, 지식산업사, 2010.

박찬승 편,『근대이행기 지역엘리트 연구』 I, II, 경인문화사, 2006.

손병규·송양섭 편,『통계로 보는 조선후기 국가경제』, 성균관대출판부, 2013.

안병직·이영훈 편저,『맛질의 농민들』, 일조각, 2001.

윤용출,『조선후기 요역제와 고용노동』, 서울대출판부, 1998.

이경구,『조선후기 안동 김문 연구』, 일지사, 2007.

이복규,『묵재일기에 나타난 조선전기의 민속』, 민속원, 2007.

이성우,『한국식생활의 역사』, 수학사, 1993.

이영훈 편,『수량 경제사로 다시 본 조선후기』, 서울대출판부, 2004.

장철수,『한국 전통 사회의 관혼상제』, 한국정신문화연구원, 1984.

전경목,『고문서를 통해서 본 우반동과 우반동 김씨의 역사』, 신아출판사, 2001.

정수환,『조선후기 화폐유통과 경제생활』, 경인문화사, 2013.

하영휘,『양반의 사생활』, 푸른역사, 2008.

한국고문서학회 편,『조선시대생활사』 2, 역비사, 2002.

호적대장연구팀,『단성호적대장연구』, 성균관대 대동문화연구원, 2003.

홍성군지편찬위원회 편,『홍성군지』, 증보판, 1993.

Deuchler, *Under the Ancestors' Eyes*, Harvard Unv. Press, 2015.

Haboush, Deuchler, *Culture and the State in Late Choson Korea*, Harvard Unv. Press, 2002.

강혜선,「조선후기 사족 여성의 경제활동과 문학적 형상화 양상」『한국고전여성문학연구』 24, 2012.

고동환,「18·19세기 외방포구의 상품유통 발달」『한국사론』 13, 1985.

_____,「조선후기 경기지역 장시권의 확대」『김용섭교수화갑기념논총』, 지식산업사, 1997.

곽차섭,「'새로운 역사학'의 입장에서 본 생활사의 개념과 방향」『역사와 경계』 45,

2002.

권내현, 「조선후기 동성 촌락 구성원의 통혼 양상」, 『한국사연구』 132, 2006.

권순형, 「고려시대 여성의 일과 경제생활」, 『이화사학연구』 31, 2004.

김건태, 「18세기 중엽 사노비의 사회·경제적 성격」, 『대동문화연구』 75, 2011.

_____, 「조선후기 호적대장의 인구기재 양상」, 『역사와 현실』 45, 2002.

_____, 「호명을 통해 본 19세기 직역과 솔하노비」, 『한국사연구』 144, 2009.

김경숙, 「고문서를 활용한 생활사 연구의 현황과 과제」, 『영남학』 10, 2006.

김광억, 「관계의 망과 문화공동체」, 『조선양반의 생활세계』, 백산서당, 2004.

김성수, 「『묵재일기』가 말하는 조선인의 질병과 치료」, 『역사연구』 24, 2013.

김성희, 「여성의 직조노동과 지위의 변화」, 『한국가정관리학회지』 19(5), 2001.

김지영, 「한국사학계에서 생활사의 가능성과 한계」, 『역사학보』 213, 2012.

김현숙, 「19세기 중반 호구단자에 기재된 노비명의 검토」, 『향토서울』 91, 2015.

_____, 「조선 여성의 선물교환 실태와 연망」, 『조선시대사학보』 75, 2015.

김현영, 「16세기 한 양반의 일상과 재지사족」, 『조선시대사학보』 18, 1999.

김 호, 「약국과 의원」, 『조선시대 생활사』 2, 역사비평사, 2000.

김 호, 「조선의 식치 전통과 왕실의 식치 음식」, 『조선시대사학보』 45, 2008.

마석한, 「17·8세기의 고리대 활동에 대하여」, 『경주사학』 8, 1989.

문숙자, 「18~19세기 재령이씨가 호구단자를 통해 본 노비 가계」, 『규장각』 21, 2009.

_____, 「조선후기 양반의 일상과 가족내외의 남녀관계」, 『고문서연구』 28, 2006.

박미선, 「젠더」, 『여성이론』 1, 1999.

배항섭, 「19세기를 바라보는 시각」, 『역사비평』 101, 2012.

_____, 「동아시아 연구의 시각-서구·근대 중심주의 비판과 극복」, 『역사비평』 109, 2014.

손병규, 「17·18세기 호적대장의 사노비 기재 실태」, 『고문서연구』 24, 2004.

송기선, 「16세기 면포의 화폐기능」, 『변태섭박사화갑기념사학논총』, 삼영사, 1985.

송양섭, 「19세기 유학호의 구조와 성격」, 『대동문화연구』 47, 2004.

송재용, 「묵재일기와 미암일기를 통해 본 16세기 관·혼·상·제례」, 『한문학논집』 30, 2010.

신동원, 「조선후기 의원의 존재양태」, 『한국과학사학회』 26-2, 2004.

_____, 「한국 전근대 의학사 연구 동향」, 『의사학』 19권 1호, 2010.

신장섭, 「세기풍속시를 통한 조선 후기 세시풍속의 의미와 양상」, 『비교문학』 46,

2008.

염정섭, 「조선시대 일기류 자료의 성격과 분류」 『역사와 현실』 24, 1997.

왕현종, 「회고와 전망」 『역사학보』 207, 2010.

우대형, 「조선 전통사회의 경제적 유산」 『역사와 현실』 68, 2008.

우인수, 「조선시대 생활사 연구의 현황과 과제」 『역사교육논집』 23·24, 1999.

이문자, 「종가의 형성과 제사-우봉 김성일가를 중심으로」, 성균관대 석사논문, 2008.

이배용, 「여성사 서술에 대한 남북한 비교연구」 『사학연구』 53, 1997.

_____, 「한국사 속에서 여성의 공적영역과 사적영역」 『여성학논집』 12-15, 1995.

이성임, 「조선 중기 오희문가의 물품구매와 그 성격」 『한국학연구』 9, 인하대, 1998.

_____, 「조선중기 어느 양반가문의 농지경영과 노비사환」 『진단학보』 80, 1995.

이수환, 「조선후기 서원노비 신공에 관한 연구」 『민족문화논총』 10, 1989.

이순구, 「조선초기 여성의 생산노동」 『국사관논총』 49, 1993.

이우연, 「조선후기 노비 가격의 구조와 수준, 1678~1889」 『경제학연구』 58호 4호, 2010.

이정수, 「16세기 중반-18세기 초의 화폐유통 실태」 『조선시대사학보』 32, 2005.

이정수·김희호, 「17~18세기 고공의 노동성격에 대한 재해석」 『경제사학』 12, 2009.

_____, 「조선후기 협호의 존재 형태와 노동 특성」 『역사와 경제』 83, 2012.

이해준, 「한말 일제시기 '생활일기'를 통해 본 촌락사회상」 『정신문화연구』 19권 4호, 1996.

이헌창, 「조선후기 충청도지방의 장시망과 그 변동」 『경제사학』 18, 1994.

_____, 「조선왕조의 경제통합체제와 그 변화에 관한 연구」 『조선시대사학보』 49, 2009.

_____, 「18세기 황윤석가의 경제생활」 『이재난고로 보는 조선 지식인의 생활사』, 한국학중앙연구원, 2007.

장병인, 「조선시대 여성사 연구의 현황과 과제」 『여성과 역사』 6, 2009.

전경목, 「양반가에서의 노비 역할」 『지방사와 지방문화』 15권 1호, 2012.

_____, 「일기에 나타나는 조선시대 사대부의 일상생활」 『정신문화연구』 65, 1996.

전형택, 「조선후기 한 양반가의 호적자료를 통해 본 사노비의 존재양태」 『조선시대사학보』 15, 2000.

정구복, 「조선조 일기의 자료적 성격」『정신문화연구』 65, 1996.

정성미, 「조선시대 사노비의 사역영역과 사적영역」『전북사학』 38, 2011.

정수환, 「18세기 권상일의 시장접촉과 화폐경제생활」『사학연구』 104, 2011.

_____, 「18세기 이재 황윤석의 화폐경제생활」『고문서연구』 20, 2002.

정승진, 「김용섭의 원축론과 사회경제사학의 전개」『한국사연구』 147, 2009.

정연식, 「한국생활사 연구의 현황과 과제」『역사와 현실』 72, 2009.

정진영, 「18~19세기 호적대장의 호구 기록의 검토」『대동문화연구』 39, 2001.

_____, 「조선후기 호적자료의 노비기재와 그 존재 양상」『고문서연구』 25, 2004.

정해은, 「조선시대 여성사연구, 어디로 가고 있는가」『역사와 현실』 91, 2014.

최승희, 「조선후기 고문서를 통해 본 고리대의 실태」『한국문화』 19, 1997.

최윤오, 「조선후기 토지개혁론과 토지공개념」『역사비평』 66, 2004.

한효정, 「17세기 전후 양반가 부인의 경제생활연구」, 성신여대 박사논문, 2007.

찾아보기

김현숙(金賢淑)

이화여자대학 사학과를 졸업하고 동 대학원에서 박사학위를 취득했다. 전공 분야는 한국 근대 대외관계 및 지역연구이다. 현재 건양대학교 기초교양교육대 교수로 재직 중이다.

주요 논문
「19·20세기 파평윤씨 문중의 농지소유와 농업경영」『한국사학보』, 2008
「대한제국기 정동의 경관 변화와 영역 간의 경쟁」『향토서울』, 2013
「대한제국의 벨기에 인식의 추이와 특징」『역사와 담론』, 2016
「문명담론과 독립협회의 정치체제, 그리고 러젠드르의 전제론」『한국사학보』, 2017 외 다수.

저서
『한국 근대 서양인 고문관들』, 한국연구원, 2008
『충남 지역 마을연구』, 민속원, 2011
『사진으로 보는 서울: 시민과 함께하는 서울』제7권, 서울시사편찬위원회, 2012
『여행의 발견, 타자의 표상』, 민속원, 2012
『사진으로 읽는 한국 근현대사』, 한국학중앙연구원, 2016 외 다수.

조선의 여성, 가계부를 쓰다
- 종부의 치산과 가계경영 -

초판 1쇄 발행일	2018년 4월 25일
지은이	김현숙
펴낸이	한정희
총괄이사	김환기
편집부	김지선 박수진 한명진 유지혜 장동주
마케팅	김선규 하재일 유인순
펴낸곳	경인문화사
출판신고	제406-1973-000003호
주소	경기도 파주시 화동길 445-1 경인빌딩 B동 4층
대표전화	031-955-9300 **팩스** 031-955-9310
홈페이지	http://www.kyunginp.co.kr
이메일	kyungin@kyunginp.co.kr
ISBN	978-89-499-4741-9 94910
	978-89-499-4739-6 (세트)

값 22,000원
ⓒ 성균관대학교 동아시아학술원, 2018

* 이 도서의 국립중앙도서관 출판예정도서목록(CIP)은 서지정보유통지원시스템 홈페이지(http://seoji.nl.go.kr)와 국가자료공동목록시스템(http://www.nl.go.kr/kolisnet)에서 이용하실 수 있습니다. (CIP제어번호: CIP2016033455)
* 이 저서는 2013년도 정부(교육과학기술부)의 재원으로 한국학중앙연구원(한국학진흥사업단)의 지원을 받아 수행된 연구임(AKS-2013-KSS-1230001)